마음이 아픈 아동을
위한 책

분노와 증오에 사로잡힌 아동을 도우려면

부모, 교사, 아동전문가를 위한
가이드북

글
마곳 선더랜드

그림
니키 암스트롱

번역
편집부

한국심리치료연구소

목 차

이 가이드북은 마곳 선더랜드의 동화, **친절을 미워한 헤이티**와 함께 활용하여야 한다.

글쓴 이

마곳 선더랜드

런던 아동 정신건강 센터 소장. 영국 치료상담 협회 아동 및 청소년 분과 책임자.
런던 지역 초등학교를 대상으로 "상처가 있는 곳에 도움을"이라는 연구 프로젝트 수행.
통합적인 예술 심리치료사 공인 및 아동 심리치료 상담사, 감독, 훈련전문가 공인.

현재, 치료와 교육을 위한 예술대학 학장. 이 학교는 아동 심리치료사 자격증과 예술 심리치료 석사학위를 수여하는 공인된 교육기관임.

저서: 시집-「춤에 관하여」(루틀리지 출판사)
성인치료를 위한 매뉴얼, 「당신의 감정을 그려 보세요」(스피치마크 출판사)

그린 이

니키 암스트롱

미술전공 석사. 현재, 런던 헴스테드 예술학교 교사.
순수미술 분야에서 국제적인 명성을 얻고 있음.

옮긴 이

이재훈 Ph.D

종교와 정신분석 분야 박사. 뉴욕 대상관계 정신분석 연구소 학술회원. 현 서울 대상관계 정신분석 연구소 소장. 한국 상담학회 정신분석 분야 감독. 한국 목회상담 학회 감독. 번역활동을 통해 한국에 대상관계 이론을 본격적으로 소개한 바 있으며, 정신분석 심리치료사 및 아동 심리치료사 양성에 힘쓰고 있음.

이효숙 M.A. Ed

서울대학교 미술대학 졸업
미국 일리노이대 미술대학원 미술교육 석사
대상관계 심리치료사

박영란 M.Ed

연세대학교 교육대학원 석사
대상관계 심리치료사

임말희 DEA

서울대학교 불어교육과 졸업
파리8대학 불문과 박사과정

가이드북의 활용

친절을 미워한 헤이티라는 동화가 가진 치료적 잠재력을 충분히 활용하려면, 그 동화와 짝을 이루는 이 가이드북이 꼭 필요하다. 우리는 아동에게 동화를 들려주기 전에 당신이 먼저 이 책을 읽어 볼 것을 강력하게 권고한다. 그러면 당신은 훨씬 더 필요한 지식을 갖춘 상태에서 아동에게 다가갈 수 있을 것이며, 보다 풍부하고 공감적인 반응을 해줄 수 있을 것이다.

이 가이드북은 동화가 담고 있는 문제와 주제들에 관련해서, 일반적인 심리학적 근거뿐 아니라 가장 적절하다고 여겨지는 심리 치료적 이론들을 상세히 설명하고 있다. 아동에게 동화를 읽어주기 전에 이 책을 읽는 것은, 아동이 그러한 문제를 갖게 된 원인에 대해 알지 못한 채, 또는 선입견을 가진 채 접근하는 것을 방지해줄 것이다. 예를 들어, '죠의 학교 성적이 떨어진 것은 분명히, 몇 달 전 집을 떠난 아빠를 그리워하기 때문일 거야'라는 추측은 정확할 수도, 부정확할 수도 있다. 학교에서 죠가 문제를 보이는 것은 미처 생각하지 못한 많은 다른 이유 때문일 수도 있다. 그 문제는 대부분의 심리적인 문제들이 그렇듯이, 아주 복잡한 것일 가능성이 많다. 닫혀있거나 아주 좁은 관점을 갖고 접근한다는 것은, 도움을 주려는 어른들이 세상에 대한 **자신의** 감정과 관점을 아동에게 투사할 위험이 매우 높다는 것을 의미한다.

의식적으로 아동에게 잔인한 부모는 매우 드물다. 부모 역할이 뭔가 잘못 되는 것은, 흔히 부모들이 아동 심리나 아동 발달에 대해 꼭 알아야 할 것들을 **모르고** 있거나, 부모 자신의 성장과정에서 결여된 것이 있기 때문이다. 아동 심리학, 심리치료 그리고 과학적 연구를 통해 얻어진 효과적인 자녀양육 방법과, 이에 대한 정보가 부모역할에 관한 책, TV, 혹은 간행물을 통해 부모에게 전달되는 것 사이에는 유감스럽게도 여전히 거리가 있다. 그러므로 이 가이드북의 목적은 부모들을 비난하기보다는 지원하려는 것이다. 보다 일반적인 목적은, 아동을 돌보는 사람은 **누구나**, 대개 최선을 다하는데도 불구하고, 때로 얼마든지 일을 그르칠 수 있다는 것을 인식시키는 데 있다. 그리고 또한, 어떻게 하면 처음부터 올바르게 아동을 도와줄 수 있는지, 일이 잘못 되었을 경우 어떻게 바로 잡을 수 있는지를 알려주는 데에 있다.

이 가이드북에는 동화가 담고 있는 문제와 주제들에 맞서 싸우고 있는 아동들의 진술, 그리고 그들이 놀이를 통해 자신의 문제들을 실연하며 만들어 낸 이야기들이 실려 있다. 그리고 **친절을 미워한 헤이티**를 읽어 준 후에 할 수 있는 여러 가지 이야기와 활동들을 제시한 부분이 포함되어 있다. 제시된 이야기와 활동들은, 아동이 동화가 담고 있는 특정 문제와 주제들에 관련된 자신의 감정을 생각해보고, 표현해보고, 나아가 소화시킬 수 있도록 특별히 고안되었다. 어떤 연습들은 아동이 자발적으로 자신의 이야기를 만들어 보게 함으로써, 그들의 감정에 대해 좀 더 표현하도록 격려하기 위해 고안되었다.

아동들은 자신이 느끼는 것을 일상적인 언어로 자연스럽게 말하지 못한다. 그러나 신뢰하는 어른들과 같이 있을 때에는, 자신의 감정을 보여주고, 실연하고, 그림이나 놀이로 매우 훌륭히 표현해낸다. 그러므로 이 가이드북이 제시하는 연습들은 대부분 아동이 창의적이고, 상상력이 풍부하고, 재미있는 방식으로 자신을 표현하도록 격려하고 있다. 또한 너무 많은 질문으로 아동의 정서적 삶을 심문하는 것을 피하기 위해, 어떤 연습들은 단지 네모 칸에 표시를 하거나, 가리키거나, 여러 개 중에서 단어나 그림을 고르도록 되어 있다.

들어가면서: 이야기의 대상이 되는 아동

분노에 갇혀 있는 아동

☆ 상처 입히고 때리고 깨물고 부수고 발로 차고 소리 지르고 울부짖는 아동

☆ 통제할 수 없는 아동

☆ 그럴만한 연령이 훨씬 지나서까지도 자주 충동적인 분노를 터드리는 아동

☆ 자신의 분노 감정을 생각하고 돌아보기보다는 언어나 신체적인 공격을 통해 분출하는 아동

☆ 충동적인 난폭행동으로 항상 문제를 일으키는 아동

☆ 마음에 상처를 입는 것보다는 화내는 것이 더 쉽기 때문에 화를 내는 아동

☆ 슬픈 감정을 느끼기보다는 화내는 것이 더 낫기 때문에 화를 나는 아동

☆ 누군가가 자신을 떠났기 때문에 노여움이나 분노에 갇힌 아동

☆ 형제자매간의 경쟁으로 인해 노여움이나 분노에 갇힌 아동

☆ 자신의 스트레스를 통제할 수 없는 아동

☆ 지나치게 흥분하고 과잉행동을 하는 아동

☆ 보다 따뜻하고 부드러운 감정들이 가려지거나 부재하기 때문에 분노에 갇혀 있는 것처럼 보이는 아동

☆ 스스로 평온을 유지할 수 없는 아동

증오에 갇혀 있는 아동

☆ 삶에 대해 증오로 반응하는 아동

☆ 파괴적인 존재방식에 갇힌 아동

☆ 지배적이고 응징적인 아동

☆ 일상적으로 권위에 도전하는 아동

☆ 행동장애 진단을 받은 아동

☆ 무자비하고 냉혹한 행동을 저지르는 아동

☆ 동물을 해치는 아동

☆ 더 이상 울지 않는 아동

☆ 상해를 입히고도 죄책감을 느끼지 않는 아동

☆ 강력하다는 느낌을 얻기 위해 해 입히기를 즐기는 아동

☆ 다른 사람이 하는 일이나 만든 것을 망치고 손상을 입히거나 파괴하는 아동

☆ 자신의 두려움을 가두어 놓았기 때문에 다른 사람에게 두려움을 불러일으키는 아동

☆ 사람들의 마음에 들기를 원하지 않는 아동

☆ 아무도 믿지 못하는 아동

☆ 사랑이나 인정에 대한 기대를 포기한 아동

☆ 아무도 필요 없다고 진심으로 믿고 있는 아동

☆ 칭찬이 아무런 의미도 없는 것으로 보이는 아동

☆ 누군가를 어떻게 좋아하고 사랑해야 하는지 전혀 알지 못하는 아동

☆ 자신이 무언가를 원할 때만 다정해지는 아동

☆ 슬프다는 것이 무엇인지 잘 모르는 아동

분노에 갇힌 아동의 삶은 어떤 것인가?

분노에 갇힌 아동은 견딜 수 없는 긴장을 분출할 필요가 있다

날려 보내라, 휘몰아쳐라, 너의 도도함을 보여주어라! 분노하라! 날려 보내라!
너 억수 같은 비와 폭풍우여, 퍼부어라
첨탑이 흠뻑 젖도록, 지붕 끝까지 잠기도록!
너 유황빛, 생각을 처형하는 화염이여
참나무를 가르는 천둥번개의 자랑스러운 시종이여
나의 흰 머리를 불태우라, 그리고 너 미친 듯이 흔들어대는 천둥이여
이 세상의 두터운 둥근 것들을 깔아뭉개어라
자연의 옥토를 가르고, 모든 병균들을 한꺼번에 쏟아내어
은혜를 모르는 인간을 만들어내어라

(**리어 왕** 중에서 리어, III. ii. 1-9)

분노는 대대적인 자기의 혼란, 혹은 다마지오가 말한 바와 같이 '두뇌와 신체의 총체적인 동요'이다(1996, p69). 분노를 폭발시킬 때 아동의 신체와 마음은 매우 높은 수준의 긴장상태에 있기 때문에 신체적으로든 언어적으로든 그것을 분출하고 싶은 필사적이고 통제할 수 없는 욕구를 경험한다.

어떤 아동은 주기적으로 이런 식으로 폭발하여 발로 차고 때리고 욕하고 소리 지르거나 난동을 부리는 것을 통해서 신체와 마음의 끔찍스런 긴장을 분출시킨다. 그것은 마치 그들의 긴장과 자신에게 고통을 주었다고 생각되는 사람들을 한꺼번에 다 몰아내려는 것처럼 보인다.

이것은 자기책임감의 문제를 불러일으킨다. 이 책에서 나는 중요한 신경생물학적인 연구를 바탕으로 견딜 수 없는 긴장을 분출하기 위해 맹렬하게 공격하는 아동에게는 별다른 선택의 여지가 없다는 것을 보여 주려고 한다. 이러한 아동의 신체는

그림 1 유아와 영아들은 엄청난 생명력을 갖고 있다.

지나치게 자극된 상태에 있기 때문에 견디기 힘든 압력을 지닌 근육 운동적 충동에 이끌린다.

'혼란 그 자체인 자신'에 대해 의사소통을 해야 할 필요성

이 무슨 재앙이며 징조이고 폭동인가?
이 무슨 바다의 분노요 땅의 진동인가?
뒤흔들어대는 바람과 두려움과 변화와 공포는
조화롭게 일치를 이루고 있는 고요한 상태들을
바꾸고 부수고 찢고 송두리째 뒤흔든다.
(**트로일로스와 크레시다**에서 율리시즈 I. iii. 96-101)

분노가 통제되지 않는 아동의 놀이는 지진, 화산, 끝없이 태워버리는 불길, 모든 것을 쓸어 가버리는 홍수, 깨물기, 삼키기, 또는 갈기갈기 찢기와 같은 매우 일상적인 주제들을 담고 있다. 이것들은 난동을 부리도록 내모는 내적인 세력들에 대한 적절한 심상들이다. 한 소녀의 손가락과 다른 아이의 팔을 부러뜨린 여덟 살 된 소년은 '내 마음이 빨갛게 되고 내 피가 붉어지면서 나는 때렸다'고 말한다. 이 책의 후반부에서도 보겠지만, 이것은 통제할 수 없는 초각성 상태에서 무엇이 일어나는가에 대한 정확한 생리학적 설명이다.

분노에 갇힌 많은 아동은 놀이에서 자신들의 혼란에 대해 소통할 필요가 있다. 나는 이런 아동을 위해서 항상 치료실에 두 개의 모래상자를 마련해둔다. 흔히 그 중 하나는 모래가 상자 밖으로 넘친다. 왜냐하면 그들은 그것을 범람시킬 절박한 필요를 갖고 있기 때문이다. 아동은 '보세요, 이게 나예요. 때로 감정의 홍수가 나면 내 마음과 주위의 모든 것을 때려 부수고 싶어져요'라고 말하고 있는 것이다.

우리는 심장부로 쳐들어갔다.
그것은 학살이었다.
잘리고 죽어가는 사람들
… 죽음의 언덕들
모든 것들이 혼돈 속에 산처럼 쌓여있다.
(유리피데스의 **페니키아의 여인들**중에서 전령, 1994, p93)

분노에 갇힌 아동은 생각하는 능력을 잃어버린다

> 혼란스러운 감정에 압도되어 있던 나는 한바탕 때려 부수는 것으로써 이것을 분출했다. (리틀, 1990, p100)

이렇듯 아동의 신체가 지나치게 각성되어 있으면 이것은 사고능력에 영향을 준다. 분노가 분출될 때는 상부 뇌(감정을 분출하기보다 그것에 대해 생각할 수 있는 부분)가 아닌 피질하부(포유류의 하부 뇌)라고 불리는, 대뇌의 아래 부분이 작동하고 있는 것이다. 실제로 우리는 뇌스캔을 통해서 이것을 볼 수 있다. (더 자세한 내용을 위해서는 다음 장을 보라.)

또한 지나치게 각성되어 있는 아동은 다른 사람들과 공감하지 못하는데, 이들은 다른 사람의 입장에서 '얼굴을 주먹으로 맞는다면 끔찍할 거야. 얼마나 두렵고 아프겠어'라고 생각하지 못한다. 이것은 상부 뇌의 기능이다. 분노에 찬 공격은 고도로 활성화된 하부 뇌(포유류의 뇌)의 작용이다. 골맨이 말한 것처럼, '공감은 다른 사람의 미묘한 감정 신호를 정서적인 뇌가 받아들일 수 있을 정도로 충분한 평온함과 감수성을 필요로 한다.'(1996, p104) 분노에 갇힌 아동은 평온함과는 한참 떨어져있다.

분노에 갇힌 아동은 파괴하고 싶은 원시적인 소망으로 옮겨갈 수 있다

> 그리고 보라, 내가 이제 땅 위에 폭우를 쏟으리라. 홍수를 내어 하늘 아래 숨쉬는 동물은 다 쓸어버리리라. 땅 위에 사는 것들은 하나도 살아남지 못하리라. (창세기 6:17)

하부 뇌의 분노회로가 당겨지면, '먹느냐, 먹히느냐'의 궁지에 몰린 동물처럼 공격만이 유일한 선택으로 느껴질 수 있다. 다른 말로, '내가 공격하지 않으면 (언어적으로든 신체적으로든) 내 자신이 너무 위험해진다'고 느낀다. 아동은 스스로 응급상황이라고 느끼기 때문에 공격을 한다. 신체적인 각성수준이 너무 높아지면 실제로 그렇지 않더라도 자신이 상당한 위험에 처해 있다는 화학적인 메시지가 뇌에 전달된다.

토비, 6세
토비는 우연히 자기 발을 밟은 여자아이를 때렸다. 그의 하부 뇌가 이를 위협으로 인식한 것이다. (토비의 몸은 아버지에 의해서 여러 번 상처를 입었다. 그러므로 그가 느낀 발의 통증은 뇌 속의 모든 위험감지 기억들을 자극하기에 충분했다.) 이러한 상황에서 신체는 반응을 하게 되고, 그는 실제로 응급상황에 처하게 된다. 그는 때리려는 충동의 피해자이다. 그는 감정에 대해 생각할 수 없으며 단지 이를 분출할 뿐이다.

난폭함으로 가득 찬 감정은 아동을 몹시 두렵게 할 수 있다

분노는 분노를 부르고, 정서의 뇌는 달아오른다. 이럴 때 분노는 이성의 방해를 받지 않고 쉽게 폭력으로 분출된다. (골맨, 1996, p61)

스스로 진정시킬 수 없고, 통제력을 잃어버린 내면세계는 분노한 아동에게 몹시 두려운 것일 수 있다. 견딜 수 없는 긴장감은 안전감을 주지 못한다. 아동은 자신을 도와 줄 누군가에게 전적으로 의존되어 있다. 이때 도와줄 사람이 아무도 없다면, 아동의 극심한 분노의 분출은 지쳐빠질 때까지 계속될 것이다.

4살 된 한 아동이 통제력을 잃고 30분 동안 소동을 부렸다. 마침내 그가 두뇌의 사고하는 부분과의 연결을 회복했을 때 그는 이렇게 말했다, '오늘 저녁을 다시 시작할 수 있다면 얼마나 좋을까. 나는 불같이 화가 나서 너무 무서웠어요.' 그의 부모는 급속도로 번져가는 그의 내면의 불길을 끄도록 도와주지 못했다. 그들은 그를 무시하는 것이 최상이라고 생각했다.

네 살 된 아동의 상부 뇌에는 아직 제대로 된 스트레스 조절장치가 갖추어져 있지 않다(이에 관한 자세한 내용은 다음 장을 보라). 다시 말해서, 그에게는 스트레스를 완화시켜주고 높은 정서적 및 생리적 각성 상태로부터 자신을 진정시켜줄 누군가가 필요한 것이다. 그런 사람이 없을 때 그는 자신이 만들어낸 악몽에 갇히게 된다. 스트레스 조절장치의 확립은 반드시 성취해야 하는 중요한 발달적 과제이다. 일부 아동과 성인들은 적절한 도움 없이는 결코 이것을 성취하지 못한다. 세계보건기구 가정폭력 담당 고문인 케빈 브라운 교수는 이런 식으로 발달이 정지된 남자들의 비극적인 사례에 대해서 말한다. 그들은 배달된 난방비 청구서가 아내와 아이들을 때릴만한 충분한 이유가 된다고 생각한다. 그들의 고통스런 각성은 상부 뇌의 사고를 통해서 진정되지 않기 때문에 그것이 무엇이든지 간에 즉각적으로 분출된다. 물론, 모든 가정폭력 사건들이 이러한 발달정지의 범주에 속하는 것은 아니지만 대부분의 경우는 분명히 그렇다.

분노 상태에서 자신을 진정시키지 못하는 아동의 이야기

젬마(6세): '나는요, 꼭 폭탄 같아요.'
빌리(6세): '화가 나면 그것은 먼저 내 뱃속으로 들어오고, 그 다음에는 내 팔 안으로 들어와서 마치 기계처럼 뭔가를 저지르게 해요.'
에디(7세): '화가 날 때 나는 불덩어리예요. 문제는 그 불을 끌 수 없다는 것이예요.'
피터(10세): '나는 이제껏 머릿속에 폭풍을 담고 살았어요. 날씨가 좋았던 적이 없고 갈수록 폭풍이 심해져요.'

분노에 갇힌 아동은 단지 행동이 불량한 아이로 비쳐지기 쉽다

단지 '통제를 잃었을' 뿐인 아동을 버릇없다고 여기는 많은 사람들은 그 아동이 벌을 받아야 마땅하다고 생각한다. 발달이 정지된 아동을 처벌하는 사람들은 아동의 상부 뇌에 스트레스 조절 시스템이 아직 확립되어 있지 않다는 것을 이해하지 못하고 있다. 이들은 아동이 마치 제어할 수 없는 엄청난 속도의 차에 타고 있는 것처럼 신체적인 초각성 상태에 있다는 것을 모르고 있다. 아동의 신체와 마음은 그야말로 통제가 불가능한 총체적 경보상태에 있는 것이다. 그는 실제로 이러한 무능력 상태에서 살고 있다.

아동을 진정시키기보다는 처벌하기를 선택하는 어른들의 경우, 그들에게 아기를 생각해보라고 말하는 것은 문제를 이해하는 데 도움이 될 것이다. 아기들의 뇌 안에는, 사나운 아동이 그렇듯이, 스스로를 진정시킬 수 있는 회로와 화학물질이 확립되어 있지 않다. 우리는 반응을 얻지 못한 아기들이 한바탕 필사적으로 운 다음에야 울음을 그친다는 것을 알고 있다. 그러나 이것을 진정한 고요함으로 오해해서는 안 된다. 연구에 따르면, 이들의 작은 뇌와 신체에는 해로운 스트레스 화학물질이 매우 높은 수치로 남는다(쇼어, 2001).

그러므로 사나운 아동은 두뇌 발달의 측면에서 아직도 아기 수준에서 기능한다고 보아야 한다. 이런 아동은 자기조절 능력이나 의지가 결여된 것이 아니라, 정신분석가인 코헛이 말한 것처럼, '감정이 확산되는 것으로부터 자신을 보호하고 진정시키는 능력이 결여된 것'이다(코헛 & 월프, 1978, p420).

분노에 갇힌 많은 아동은 학습에 어려움을 겪는다

지나치게 높은 수준의 스트레스 물질과 호르몬(노르아드레날린, 아드레날린과 코티솔)에 의해 촉발된 분노는 그 순간의 지각을 바꾸어놓는다. 그때 모든 것은 위협적인 색채를 띠게 되고, 개인은 더 이상 사고 모드에 있지 않고 극도로 민감한 상태에서 다음 공격에 대비하게 된다. 하부 뇌의 위협감지 체계에 관해 엘리엇은 다음과 같이 말했다. '일반적인 사고보다 위협을 감지하는 기능이 훨씬 더 중요했던 원시인에게는 이것이 유리했지만 … 도시의 정글에 잠재된 위협을 항상 예측해야 하는 무거운 짐을 지고 살아가는 21세기 아동에게는 아주 불리한 것일 수 있다'(1999, p186). 실제로 당신이 사자에게 쫓기고 있다면, 뇌의 위협감지 체계의 비상경보는 매우 중요할 것이다. 그러나 현대의 삶에서 뇌의 이러한 부분은 아동을 심한 고통으로 몰아넣을 수 있다.

학습장애가 있는 아동 중 일부는 상당한 지능을 가지고 있다. 하지만 아동의 관심이 싸울 것인가 도주할 것인가에 집중되어 있는 동안에는 나이아가라 폭포나 프랑스 주요 강들의 이름과 같은 것에는 관심이 저조해지기 마련이다. 학습에 관심을 가지려면 **탐색회로**(seeking circuit)라고 불리는 두뇌회로가 필요하다. 문제는 하부 뇌의 **분노회로**(rage circuit)가 작동할 경우 이 탐색회로가 방해를 받는다는 데 있다.

포유류의 뇌에서 분노반응을 자극하는 상황들

분노는 아래에서 제시되는 것과 같은 상황에서 포유류가 보이는 반응으로서, 이는 유전적으로 타고난 것이다. 이러한 상황에서 스트레스 조절장치가 적절히 작동하는 아동이라면, 비록 당혹감은 느낄지라도 자신의 감정들을 담아낼 수 있다. 그러나 분노에 갇힌 아동은 그렇지 못하다. 그들은 대체로 다음과 같은 상황에서 분노 반응을 보인다.

1 기대했던 보상이 주어지지 않을 때

> 보상이 더 이상 주어지지 않을 때 동물들은 분노하고 좌절하며 슬퍼한다.
> (롤스 1999, p41)

우리는 인간을 포함한 모든 포유류가 기대했던 보상이 주어지지 않을 때 분노를 느낀다는 것을 알고 있다. 돈만 삼켜버리는 초콜릿 자동판매기를 생각해보라! 걷어차고 싶은 마음이 왜 안 들겠는가! 무언가 좋은 것을 기대하는 상황에서는 긍정적인 각성과 보상의 화학물질인 도파민이 활성화된다. 그러나 기대했던 즐거움이 주어지지 않을 때 인간과 동물은 상당한 노여움을 느끼게 된다. 그때 도파민은 분비가 중단되거나 다시 뇌로 들어가고 스트레스 물질만이 남게 된다.

이와 같이 과도하게 각성된 화난 아동은 그러한 상황에서 받는 긴장과 스트레스를 감당하지 못하고 그것을 운동근육을 통해서 분출하고자 한다. 스스로를 진정시킬 수 없는 아동은 초콜릿 기계를 걷어차거나 혹은 더 심한 행동도 할 수 있다. 우리는 대부분 감정을 조절할 수 **있기 때문에** 실망스럽더라도 대개 몇 마디 불평을 내뱉는 것으로 그친다. 그러나 분노에 갇힌 아동은 그렇지 않다. 그들에게는 선택의 여지가 없다.

토미, 6세

짜증을 자주 부리는 토미는 아이스크림을 준다는 말을 들었다. 그래서 줄을 섰지만 바로 그때 주인은 문 닫을 시간이라고 말했다. 토미는 아이스크림을 받을 수 없었다. 그는 마루바닥에 뒹굴었고 아버지의 배를 주먹으로 때리는 등 30분이나 난동을 부렸다.

성인 축구응원단

1996년에 영국 축구팀은 유럽선수권 대회에서 준결승에 올랐다. 영국 응원단원들의 뇌 속에서는 도파민이 보상을 기대하며 한껏 분비되었을 것이다. 그런데 영국 팀은 지고 말았고, 그 결과 런던 거리에는 폭력이 난무했다. **타임즈** 신문은 이렇게 보도했다.

폭도들은 자동차에서 운전자들을 끌어내리고 차량을 향해 병을 던졌다 … 헬멧을 쓴 경찰관들은 영국 국기로 만든 손수건으로 얼굴을 가린 일부 팬들의 계속된 공격 앞에서 후퇴해야만 했다. [경찰]대변인은 '이 난동은 축구와는 아무런 상관이 없다 … 오늘 밤 네안데르탈인이 뛰쳐나와 날뛰는 바람에 그를 따라잡느라 온 힘을 다하고 있다'고 말했다. (타임즈, 1996, p1)

분노하기 쉽고 충동적인 아동은 기대했던 보상이 좌절되면 몹시 짜증을 낸다는 것을 부모와 교사들은 알아둘 필요가 있다.

2 모욕을 당할 때

죠니, 6세

7살 된 코너는 놀이터에서 6살 된 죠니에게 소리쳤다. '네 엄마는 버스 꽁무니 같이 생겼어!' 죠니는 코너를 때리려고 달려오면서 고함을 치고 작은 아이들과 쓰레기통뿐 아니라 운동장에 있는 물건들을 모조리 넘어뜨리는 등, 뭔가에 홀린 듯한 격렬한 행동을 했다. 죠니는 결국 안정을 되찾았는데, 자신이 코너를 붙잡았더라면 그를 죽였을 것이라고 말했다.

수치스러운 감정의 심리적 공격은 완전히 죠니를 압도하는 엄청난 신체-정신적 긴장과 운동근육적 충동을 불러일으켰다. 그는 자신을 진정시킬 수가 없었다. 우리는 다음 장에서 수치심이 어떻게 분노로 연결되는지 좀 더 살펴볼 것이다.

3 행동의 자유가 좌절될 때

> 아기는 대개 단순히 양 팔을 옆에서 붙들기만 해도 자유로운 움직임이 제지당한다고 느끼며, 그것에 대해 노여움으로 반응한다. (팬크셉, 1998, p189)

포유류는 자유가 저지되면 자연스럽게 초조함에서 분노에 이르는 연속선상의 어떤 지점으로 이동한다. 도로에서 발생하는 분노를 생각해보라. 너무 천천히 달리거나 우물쭈물하는 앞차는 문자 그대로 앞으로 나아가려는 사람들의 자유를 가로막는다. 이것은 살인을 부를 수도 있다!

아동에게 자유의 제한은 다양한 형태로 나타날 수 있다. 가장 흔한 것은 안돼! 그만! 하지 마! 당장! 등과 같은 부모의 명령이다. 명령은 어떤 행동을 그만하라고 지시한다는 점에서 자유를 제한하는 것이다. 게다가 습관적으로 자녀에게 명령하는 부모들은 거의 경청하지 않으며 놀아주거나 칭찬하는 것에 인색할 뿐 아니라 아이들을 화나게 하거나 두렵게 만드는 경향이 있다.

나는 아동 심리치료사를 훈련시키는 과정에서 이 점을 훈련생들에게 분명히 인식시키려고 노력한다. 훈련생들은 두 사람씩 짝을 이루어 한 사람은 4살 된 아동 역할을 하고 다른 한 사람은 명령하는 부모 역할을 한다. 4살짜리가 장난감을 가지고 노는 동안, 부모는 전적으로 명령만을 내린다. 예를 들면 다음과 같다. '**아니야, 그 장난감 군인은 거기에다 놓지 말고 여기에다 놔야 해. 그렇게 놀지 말고 이렇게 놀아. 아냐, 봐. 집 그림에 문이 없잖아. 그건 이렇게 하는 거야. 이제 그만 좀 어질러. 집중을 해!**'

실습이 끝난 뒤의 교실은 늘 불만과 분노로 소란스럽다. 대개 통제당한 사람의 절반가량은 진짜로 화가 치밀었거나 분노가 끓었다고 했다. 나머지 사람들은 완전한 좌절감과 무기력감을 맛보았다고 말했다. (그러나 다음 장에서 보게 되듯이 그 아래에는 항상 분노가 깔려있다.)

4 고립되거나 너무 오랫동안 혼자 있을 때

격리된 동물에 관한 많은 연구들은 과도한 외로움이 분노를 일으킨다는 사실을 말해준다. 고립은 뇌의 정서 물질에 매우 나쁜 영향을 미치며, 정서를 긍정적인 상태에서 부정적인 상태로 급속히 변화시킨다.

이런 연구들은 분노에 갇힌 아동, 특히 어른과의 상호작용 없이 혼자 오랫동안 방치된 아동에 관해 많은 것을 말해준다. 통계자료에 따르면, 영국 아동은 일주일에 평균 48시간 TV 시청을 하며 부모와 갖는 양질의 시간은 7시간에 불과하다. TV 시청은 뇌에 긍정적인 각성물질을 가져다주지 않는다. 고립에 관한 연구들은 격리를 일상적인 훈육의 수단(아동을 혼자 방에 집에 넣는 것)으로 사용하는 부모들과 교사들에게 시사하는 바가 크다.

격리에 대한 연구(동물 연구)는 격리와 공격성 사이에 밀접한 관계가 있음을 보여준다

인간은 신경해부학적으로 하부 뇌를 다른 포유류와 공유하고 있고 분노체계가 하부 뇌에 위치하고 있다는 점에서 동물 격리에 관한 연구는 인간에 관해 많은 것을 말해준다.

1 설치류의 실험에서 장기적인 격리는 공격성을 유발하는 것으로 나타났다. 격리는 세로토닌의 분비를 저하시키는데, 낮은 세로토닌의 수치는 공격성을 증가시킨다. (팬크셉, 1998, p202)

2 격리된 채 자란 원숭이들은 감소된 세로토닌의 수치를 비롯하여 뇌의 여러 가지 중요한 정서물질의 수치에 문제가 있음을 보여준다. 낮은 세로토닌은 보다 강한 충동성과 공격성 그리고 빈약한 충동조절 능력을 야기할 수 있다. (세로토닌이 낮은 동물들은 공격적이고 충동적이다.) 엘리엇(1999, p523)은 격리되어 자란 동물들에게서 나타나는 지속적인 노르아드레날린의 감소가 대뇌 변연계 경로들의 성장을 손상시킬 수 있음을 알아냈다. 이러한 경로들은 스트레스를 대처하는 데 중요하게 작용한다.

3 좁은 우리에 몇 주 동안 홀로 갇혀있던 수컷 쥐들은 때로 매우 공격적이 되었다. 그 쥐들 중 일부의 뇌에서 세로토닌이 감소한 것으로 나타났다. (브라운, 팬크셉에서 인용, 1988, p205) 세로토닌의 수치가 떨어진 쥐들에게만 공격성의 증가가 나타났다. 또한 세로토닌의 분비를 차단하는 약물들이 공격성을 증가시킬 수 있다는 것은 잘 알려진 사실이다.

분노에 갇힌 아동은 타인에게서 분노를 불러일으키는 경향이 있다

분노에 갇힌 아동은 주위 사람들로 하여금 정서적이고 신체적인 균형을 상당 정도로 잃게 만들 수 있다. 과도하게 각성되어 있는 아동은 다른 사람에게서 비슷한 각성을 일으키기 때문이다. 화가 나서 소리 지르는 아이를 대할 때 교사는 어느덧 자신이 화가 나 있음을 깨닫는다. 아무리 평정을 잃지 않으려고 노력해도 그는 소리를 지르거나 책상에 펜을 던지면서, 분노하는 아동에게 비난과 증오의 눈초리를 보내게 된다. 이렇게 각성이 고조된 교사는 이미 과도하게 각성되어 있는 아동의 하부 뇌에 더 큰 경보를 울리게 되고 아동으로 하여금 더욱 긴박한 행동을 하도록 내몬다.

지속적으로 화를 내거나 분노하는 아동에게 성인이 보이는 반응들은 다음과 같다.

☆ 제대로 사고할 수 없게 되기

☆ 압도당하는 느낌을 갖기

☆ 방 안의 강렬함을 견디거나 담아주거나 이해하거나 표현할 수 없게 되기

☆ 분노하거나 증오하기

이런 사나운 아동에게는 정반대의 반응이 필요하다. 하늘로 함께 치솟을 것이 아니라 이들을 진정시켜주어야 한다. 유감스럽게도 문제는 부모나 교사들 자신들이 정서적인 지지를 충분히 받지 못했기 때문에, 지나친 스트레스를 받아 사나워진 아동을 진정시키지 못하는 데 있다. 이것이 바로 학교나 가정의 문화 안에 놓여있는 문제점이다.

사나운 아동이 쉽게 분노하는 교사에 의해 다루어지지 않는 것이 중요하다. 그렇지 않으면 그들은 상호적으로 과도한 각성 상태를 상승시킬 것이다. 물론 가르치는 일은 매우 힘든 일이다. 그러나 교사들이 거친 아동에게 소리를 지른다면, 학교는 지친 교사들을 돌보는 정책을 검토해야 할 것이다.

또한 우리는 스트레스를 많이 받은 아기는 부모의 분노회로를 자극할 수 있다는 비극적인 사실을 알고 있다. 영국 내무부가 보고한 살인사건 피해자에 대한 연령별 통계를 보면 한 살 이하의 아기 집단이 가장 피해가 큰 것으로 드러나고 있다.

항상 화를 내는 아동은 왜 폭력영화에 끌리는가?

> TV는 아마도 세상에서 가장 폭력적일 것이다. TV는 아기돌보는 사람이 되었고, 아이들은 다른 녀석을 한방에 날려버리는 것이 문제해결의 방식이라고 배운다. (Linnoila & Virkkunen, 1992)

지속적으로 화를 내는 아동은 흔히 폭력적인 장면으로 가득한 영화나 비디오 게임을 즐기는 경향이 있다. 이들은 지겹도록 총을 쏘아대고 끊임없이 사람들을 날려버리는 남자, 살을 찢고 물고 죽이는 상어나 범고래나 피라니아(식인 물고기의 일종) 등과 자신들을 동일시한다. 이들은 자신들 안에 식인상어와 같은 잔인함이 있다는 것을 안다. 이러한 영화들은 그들이 매일 경험하는 긴장에 대해 이야기하고 있을 뿐 아니라 분노에 갇힌 아동에 대해서도 말해주고 있다. '**맞아, 내가 그토록 자주 느끼던 것이 바로 이거야! 나만 그런 게 아니네. 여기 영화에서도 그렇게 말하고 있어.**'

우리는 이 책의 뒷부분에서 사나운 아동이 어째서 폭력적인 영화가 아니라 이해심 많은 어른에게서 반영 받을 필요가 있는지를 살펴볼 것이다. 영화도 하나의 거울이다. 그러나 그 거울은 아동이 분노를 처리하거나 분노에 대해 생각하고 그것으로부터 벗어나도록 도와줄 수 없다. TV 폭력이 미치는 영향력에 대한 연구결과는 그런 폭력의 피해자가 흥미롭게도 이미 분노에 갇힌 아동이었음을 보여준다. 대조적으로 자신의 분노를 좀 더 세련된 방식으로 처리할 수 있는 아이들은 TV에 의해 부정적인 영향을 받지 않는 것으로 드러나고 있다.

나는 장난감 군인이나 전쟁놀이 장난감들을 갖고 노는 것을 허락해야 하는가에 대한 논쟁이 무의미하다고 생각한다. 어떤 학교에서는 이런 것들을 금지한다. 내 생각에, 이것은 초점에서 빗나간 것이다. 분노에 찬 아동은 장난감 군인을 갖고 놀든 아니든 상관없이 자신의 감정들을 분출시킬 것이다. 장난감 세트를 치우는 것으로 문제를 치워버릴 수는 없다. 사실 문제는 그보다 훨씬 더 깊은 곳에 있다.

아동은 왜 분노에 갇히는가?

분노에 갇힌 아동의 뇌에서 일어나는 일들

> 뇌의 아주 특정한 부위를 자극하면 동물과 인간 모두 분노를 일으킬 수 있다는 사실은 오래전부터 잘 알려져 있다. (팬크셉, 1998, p54)

우리는 모두 하부 뇌에 분노회로를 갖고 있다. 파리 한 마리도 죽이지 못하는 친절하고 따뜻한 사람도 때로는 '저 여자를 쏴 죽일 거야. 목 졸라 죽여 버릴 거야. 목을 비틀어 버리겠어!'라고 말하는 것을 들을 수 있다.

분노에 갇힌 아동을 이해심과 동정심을 가지고 대하기 위해서는 분노에 대한 신경생물학적인 이해가 필수적이다. 아동이 분노에 대해 생각할 수 있는 능력을 획득하도록 도우려면 처벌에 의존해서는 안 된다. 이해가 없는 성인들은 분노에 갇힌 아동을 나쁘게만 보기 쉽다. 거친 아동을 처벌하는 것은 무지의 소치다. 분노한 아동의 뇌에서 어떤 일이 벌어지는지를 이해한다면, 우리는 훨씬 더 효과적으로 개입할 수 있을 것이다.

흥미롭게도 '연체동물과 같은 무척추동물은 일생동안 명백한 공격성을 드러내지 않는다. 그러나 척추동물은 거의 예외 없이 때때로 공격성을 드러낸다'(팬크셉, 1998, p188). 이것은 척추동물의 뇌가 무척추동물의 뇌와 다르기 때문이다. 이제는 포유류인 인간의 뇌가 왜 그리도 쉽사리 분노로 옮겨가는지에 대해 살펴보자.

분노에 갇힌 아동의 뇌에서 일어나는 일들

좋든 싫든 우리는 하부 뇌에 이미 신경해부학적이고 생화학적인 분노 체계를 가지고 태어난다. 그러므로 분노는 인간 조건의 일부를 구성하는 요소라고 할 수 있다. 역사적으로, 온갖 종류의 지도자들이 분노를 분출시켰고, 이는 엄청난 비극을 일으켰다. 우리는 또한 수없이 많은 문헌에서 그리고 신화와 전설과 성경에서 분노 폭발에 대한 기록과 폭력적인 충동에 대한 이야기를 발견할 수 있다. 뿐만 아니라 아동의 만화에서도 이것을 실감나게 발견할 수 있다. 이것들은 모두 상부 뇌의 힘에 의해 진정되거나 조절되지 못하는 하부 뇌의 분노 회로에 대한 증거이다. 몇 가지 예를 들어보겠다.

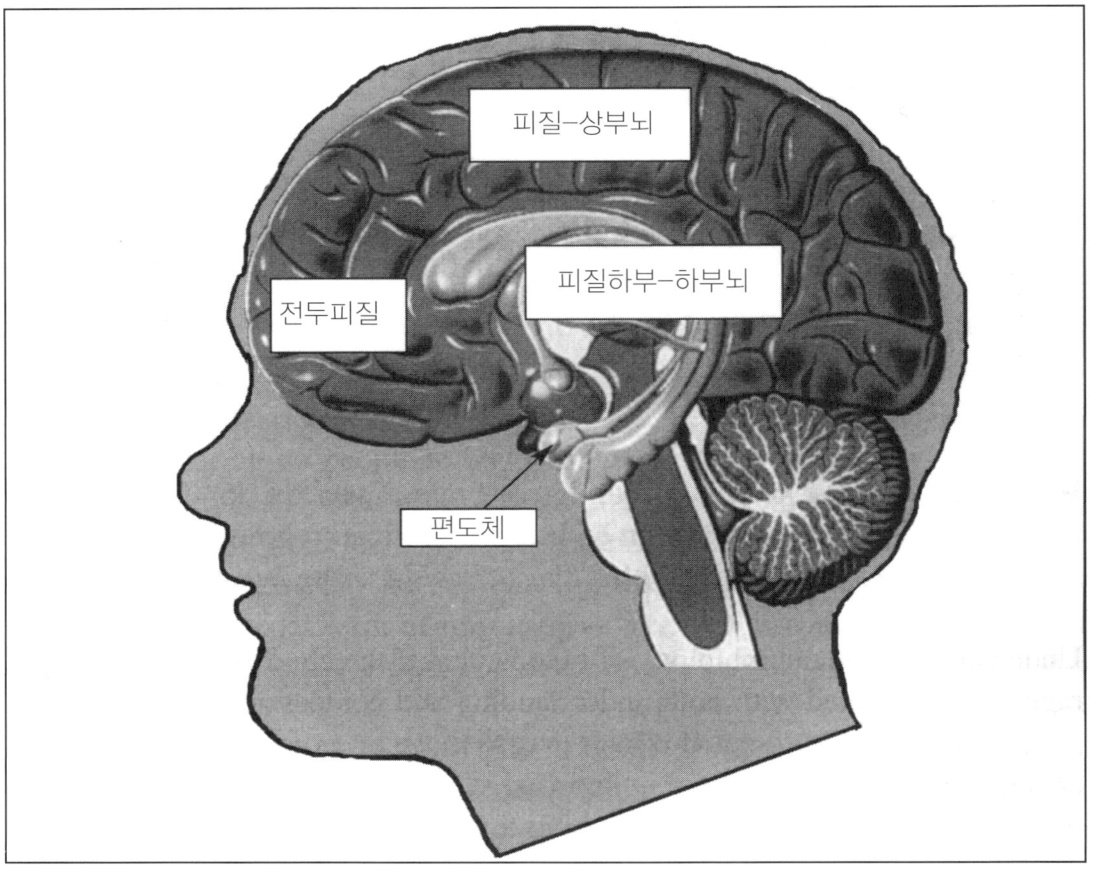

그림 2 포유류의 하부 뇌에 위치한 분노회로

☆ 에드워드 리어의 오행시인 '허튼 소리'에 나오는 수많은 인물들은 부서지고 삼켜지고 죽음을 당하며 태워지고 소멸된다.

> 부다페스트의 한 늙은이가 있었는데
> 그의 행동은 갈수록 무례해졌다.
> 마침내 사람들은 망치로 내리쳐
> 그의 소란을 잠재웠다.
> (리어, 2001)

☆ 그리스 신화에서 카드모스는 용의 이빨을 대지에 뿌렸는데 거기에서 무장한 군인들이 싹터 나왔다.

> 그가 (용의 이빨들을) 흩뿌리자
> 검은 대지에서 공포가 자라나
> 창의 촉들과 투구, 방패와 칼들을 쏟아낸다

완전 무장한 전사들이 달려오고
그들 사이로 학살이 질주한다
철의 심장을 가진 그들 사이로 학살이 눈 먼 듯이 달린다
(에우리피데스, **페니키아의 여인들** 중 코러스, 1994, pp76-7)

☆ 또한 신화에 등장하는 피에 굶주린 온갖 신과 마녀와 괴물들과 거인들을 생각해보라. 예를 들면, 싸이클롭스(외눈박이 거인), 바실리크(怪蛇), 메두사, 스킬라(바다괴물), 카립디스(소용돌이 여괴)와 같은 것들이 있다.

문명사회가 진화하고 정교화 되는데도 분노는 왜 다반사로 일어나는가?

인간의 두뇌는(그림 2) 피질과 피질하부 즉, '상부 뇌'와 '하부 뇌'의 두 부분으로 이루어져 있다. 앞서 본 것처럼 우리는 분노 회로가 있는 하부 뇌를 다른 포유류와 공유하고 있다. 분노 회로에서 가장 중요한 해부학적인 구조는 작고 호두처럼 생긴 편도체이다(그림 2를 보라). 편도체는 귀 바로 옆 부분에 위치해 있다(뇌의 양쪽에 하나씩 있다). 편도체는 우리에게 위협적인 상황을 경고해준다. 우리가 무엇인가를 위협으로 인식하면 편도체가 작동하여 뇌와 신체에 적색경보를 울린다. 이것은 마치 뇌에서 긴급 호출번호를 돌리는 것과 같다. 신체는 싸움(분노)과 도주(공포)에 대비하여 스트레스 물질과 스트레스 호르몬을 분비한다. 이런 일이 벌어질 때 편도체는 자체의 역할을 수행한다.

예를 들어 사자가 쫓아온다면 '큰 이빨을 가진 아름다운 동물이 나를 향해 달려오다니. 흥미로운 일이군 …' 하고 생각하기보다는 신속히 그 상황에 대응해야 한다. 이때 편도체는 '도망쳐!'라고 말한다. 이런 상황에서 자주 인용되는 예가 있다. 숲을 걷고 있는데 땅에서 구부러진 나뭇가지를 보았다. 편도체는 그것이 뱀이 아니고 나뭇가지임을 상부 뇌가 확인하기도 전에 안에서 경보음을 울릴 것이다. 그러나 뱀일 가능성도 있었기 때문에 재빠르게 반응을 하는 것은 중요하다! 이처럼 편도체는 정서적으로나 신체적으로 위협이 될 수 있는 것이라면 무엇이든 감지하도록 준비되어 있다.

그러면 자신의 분노를 조절할 수 있는 아동과 그렇지 못한 아동의 뇌에서는 어떤 일이 일어날까? 한 아동이 학교 정문을 통과해 걸어가고 있다고 하자. 그는 등에서 큰 충격을 느낀다. 버스를 향해 뛰어가던 한 아동이 실수로 그와 부딪친 것이다. 뛰어가던 아동은 '미안해!' 하고 소리친다. 분노를 조절할 수 있는 빌의 경우, 비록 그의 편도체가 충격에 의해 자극을 받고 스트레스 물질을 만들어내지만, 회로가 좀 더 느리게 활성화되는 상부 뇌에서는 그 충격이 실제 위협인지 아닌지를 평가한다. 빌의 상부 뇌는

'이봐, 그 충격은 불쾌하긴 하지만 대단한 건 아니야. 그냥 우연이니까 편도체를 진정시켜. 이런 스트레스 물질들은 필요치 않아'라는 화학적인 메시지를 하부 뇌에 전달한다. 빌의 이러한 사고와 성찰은 자동적으로 평온한 뇌 화학물질을 발생시키는데, 그 중에 가장 중요한 것으로는 항불안 물질인 감마-아미노 낙산(GABA)이 있다.

이제 학교에서 늘 말썽을 부리는 아동인 새미의 경우를 생각해보자. 그가 등에 충격을 느꼈을 때 그의 편도체는 자극이 되고, 그는 즉각적으로 버스를 향해서 달려가는 아동을 때린다. 그리고 거친 싸움이 뒤따른다. 새미의 상부 뇌는 하부 뇌에 있는 편도체에게 (생각를 통해서) 진정하라는 메시지를 전달할 수 없다. 이는 새미의 뇌에 스트레스 조절장치가 갖추어져 있지 않기 때문이다. (스트레스 조절장치란 상부 뇌에서 하부 뇌로 가는 신경의 경로들을 말한다.)

새미는 편도체의 작동에서 야기된 긴장의 분출로 인해 신체적으로 극도의 각성 상태에 있었기 때문에 상부 뇌가 하부 뇌의 원시적인 반응에 압도당했다. 그러므로 새미는 등에 가해진 충격을 적절히 처리할 수 없었다. 그는 위협을 느꼈고 상부 뇌에서는 괜찮다는 어떤 메시지도 보내지 못했다. 그의 상부 뇌는 그를 진정시키지 못한 것이다. 그의 뇌는 빌의 것과는 매우 다른 상태에 있었고, 따라서 빌과는 달리 자신이 느끼는 것에 대해 사고할 수 없었기 때문에 효과적인 스트레스를 조절하는 정서화학 물질을 만들어내지도 못했고 또 그 조절장치를 활성화시키지 못했다.

우리는 어떻게 이 모든 것을 알 수 있는가? 우리는 뇌 스캔 검사로 상부 뇌와 하부 뇌의 활동을 실제로 볼 수 있다. 심리학자인 아드리안 레이니는 충동적인 살인자들(어느 운명적인 날, 살인행동을 통해 분노를 분출시킨)의 뇌를 조사한 결과, 그들의 상부 뇌의 신경세포는 거의 흥분되지 않았으나 하부 뇌의 신경세포는 글루코오스라는 물질의 대사로 인해 상당히 흥분되어 있는 것을 확인했다. 달리 말해서, 인간이 분노에 사로잡히면 상부 뇌에서 하부 뇌로 가는 신경 경로들(감정의 분출보다는 사고하고 처리하고 성찰하는 것과 관련이 있는)이 적절하게 작동하지 않는다.

분노와 관련된 뇌 화학물질

> 인간이 사회적으로 만족한 상태라면 싸울 이유가 없다. 이 원리의 중요성은 아무리 진부하게 들릴지라도 뇌 연구에 의해서 뒷받침되고 있다.
> (팬크셉, 1998, p257)

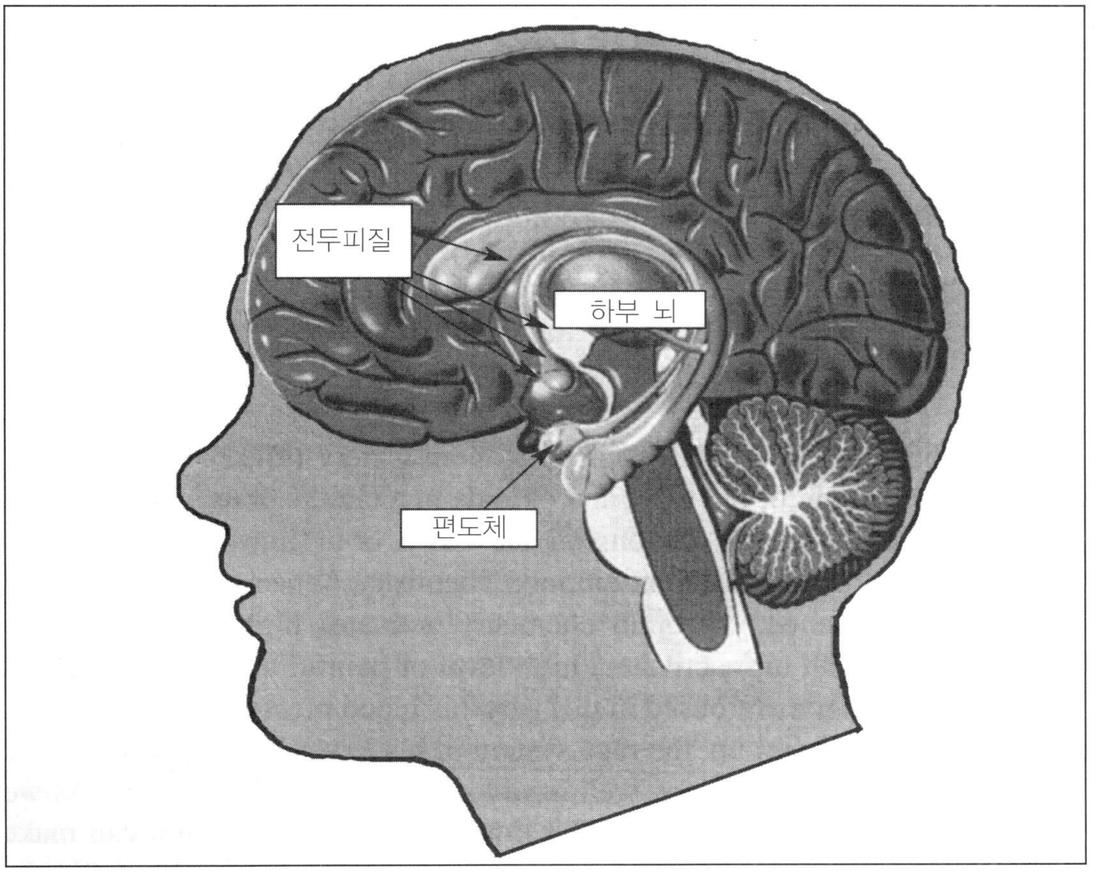

그림 3 뇌의 스트레스 조절 경로

만일 성인이 아동의 신뢰할 만한 '정서적 조절자'였다면, 아동의 뇌에는 평생 동안 스트레스를 조절해주는 체계가 확립될 것이다. 뇌의 경로들은 전두엽의 상부 뇌에서 시작하여 보다 원시적인 포유류의 뇌인 하부 뇌에 이르는 방식으로 형성된다. 이 말은 어떤 분노의 충동(우리 모두가 때때로 겪는)도 단순히 분출해버리는 것이 아니라 그것에 대해 사고할 수 있음을 뜻한다.

분노에 관한 뇌의 화학작용을 이해하기 위해서는 먼저 그와 상반되는 평화와 만족에 관한 뇌의 화학작용을 고려하는 것이 좋을 것이다. 뇌에서 가장 중요한 정서물질이면서 반공격적인 뇌의 화학작용에 크게 기여하는 것은 **옥시토신**과 **오피오이드**이다. 분노에 갇힌 아동의 뇌에서는 이러한 물질들이 우세하게 작용하지 않는다.

옥시토신과 오피오이드는 어른과 아이의 상호작용(위안, 따뜻한 접촉, 껴안아주기, 다정한 손길, 미소, 뒤엉켜 노는 놀이, 부드럽고 정이 담긴 부모의 목소리와 같은)을 통해서 아동의 뇌에서 활성화된다. 사실, 아동에게 높은 수준의 신체적 애정을 보여주는 사회에서는 일반적으로 신체폭력 수준이 낮은 것으로 드러나고 있다. 이미 말한 바와 같이, 이는 옥시토신과 오피오이드가 반공격적인 뇌의 화학작용에 크게 기여하기 때문이다. 신경생리학자인 팬크셉은 다음과 같이 말한 바 있다.

> 즐거움과 가족의 가치를 증진시키는 화학물질은 성마름과 공격성을 극적으로 감소시킬 수 있다. 신체적인 밀착과 접촉과 친밀감의 자유로운 표현을 장려하는 사회가 가장 공격성이 적다는 것은 오래전부터 잘 알려진 사실이다. 예컨대, 영아와 아동에 대한 신체적인 애정 표현이 많은 사회에서는 … 대개 성인의 신체적 폭력도 적다. 그러나 신체적인 애정표현이 적은 사회에서는 폭력적인 경향이 더 많다는 보고가 있다. (팬크셉, 1998, p201)

어떤 가정과 학교 환경에서는 아동의 뇌에서 옥시토신과 오피오이드가 지속적으로 활성화될 수가 없다. 소리를 지르고 때리고 오랫동안 아이를 혼자 텔레비전 앞에 방치하는 것은 전혀 다른 정서물질을 활성화시킨다. 아동이 스트레스나 위협을 느낄 때 그의 뇌는 높은 수준의 스트레스 물질을 활성화시키며, 이것은 다시 높은 수준의 고통스러운 신체적 각성을 불러일으킨다. 이런 식으로 아동의 신체가 지나치게 각성되면 혈압이 올라간다. 혈압이 올라가면 하부 뇌의 분노체계는 더욱 민감해지고, 세로토닌의 치수는 낮아진다. 충동을 억제하는 데 중요한 세로토닌이 낮을 경우, 공격적이고 충동적인 행동이 쉽게 유발되는 경향이 있다. 흥미롭게도, 세로토닌 수치가 낮은 붉은털 원숭이는 다른 원숭이들에게 더욱 공격적이었고 더 많은 상처를 입고 일찍 죽었다. 이와는 반대로, 세로토닌 수치가 높은 원숭이들은 서로 털을 골라주었고 일반적으로 더 사교적으로 보였다. 시카고에 소재한 일리노이 의과대학은 아동의 세로토닌 수치를 연구한 결과, 파괴적인 행동을 하는 아동은 세로토닌 수치가 낮다는 사실을 발견했다. 이런 아동은 모두 유해한 가족배경을 가지고 있었다. 그들의 연구는 '우리가 우리의 아이들에게 끔찍스런 짓을 할 수도 있다는 것을 생각하면 두렵다'고 말하고 있다(Kruesi, 1992).

또한 코털락은 미 국립알콜남용 및 중독연구소가 수행한 세로토닌이 낮은 원숭이들을 상대로 한 연구를 언급했는데, 그 원숭이들은 충동적이고 공격적이었다. '틈만 나면 이들은 이 나무에서 저 나무로 위험스럽게 뛰어다니면서 다른 원숭이들이 시도하지 않는 행동들을 했다. 그들은 빈번히 싸움을 벌였다'(Kotulak, 1997, p85).

그러나 그러한 배경을 가진 아동이 모두 공격적이 되는 것은 아니다. 기질적인 취약성 또한 많은 영향을 끼친다. '이러한 기질적인 취약성은 … 아동이 극도로 스트레스가 많은 양육환경에 노출되었을 때 세로토닌의 수치를 떨어뜨리는 데 한몫을 한다. 훌륭한 돌봄은 세로토닌의 수치저하를 막아주고 고통을 덜어주며 용인할 수 없는 행동에 대해서는 적절한 제한을 가한다'(Kotulak, 1997, p86). 이제 우리는 분노에 갇힌 아동에 대한 생화학적인 지식을 갖추게 되면서, 아동에게는 처벌이 아닌 도움이 절대적으로

낮은 수준의 세로토닌

☆ 신체가 극도로 각성됨

☆ 혈압이 상승하여 하부 뇌의 분노 회로를 더욱 민감하게 만듦

☆ 옥시토신과 오피오이드 치수가 낮음

그림 4 분노에 갇힌 아동의 신경구조와 생화학

필요하다는 것과 처벌은 단지 더 많은 스트레스 물질을 가져올 뿐이라는 것을 확인하게 되었다.

스트레스가 태아에 미치는 영향

연구에 의하면, 태아가 자궁 속에서 받은 스트레스는 높은 수준의 노르아드레날린을 활성화시키는데, 이것이 유아기와 아동기 동안에 평온하고 부드러운 어른에 의해서 중화되지 않는다면, 그 아이는 공격적인 성향을 갖게 될 가능성이 높다. 심리학자인 메리 슈나이더는 극심한 스트레스를 받고 있는 엄마의 노르아드레날린 수치는 '태아를 사망'에 이르게 할 수도 있다고 주장한다(Kotulak, 1997, p87에서 인용). 우리는 동물 연구에서도 같은 결과를 발견한다.

> 임신 중기와 말기에 매일 10분씩 불규칙한 소음을 들었던 어미에게서 태어난 원숭이들은 일반 원숭이들보다 노르아드레날린의 수치가 높았다. 이렇게 각성된 원숭이들은 유아일 때 충동적이고 과잉된 반응을 보였으며 사교적인 기술이 부족했다 … 이들은 인간 나이로 환산하면 9살에서 13살 정도가 되었을 때

> 에도 여전히 높은 노르아드레날린 치수를 보였으며 행동 또한 비정상적으로 적대적이고 공격적이었다.
> (수잔 클락, 위스콘신 대학 연구, Kotulak에서 인용, 1997, p89)

브라이언 키넌은 거슬리는 소리와 소음이 태아에게 어떻게 들리는지를 이해하기 위해서 미치게 만드는 소음에 대해 다음과 같이 묘사하고 있다.

> 끊임없이 웅웅대고 뚝딱거리는 소리가 바늘처럼 우리의 머릿속을 뚫고 들어온다. 처음에 우리는 그것을 잊고 그 압력을 무시하려고 하지만 소용없는 짓이다. 마음은 자꾸 그리로 끌려들어간다. 그것은 마치 녹슬고 깨진 칼로 우리의 머릿속을 사정없이 자르고 후벼 파는 것과도 같다. 그로 인해 신체의 모든 섬유조직과 신경이 뜯기고 잡아당겨지는 것처럼 느껴진다. 시간이 가고 날이 가면서 그것은 우리의 뇌막을 찢는다. 그것은 우리의 모든 감각과 민감성을 삼켜버린다. 나는 처음에는 천천히 몸을 흔들지만 점차 맹렬하게 그 소음을 능가하는 리듬을 만들어내려고 노력한다 … 그러나 나의 노력은 고문을 더할 뿐이다.
> (키넌, 1992, p148)

강렬한 감정을 가진 아동을 돕는 것은 뇌에 스트레스 조절장치를 형성시킨다

앞서 보았듯이, 분노의 충동을 느끼는 아동은 그것을 분출할 수밖에 없기 때문에 분노에 갇히게 된다. 그의 상부 뇌는 자신을 진정시키기 위한 화학물질을 만들어 내거나 사고할 수 있는 능력을 갖고 있지 않다. 그러면 스트레스 조절장치가 아동의 뇌 안에 만들어지는 것은 정확히 어떻게 일어나는가?

> **버즈, 1 세**
> 버즈는 장난감 기차를 갖고 즐겁게 놀고 있다. 두 살 된 사만타가 그것을 낚아채어 층계 밑으로 던져버린다. 버즈는 분노해서 비명을 지른다. 그의 편도체는 긴급한 위협을 느끼고, 그의 분노회로가 촉발되며, 그 결과 그는 사만타를 맹렬하게 공격한다.

이처럼 피할 수 없는 우발적인 사건에서 누군가가 버즈를 달래주고 안아주고 그에게 귀를 기울여준다면, 그의 상부 뇌에는 점차 스트레스 조절장치가 확립되기 시작할 것이다. 버즈가 자신의 스트레스 조절장치를 확립하기 위해서는 그를 돌봐주는 어른의 조절장치가 필요하다. 만일 보살펴주는 어른이 항상 버즈와 함께 하면서 그의 스트레스를 기꺼이 조절해주고 그의 고통을 진정시켜준다면, 그는 서서히 두뇌 안에 스트레스 조절장치를 확립시켜갈 것이다. 이렇게 삶에서 피할 수 없는 고통의 상황들을 헤쳐 나가면서, 그는 스스로 사고하는 활동을 통해서 스트레스 조절물질을 상부 뇌에서 하부 뇌로 내보낼 수 있게 된다. 이런 일이 일어날 때, 그의 뇌는 마치 '우린 이렇게 강력한 스트레스 물질을 뿜어낼 필요가 없어. 이건 진짜 위급한 상황이 아니야'라고 말하고 있는 것과도 같다. 그러므로 일단 상부 뇌가 스트레스 조절장치를 갖추게 되면, 그것은 '분노해! 분노해!' 하고 소리치는 편도체의 거친 반응을 잠재울 수 있게 된다.

그러나 아동이 고통과 분노를 겪을 때 성인이 충분히 진정시켜주지 못한다면, 다른 중요한 성인이 주기적으로 이러한 필수적인 부모의 역할을 떠맡아주기 전까지는, 상부 뇌로부터 하부 뇌로 이어지는 스트레스 조절통로가 확립되지 못할 것이다. 불행하게도 어떤 아동은 뇌에 이러한 스트레스 관리체계가 전혀 형성되어 있지 않기 때문에, 분노를 다스릴 수 있는 인간의 훌륭한 능력을 사용하지 못한다. 더구나 성인이 이러한 분노를 통제하지 않고 내버려 둔다면, 이것은 성격적인 특질로 고정될 수 있다. 이처럼 '도움을 받지 못한' 아동을 대할 때, 어른들은 종종 지치고 겁에 질린다.

상부 뇌는 유연성을 갖고 있기 때문에 불안을 억제하는 화학작용을 일으키고 스트레스를 조절하는 장치가 뇌 안에 확립되는 일은 언제든지 가능하다. 그러나 시간이 지나면서 분노가 성격 특질로 고정되기 때문에 그 일은 점점 더 어려워질 수 있다. 그런 이유로 후기 삶에서 발생한 고착을 풀기 위해서는 때로 아주 강력한 치료적 개입이 요구된다. 이것에는 재양육의 경험이 포함될 수 있다.

피터, 5세

피터는 학교에서 골칫거리였다. 그의 엄마는 알코올 중독자였고 아버지는 폭력적이었기 때문에 피터는 생의 첫 다섯 해 동안 거의 위안을 받지 못했다. 그의 편도체는 고통과 고뇌에 대한 모든 종류의 감각기억들로 기록되어 있었다. (편도체는 정서적 강도가 높은 감각기억들을 기록한다.) 그러므로 피터의 분노체계는 지속적으로, 특히 권위적인 선생님들(그의 아버지 같은)에 의해서 촉발되었다. 그는 자주 사람이나 물건을 때리는 행동을 했다.

피터의 현실은 온통 과거 속의 고통스러운 관계들로 채색되어 있었다. 앞에서 보았듯이, 그를 움직이는 것은 생화학적인 발동기제들이었다. 즉 그의 신체와 정신은 온통 싸움이나 도주를 위해 준비되어 있었다. 피터는 살아오는 동안 자신을 위로해주거나 달래주는 성인을 경험하지 못했기 때문에, 공격충동에 대항하는(anti-aggression) 화학작용을 뇌 안에 확립시키는 데 실패했다.

> 이제 어떤가, 테르시테스여?
> 광포한 미로 속에서 헤매는 것이?
> (**트로일로스와 크레시다**, II.iii.1-2)

아동은 욕구가 절망적으로 좌절될 때 분노한다

어떤 사람들은 '하지만 아이들은 모두 작은 괴물이 아닌가요?'라고 물을 수도 있을 것이다. 그 대답은 '아니'라는 것이다. 하지만 존경받는 저명한 정신분석가인 에드워드 글로버는 1960년대에 다음과 같이 썼다.

> 정상적인 영아는 거의 전적으로 자기중심적이다 … 성미가 난폭하고 파괴적인 습관이 있으며 … 원시적인 현실감각 외에는 아무 것도 없고 도덕에 대한 의식도 없으며 사회적인 태도는 … 기회주의적이고 배려할 줄 모르며 포악하고 가학적이다. 사실 성인의 사회적 기준으로 본다면 정상적인 아기는 모든 의도와 목적에 있어서 타고난 범죄자이다. (글로버, 1960, p8)

그러나 신경과학적인 연구는 영아의 타고난 파괴충동에 대한 이러한 믿음을 반박한다. 그 연구는 영아와 유아들이 **욕구가 충족되지 않을 때에만** '성미가 난폭해진다'는 사실을 확인했다. 보울비는 '인간의 유아는 … 사회적으로 협동하면서 발달하도록 예정되어 있다. 이들이 그렇게 하고 안하고의 문제는 상당 정도 그들이 다루어지는 방식에 달려있다'고 말한 바 있다(보울비, 1988, p9).

배가 고프거나 불편해서 우는 울음이나 '엄마, 어디 있어요?' 혹은 '내게 와 줘요!'라고 도움을 청하는 울음이 아무런 반응을 얻지 못하면 아기들은 견디지 못할 정도의 신체적인 각성과 고통을 겪게 된다. 우리는 이런 절망적인 좌절이 분노를 부른다는 것을 알고 있다. 암스트롱-펄만은 다음과 같이 말한다.

> 좌절은 욕구를 고조시키는데 … 그 욕구는 정서적인 유대감이 없을 때 더욱 강화된다 … 너무 자주 좌절하게 되면, 강렬하고 민감해진 엄마의 몸에 대한 욕구는 점점 더 공격성과 두려움과 적개심으로 물들게 된다.
> (암스트롱-펄만, 1995, p101)

만일 고통 받는 유아가 위안을 받지 못한 상태로 계속 방치된다면, 그는 절망적으로 저항할 것이며 극심한 좌절감과 함께 소리를 지르고 울면서 분노할 것이다. 유아의 고통을 실제로 보고 듣고 있음을 알려주는 엄마의 달래주는 목소리가 없다면, 또는 유아가 자신의 깊은 고통을 엄마에게 알리거나 소통하는 데에 실패한다면, 충분히 위로받고 진정되었다고 느끼기도 전에 엄마가 유아를 내려놓는다면, 그리고 부드럽고 포근하게 안길 수 있는 엄마 품을 갖지 못한다면, 유아는 분노할 것이다. 타고난 파괴적인 충동 때문이 아니라 그러한 좌절 때문에 유아는 분노한다. 정신분석가인 페어베언은 '좌절이 없는 상태에서 유아가 자발적으로 [모성적인 대상]을 향한 공격성을 보이지는 않는다'고 말한다(1951, p171).

아기가 분노를 터뜨림으로써 엄마를 공격한다는 말은 적절하지 않다. 중요한 것은 아기가 욕구의 좌절에 따른 고통과 긴장으로 인해 자신이 공격을 받는다고 느낀다는 사실이다. 유아기에 정서적으로 지지받지 못하는 상태에 방치된다면, 아기는 페니켈이(1990, p305) 말하듯이 '너무 취약해지고, 따라서 보다 성숙한 방식으로 … 갈등을 다룰 수 없게 된다.' 욕구의 좌절이 분노로 옮겨 간다는 사실은 정신분석 문헌들에서 자주 언급된 바 있다. 몇몇 예를 들어보겠다.

> 분노의 근원은 굴욕감을 주는 부모 앞에서 전적으로 무력감을 느꼈던 아동기의 경험에서 찾아야 한다. 그런 무기력한 경험은 자기의 연속성과 존재 자체를 위협하기 때문에 견딜 수 없는 고통을 주며, 분노의 형태로 나타나는 가장 강렬하고 긴급한 자기방어를 불러일으킨다. (Kohut, 1985. p80)

> 허기가 채워지지 않아서 증폭되는 분노와 공포를 아기는 박해자가 자신의 배를 더 심하게 공격하기 때문이라고 느낀다. 유아는 처음부터 자신의 내면에 있는 무언가에 의해 손상당할지 모른다는 두려움 속에서 출발한다.
> (힌쉘우드, 1989, p35)

아동은 자신의 사랑이 외상적으로 거절 받을 때 분노한다

> 분노는 … 관계가 깨어질 때 눈에 '비치는' 살의이다. 이것이 보인다는 것은 미칠 듯이 화가 나 있다는 증거이다. 이러한 분노는 분명히 존재한다.
> (Padel, 1995, p10)

사랑과 욕구가 거듭해서 외상을 겪게 될 때, 많은 아동은 삶에 대해 분노한다. 건트립은 이것을 '사랑에 대한 허기'와 대조를 이루는 '사랑에 대한 분노'라고 불렀다(1969, p24). ('사랑에 대한 허기'도 사랑을 위협하지만, 그것은 분노와는 달리 사랑과 관심에 극도로 집착하게 만든다.)

신생아가 태어났다고 상상해보자. 그의 네 살 된 형(누나)은 '엄마, 아기가 태어난 이래 나는 엄마 무릎에 앉을 수가 없어요. 나는 엄마의 사랑을 잃어버리고 엄마의 사랑이 모두 아기한테 가버린 것처럼 느껴져요. 엄마는 더 이상 나를 특별하게 여기지 않아요'라고 말하지 못한다. 대신에 그의 네 살 된 형(누나)은 엄마를 발로 차고 물건을 부수고 놀이터에서 다른 아이들에게 화를 낼 것이다. (자신에 대한 엄마의 사랑에 대한 확신이 없는 아동에게 엄마에게 직접 화를 내는 일은 너무 위험한 것으로 느껴질 것이다. 그것은 그가 받고 있는 조그만 사랑마저 위태롭게 할 것이다.)

톰, 6세
톰은 엄마가 새로 태어난 남동생에게 몰두하는 동안 심한 마음의 상처를 입었다. 그는 학교에서 '뚜렷한 이유 없이' 남자아이들의 머리를 때리고 다녔다. 그는 아픈 마음의 상처와 심하게 좌절된 엄마에 대한 욕구를 견딜 수가 없었다. 그래서 그는 남동생을 직접 때리는 대신, 자신에 대한 엄마의 사랑을 위태롭게 하지 않을 다른 남자아이들을 못살게 굴었다.

톰에게는 **자신이** 겪고 있는 동생에 대한 괴로움을 이해해주고 알아주는 엄마가 절실히 필요했다. 그런 엄마가 없다면, 그는 심한 비탄에 대한 방어인 분노에 빠져들 것이다.

내 동생

당신의 가슴에 포근히 안긴 다른 아이
당신은 그 어린 것을 꼭 끌어안지요
한결같이 그를 향해 있는 당신으로 인해
그는 어떠한 어두움도 알지 못할 거예요
당신 안에 나의 자리는 없지만
나는 하나하나 지켜보지요
그의 이마에 당신이 입 맞추는 것을
그가 당신을 한껏 들이마시는 것을
너무도 달콤하고 나른한 환희가
부드러운 하품과 함께 주위에 퍼지는 것을
그의 몸이 당신에게 감싸인 채
잠드는 것을

나 아닌 다른 이를 선택한
이 부당한 신들은
당신 안에 내 자리를 허락하지 않고
이토록 지독한 대가를 치르게 하네요
내 고통스러운 두 눈으로
그와 함께 있는 당신의 천국을 주시하라고
당신의 미소와 그의 작은 몸을 두른
당신의 부드러운 팔을 보라고
이토록 잔인한 장면 앞에서 나는 소리 없이 흐느낀답니다

마곳 선더랜드

분리와 상실을 겪을 때 아동은 분노한다

> 사회적 유대감은 어느 정도 오피오이드의 작용에 의해 형성되는데, 이는 뇌에서 자연적으로 나타나는 일종의 중독 과정이다. (팬크셉, 1998, p255)

> 카이어가 그녀에게 존의 병에 대해 알려주었을 때 그녀는 충격을 받았다. 메스껍고 제어하기 힘든 감정이 밀려와 마치 자신의 내장이 터져 마룻바닥에 쏟아질 것 같은 느낌이 들었다. 그녀는 울부짖고 싶고 뭔가를 때려 부수고 바닥에 몸을 던져 뒹굴고 발길질하고 비명을 지르고 싶었다. (매기, 1977, p81)

친밀한 인간관계는 오피오이드의 활동에 의해 발생한다. 이는 깊이 사랑하는 사람과 있을 때 그리고 고통을 달래줄 안전한 사람과 함께 있을 때 천연의 오피오이드가 뇌에서 활성화된다는 것을 뜻한다. 오피오이드는 중독성이 매우 강한 뇌 화학물질이다. 그러므로 사랑하는 사람(뇌에서 행복한 오피오이드 상태를 불러일으키는)이 떠나거나 죽거나 정서적으로 다가갈 수 없을 때, 당신은 헤로인이 공급되지 않아 고통 받는 마약 중독자와 같은 고통을 겪게 된다. 싫든 좋든, 친밀하고 애정 어린 인간관계란 오피오이드에 중독된 상태를 **뜻한다.**

사랑하는 대상을 잃고 고통당하는 아동이 위로를 받지 못하면, 뇌에서 생기는 오피오이드 금단 증세가 공격성과 성마름으로 나타난다. 오피오이드는 다시 뇌 속으로 흡수되어 더 이상 분출되지 않을 뿐만 아니라, 그와는 상반되는 화학물질, 즉 분노의 감정으로 이끄는 아세티콜린이 과다하게 분비된다. 신경생리학적 연구에서, 높은 수준의 오피오이드에 익숙해 있던 원숭이들에게 그것의 공급을 차단하자, 그 원숭이들은 서로를 험악하게 대하기 시작했다!

분리 후에 아이가 겪는 비참한 분노에 대한 비극적이고 끔찍한 이야기들은 많이 있다. 예를 들면, 2003년도 '타임'지는 아내가 집을 나간 지 4일째 되는 날, 7세와 8세 된 아들들을 살해한 한 남자의 기사를 실었다. 대량살육을 자행한 자들과 독재자들은 대부분 아동기에 위로받지 못한 비탄으로 인해 고통을 겪었던 사람들이다.

뇌 화학물질과는 별도로, 심리학적으로 말하자면 삶에서 가장 중요한 사람들 중의 하나를 잃는다는 충격과 극심한 고통과 깊은 비탄은 아이에게 그의 자기(self) 즉, 자신의 영속적인 실체에 대한 난폭한 공격으로 느껴질 수 있다. '상실'은 그의 모든 세계가 산산조각 나는 것처럼 느껴질 수 있다. 그는 모든 것을 걸고 그녀를 사랑했는데 그녀가 떠나버린 것이다. 그녀가 언제나 거기 있을 거라고 믿었는데 그녀는 가버리고 없다. 그 배신감과 버림받았다는 느낌을 생각해보라. 그 고통이 분노를 불러일으킬 수 있다는 것은 충분히 상상할 수 있다.

분리에 관한 연구에서, 할로우와 미어스는 새끼였을 때 오랫동안 어미와 떨어져 있던 원숭이들을 관찰했다. 그들은 어미 없이 지낸 원숭이들이 어미가 되었을 때, 자신들의 새끼들과 어떻게 지내는지를 관찰했다. 그리고 그들은 그 원숭이들이 예외 없이 지독하게 잔혹한 폭력을 행사하는 모습을 볼 수 있었다. 할로우는 다음과 같이 말했다.

> 우리는 즉시 우리가 새로운 동물, 즉 어미 없는 어미를 만들어냈음을 깨달았다. 어떤 종류의 사랑도 받아본 경험이 없는 어미 원숭이들은 자신의 갓 태어난 새끼에 대한 사랑이 결여되어 있었고, 모성이 결핍된 많은 인간들이 그러하듯이 감정이 없었다. 어미를 경험하지 못한 대부분의 어미들은 자신의 새끼들을 본체만체 하였고 어떤 어미들은 새끼들의 얼굴을 밟아 뭉개거나 다리와 손가락을 물어뜯었다. 심지어 어떤 어미는 새끼의 머리를 물고 달걀껍질처럼 부수어 버리는 행동을 했다. 우리가 아무리 사악한 상상을 한다 해도, 이 원숭이 어미들만큼 흉악한 대리모를 생각해낼 수는 없을 것이다.
> (할로우 & 미어스, 1979, p289)

제인 구달 역시 곰비 국립공원의 침팬지를 대상으로 유사한 연구를 하였다(1990). 새끼였을 때 어미를 잃거나 분리되는 고통을 겼었던 침팬지들은 마치 끔찍한 그리스 신화나 비극에 나오는 사건들처럼 다른 침팬지들의 새끼들을 낚아채 죽이거나 잡아먹었다.

런던 타비스톡 클리닉의 정신분석가인 로버트슨 부부는 1950년대와 1960년대에 세계적으로 유명해진 영상물들을 제작했는데(1969), 그것들은 엄마로부터 분리되는 경험이 두 살 이하의 아이들에게 미치는 영향을 보여주었다. 엄마가 출산을 위해 병원에 가 있는 동안 장기 탁아소에 맡겨진 아이들에 대한 영상물은 아이들이 현격한 심리적 퇴행을 겪는 모습을 보여주었다. 그들은 아주 명백하게 **저항→ 절망→탈 애착**의 단계를 거치는 변화를 보였다(보울비, 1978). 유아들은 며칠 떨어져 있는 동안 엄마가 영원히 가버리는 것이 아님을 이해하지 못했다. 그들은 필사적으로 우는 시기를 거친 다음 점차 자포자기 상태로 갔다. 자포자기 상태에서 그들은 놀거나 먹으려고 하지 않았고 오랫동안 그저 바닥에 생기 없이 주저앉아 있었다. 한 살 때 엄마의 출산으로 인해 엄마와 9일 간 떨어져 지낸 적이 있던 소년이 6살이 될 때까지의 변화를 추적한 심리학자는 다음과 같이 말했다.

> 그는 여전히 긴장하고 불안해했다. 특히 그는 자신에 대한 엄마의 사랑을 확신하지 못하는 듯 보였고, 엄마에게 이유 없이 한바탕 적대적인 행동을 하곤 했다. 그 역시 이런 행동에 대해 당혹스러워 했으며 하루는 '엄마, 왜 난 이렇게 엄마에게 못되게 굴지?'라고 슬프게 말했다. (로버트슨 & 로버트슨, 1969)

엄마는 아이와의 분리가 있기 전이나 후나 상관없이 그를 매우 사랑했다. 그러나 일주일이 넘게 엄마로부터 분리되었던 경험은 그로 하여금 여러 해 동안 엄마에게 분노하게 만들었다. 이런 종류의 영상물들은 지금도 대중에게 공개되어 있다.[1]

여기서 중요한 것은 모든 탈애착 방어의 밑바닥에는 비극적인 실망감과 배신감에서 오는 분노가 있을 가능성이 크다는 것이다.

> 방치나 상실 혹은 외상에서 오는 본질적인 관계의 단절은 인간의 폭력적인 성향의 뿌리이다. (드 줄루에타, 1993, p291)

1 로버트슨 & 로버트슨(1969)을 보라. '엄마와 분리된 아기'에 대한 필름목록은 콩코드 영상물 위원회(the Concord Films Council)에서 구입할 수 있다.
연락처: 201 Felixstowe Road, Ipswich, Suffolk IP3 9BJ, UK tel. 01473 726012/715754

비탄에서 분노로 옮겨 간 아이들의 사례

샘, 8세
샘은 '아빠가 죽었을 때는 슬펐지만 이젠 괜찮아요'라고 말했다.

그러나 감당할 수 없는 감정들 때문에 마음이 굳어진 샘의 삶은 빈번한 분노의 폭발로 인해 황폐해 있었다. 그는 아빠와의 단절에 몹시 화가 나 있었다. 아무도 그가 적절하게 아빠를 떠나보내도록 그를 도와주지 않았다.

제임스, 3세
제임스는 사랑했던 입주 가정부를 잃었다. 그 다음 주에 새 가정부(남자)가 왔는데 그는 그 사람을 힐끗 쳐다보고는 이렇게 소리쳤다, '꺼져버려, 꺼지란 말이야! 그렇지 않으면 침을 뱉을 거야.'

제이슨, 6세
'나는 슬퍼지면 밖에 나가서 뭔가를 때려 부숴요. 그리고 부순 것을 또 부숴요.'

제이미, 7세
엄마가 암으로 진단받았다는 것을 알고 나서 제이미는 엄마를 발로 차기 시작했다. 그녀는 치료시간에 다음과 같이 말했다.

☆ '나는 대량살상 무기예요. 그게 바로 나예요.'

☆ '나는 내 비행기를 조종할 수 없어요.'

☆ '엄마가 뱀에 잡아먹혔어요. 그래서 우리는 그 뱀을 묻어버렸어요.'

☆ '내가 엄마를 모두 다 빨아 먹었어요. 그래서 더 이상 엄마는 없어요.'

제이미는 엄마의 생명을 위협하는 질병에 대해 자연스럽게 반응하고 있다. 그것은 '아니야, 아니야! 어떻게 엄마가 나를 떠난다는 생각을 할 수 있어'라는 자연스러운 반응이다. 엄마를 차는 행동과, 놀이에서 표현된 그녀의 분노는 공포와 항의와 절망의 비명 소리였다.

앤디, 6세

앤디는 아빠를 무척 사랑했는데 어느 날 아빠가 집을 나가서 돌아오지 않았다. 앤디는 자동차의 타이어를 칼로 찢고 파괴적인 행동을 하기 시작했다. 그의 엄마는 그의 분노를 감당할 수 없었다. 그녀는 그를 때려보기도 했지만 결국 그가 벽지를 찢는 것을 내버려두어야 했다. 통제 불능이 된 그는 학교 주위를 뛰어다니기 시작했다.

앤디는 슬픔 때문에 달리고 또 달렸다. 슬픔을 느끼지 않는 방법의 하나는 계속해서 움직이고 끊임없이 뭔가를 하는 것이었다. 그는 치료를 받는 동안 치료사에게 '지난 주에 주먹으로 자동차 창문을 깼어요'라고 말했다. 그리고 같은 회기에서 그는 '나는 물에 빠져죽고 싶어요'(분노 아래 있는 비탄)라고 말했다. 진정한 통찰이 발생했을 때, 그는 '슬픔을 느끼는 것은 너무 힘들어요'라고 말했다.

> 이 지긋지긋한 한숨과 슬픔, 그것은 사람을 풍선처럼 터지게 한다.
> (팔스태프, **헨리 4세에서**, II.v.333)

변덕스러운 부모는 아동에게서 사랑과 분노를 모두 일으킨다

> 욕구가 충족되어야 사랑이 생긴다. 이때 부모는 편안함과 위로의 근원으로 느껴진다. 유아의 충족되지 않은 욕구는 분노를 불러올 수 있다.
> (건트립, 1969, p31)

어떤 때는 매우 반응적이다가 또 어떤 때는 반응하지 않는 부모는 분노를 유발할 수 있다. 아동은 소망과 좌절을 반복해서 경험하면서 정서적으로나 신체적으로 초각성 상태에 있게 된다. 종종 이러한 양육을 받은 아이들은 소위 '양가적인 애착'을 형성하게 된다. 이들은 과도하게 각성된 감정의 흥분지대에 살면서 성인으로 자라난다. 이들은 청소년기에 종종 자해를 하거나 급격히 다가갔다 급격히 멀어지는, 극단적이며 드라마틱한 행동양태를 발달시킨다. 아동기에 형성된 이러한 관계의 틀(사랑과 거절 사이를 급격히 오가는)은 이후의 관계에서 계속 재연된다. 그들은 초각성 상태에 머물러 있고, 그들의 감정은 롤러코스터처럼 불안정하다. 이것은 신경생리학적으로도 설명이 가능하다. 우리가 이미 보았듯이, 포유류는 기대했던 보상이 좌절될 때 분노로 반응하는데, 그때 뇌 안에서는 기대했던 오피오이드와 도파민 대신에 과도한 양의 아세티콜린이 분비된다.

분노하는 부모가 분노하는 아이를 만든다

> 분노와 폭력이 난무하는 가정에서 자란 아이들은 분노와 폭력만이 가치 있고 정당한 정서표현이라고 생각하는 경향이 있다. (오르바크, 1994, p55)

폭력행동으로 의뢰된 많은 아동을 수년 동안 치료하면서, 그리고 그런 아동을 치료하는 치료사들을 임상감독하면서, 나는 그들의 놀이에서 상당히 예측 가능한 주제들을 볼 수 있었다. 거기에서는 끊임없는 폭발과 살육과 질식과 익사와 피비린내 나는 전쟁들이 전개되는데, 대개는 산더미처럼 많은 인물들이 죽임을 당함으로써 끝이 난다. 미약하고 힘없는 존재들은 총에 맞고 폭파되며 목이 졸리고 포획된다. 이런 것들이 아동이 경험해본 유일한 관계방식이라는 사실은 슬픈 일이다. 그런 아동의 놀이에서는 특징적으로 폭력과 학대 이외에 다른 어떤 관계도 나타나지 않는다. 그와 같이 무자비한 놀이와 균형을 이룰만한 부드럽고 친절하고 배려하는 관계는 거의 찾아볼 수가 없다.

많은 경우, 이런 아동은 원만한 인간관계를 가질 수가 없는데, 이는 그들 자신에게 그런 경험이 충분치 못하기 때문이다. 그들의 마음속에는 다정함을 주고받는 것이 어떤 느낌인지를 가르쳐줄 모델이 없다. 다정할 수 있는 능력은 개인적으로 경험해보지 않고는 결코 아이 자신의 것이 될 수 없다. 끊임없이 화를 내는 부모들과 지내는 아이는 아마도 그 다음 분노의 폭발을 기다리면서 극도로 각성되어 있을 것이다. 그 아이의 뇌에서는 편안하게 진정시키는 정서물질보다는 그를 도주나 싸움으로 몰아넣는 스트레스 물질이 흘러나올 것이다. 분노하는 성인에 둘러싸인 환경에서 자란 아동은 실제로 전투지역에서 살고 있는 셈이다. 그 지역에서는 그에 적합한 뇌 화학물질을 필요로 한다. 분노가 가득한 가혹한 가정환경에서는 따뜻하고 부드러운 것이 상식적인 것이 아니라 오히려 고도로 경계하며 망을 보면서 살아가는 것이 상식적인 것일 수 있다.

달리 말해서, '가혹한 환경'에서는 충동적인 것이 적응적인 반응이다(페리, 1995, p126). 즉, 항상 망을 보고 잘 방어하고 결코 약점을 보여서는 안 되며 상대가 행동을 취하기 전에 먼저 행동을 해야 한다! 코헛이 말한 대로, 적대적인 가정환경에서는 '전투에 대비하는 쪽으로 뇌가 적응한다'(1997, p54). 설리반은 다음과 같이 말한다.

그림 5 화내는 부모와 화내는 아동

다시 평온한 상태로 끌어내려줄 사람이 없을 때 과도하게 고조되는 신체적인 각성은 정서와 신체의 균형을 더욱 망가뜨린다.

> 아마도 아동은 부모라는 사람을 향해 다정함에 대한 욕구를 표현할 때 불이익을 당하거나 불안해지거나 웃음거리가 된다는 것을 발견할 것이다. 아동은 … 뭔가 다른 것을 통해서 그런 욕구를 표현하게 되는데, 그것이 바로 전쟁터에서 살아가는 태도이다. (설리반, 1953, p214)

이 말은 항상 화가 나있는 부모와 살아가는 아동은 결국 정서적으로 매우 제한된 영역에 머물게 된다는 뜻이다. 실제로 아동이 슬프고 상처입고 실망을 느낄 때, 고통스러운 신체적 각성은 아픔이나 상처가 아닌 분노로 분출될 수 있다. 다시 말해서, 충격이 마음속에서 슬픔이나 두려움 같은 정서로 경험될 기회도 갖기 전에, 아동은 정서적 및 신체적 각성을 분노로 발산해버린다. 그리고 이것은 좋아하거나 사랑하는 것과 같은 긍정적인 감정들에 대해서도 일어날 수 있다. 한 예로 12살 된 벤의 아버지는 매우 폭력적이었다. 벤은 학교에서 처음으로 어떤 소녀에게 좋아하는 감정을 느낀 순간에 그 소녀를 때렸다. 그는 이것이 잘못된 반응이라는 것을 알면서도 달리 어떻게 할 수 없었다고 말했다. 벤의 신체는 흥분과 애정에 의해 각성되었지만, 결국 그것은 그에게 익숙한 방식으로 바뀌어 표현되었다.

폴리, 6세
폴리는 종종 다른 아이들을 물고 때리는 행동으로 교장선생님의 주의를 끌었다. 폴리의 아버지는 끊임없이 분노를 터뜨렸다. 다음은 폴리의 이야기이다.

☆ '이 집에서는 모두가 화를 내요. 욕실에는 화를 내는 공룡이 있고요. 심지어는 잉꼬도 물어요.'

☆ '여기는 소리 지르는 큰 입들이 있는 곳이에요. 아무도 살아서 나갈 수가 없어요.'

☆ '내가 아무것도 부술 수 없다면 선생님하고 놀지 않겠어요.'

☆ '나는 서로 부딪치는 것들에만 관심이 있어요.'

폴리는 매주 폭탄이 폭발하는 장면을 실연했다.

그림 6 6세인 폴리는 다른 아이들을 물고 때렸다. 폴리의 아버지는 주기적으로 분노를 터뜨렸다. 이것은 폴리의 모래놀이 이야기를 그린 것이다. 폴리는 '이 집에서는 모두가 화를 내요. 욕실에는 화를 내는 공룡이 살고 심지어는 잉꼬도 물어요'라고 말했다.

그림 7 폴리의 또 다른 모래놀이 이야기. 폴리는 '여기는 소리 지르는 큰 입들이 있는 곳이에요. 아무도 살아서 나갈 수 없어요'라고 말했다.

찰리, 7세

찰리는 화산처럼 폭발하는 우울한 엄마와 살고 있었다. 그는 놀이터의 어린 아이들에게 겁을 주는 행동 때문에 치료를 받게 되었다. 치료시간에 그는 이런 이야기를 했다.

☆ '돼지가 아주 깊은 바다[엄마의 우울에 대한 표현?]에 빠지고 있어요. 그런데 살려달라고 소리치는 순간에 머리가 잘려나갔어요.'

새미, 6세

새미는 늘 싸움을 벌였다. 그는 실제로 친구가 없었다. 새미가 다섯 살이었을 때, 그의 어머니는 성미가 급하고 늘 새미에게 소리를 지르는 애인을 데리고 들어왔다. 새미는 물고, 때리기 시작했다. 그는 어머니를 때리기 시작했다. 다음은 새미의 모래놀이 이야기이다.

☆ '커다란 남자가 휴대폰을 받으러 나가면서 어린 남자애를 감옥에 버려두었어요.'

☆ '집에서, 다른 사람의 화가 내 방으로 들어와요.'

☆ 그는 치료사에게 '이걸 하지 않으면 때릴 거예요'라고 말했다.

소리 지르고 부수고 때리는 아동기 경험은 과도하게 활성화된 분노회로를 고착시킬 수 있다

> 여왕의 얼굴은 분노로 새빨갛게 되어 야수처럼 그녀를 잠시 쏘아보고는 '목을 베어버려!' 하고 소리쳤다. (캐롤, 1970, p84)

어른이 소리칠 때 그것은 아동에게 무서운 해일처럼 느껴질 수 있다. 그 어른이 사랑하는 부모일 경우 해일은 특히 외상적일 수 있다. 어떤 아동은 어른이 소리를 지를 때 문자 그대로 눈물의 홍수에 압도되어 산산조각이 난다. 한나의 엄마는 두 살인 한나가 불에 너무 가까이 다가가자 소리를 질렀다. 한나는 마루에 쓰러져 몹시 울었는데, 마침내 엄마가 그녀를 팔로 안아 '산산조각 난 한나를 다시 통합시켜' 주었을 때 다시 회복되었다. 아동이 명백하게 고통을 겪고 있는데도 부모가 안아주지 **않고** 그들에게 소리를 지른다면, 그것은 불행이다. 8살인 젬마는 그녀의 이야기에서 '모든 것이 다 파괴되었어요. 세상은 망가졌어요. 고칠 수가 없어요'라고 말했다. 그녀의 엄마는 술에 취해 느닷없이 화를 내었지만 한 번도 미안하다고 말하면서 젬마와의 관계를 회복하려고 노력하지 않았다. 분노의 분출 뒤에 '회복의 상호작용'이 없다는 것을 알고 있는 아동들은 너무 오랫동안 신체적, 생화학적(뇌 화학물질), 그리고 심리적으로 압도당한 상태로 남아 있을 가능성이 많다. 하부 뇌와 관련해서 심리적으로 압도당한 부모는 아동을 매우 불안하게 만들며, 이는 아동의 분노나 두려움으로 나타난다.

션, 8세

어머니와 아동 모두 분노에 갇힌 비극적인 사례:

션은 학교에서 욕을 하고, 때리고, 못된 짓을 하는 등 파괴적이었다. 그는 매일 밤 잠자리에 오줌을 쌌다. 그는 악몽을 꾸었고 몽유병이 있었다 (분노와 두려움이 동시에 있는 것을 보라). 션은 늘 매우 화가 나 있었고 그의 홀어머니도 마찬가지였다. 어느 날 어머니는 사회복지기관에 전화를 걸어 자신이 션을 죽일까봐 걱정된다고 말하였다. 그녀는 여러 차례 그의 목을 움켜쥐고 있는 자신을 발견했다고 말했다. 션 역시 어머니를 때렸으며, 한번은 야구방망이로 어머니를 때리기도 했다. 그들은 서로에게 자제력을 잃었으며, 그들이 같이 있다는 것은 지옥이었다. 그의 어머니는 '그 애는 아기일 때부터 물건을 집어 던져 깨지는 것을 보곤 했다'고 말했다. 얼마동안 션은 보호관리를 받았는데, 그것은 션과 어머니 모두에게 다행한 일이었다. 치료에서 션은 다음과 같은 이야기를 하였다.

☆ '탑이 무너질 거예요.'
☆ '등대는 꼭대기에 경고등을 달아야 해요, "폭격 맞을" 경우에 대비해서.
☆ '우리는 화산을 건드리지 않게 아주 조심해야 해요.' 치료사가 그 이유를 묻자, 그는 '화산들은 화산보다 더 무서운 다른 불들을 일으키기 때문이에요'라고 말했다. (그는 자신을 다른 불이라고 보는 것 같다.)
☆ '뱀들은 가까이 오는 사람들은 다 물어요.'
☆ '이 불은요, 아주 크고 거세서 절대로 꺼지지 않아요.
물로도 꺼지지 않을거예요.'

이야기들은 션이 분노와 두려움을 모두 갖고 있으며, 하나의 감정이 다른 감정을 자극하고 있다는 것을 뚜렷이 나타내고 있다.

피터, 7세

피터는 엄마에게 주기적으로 맞았다. 피터는 놀이터의 어린아이들을 계속 괴롭혔기 때문에 치료에 의뢰되었다. 피터의 이야기 중 하나에는 그는 놀라운 자기-인식이 드러나 있다. 그는 자신이 맞았기 때문에 다른 사람들을 때린다는 것을 알고 있었다. 그는 나비이고 엄마는 자동차이다. '자동차가 계속 나비에 부딪치기 때문에 나비는 조절이 안 돼요.'

(이는 매우 분명한 은유이다. 자동차, 즉 엄마가 계속 그를 때리기 때문에 그는 자신을 조절할 수가 없다.)

'괴물들이 서로를 야단치고 있는데 왜 그러는지는 자기들도 몰라요. 그들은 그냥 그래야만 돼요.'

그림 8
'괴물들이 서로 야단치고 있는데 왜 그러는지는 자기들도 몰라요. 그들은 그냥 그래야만 해요.'

가정 내 폭력을 목격하는 것은 분노를 일으킨다

아버지가 엄마를 때리고 물건들을 때려 부수는 것을 본 래리는 너무나 무서웠다. 그래서 그는 텔레비전에서 보았던 막강한 인물이 '되기로' 마음먹었다. (Bloch, 1978, p232)

바비, 6세

'우리 엄마는 아빠랑 싸울 때는 친절하지가 않아요.'

부모의 폭력을 목격하는 것은 아동의 분노를 부른다 : 통계와 조사연구

☆ 가정 폭력 사건의 90%는 어린이가 같은 방이나 옆방에 있을 때 일어난다.

☆ 모든 학급에서 다섯 명 중 세 명은 어떤 종류든 가정폭력을 목격한 것으로 추정된다. (영국 범죄 조사, 1992)

다른 연구(National Childrens Homes, 1994)에 의하면,

☆ 가정폭력을 당한 대부분의 어머니들은(91%) 자녀들이 단기간의 영향을 받을 것이라고 믿고 있었으며, 약 3분의 1은 학교에서 문제를 갖게 되었다.

☆ 가정폭력을 당한 어머니들 중 약 86%는 자녀들이 장기적인 영향을 받을 것이라고 믿었다. 33%는 자녀들이 폭력적이고, 공격적이며 다루기가 어려워졌다고 생각하고 있다. 29%는 화를 잘 내고 한층 더 나빠졌다고 말했으며, 21%는 자녀들이 그들을 존중하지 않는다고 말했다.

☆ 가정폭력을 당한 어머니들 중 약 4분의 3은 자녀들을 빼앗길까봐 두려워서 자녀의 문제에 관해 전문가들과 이야기하는 것을 어려워하고 있다.

☆ 가정폭력에 대하여 최근의 영국 의학협회(BMAA, 1998)는 가정폭력의 목격은 단기간, 장기간 모두 어린이들에게 상당한 해를 입힐 수 있다고 결론지었다. 단기간, 아동들은 철수, 우울, 증가된 공격성과 공포, 불안과 같은 일련의 혼란스러운 행동들을 보일 수 있다. 장기적으로 소년들이 보다 공격성이 증가되는 경향이 있으며 많은 아동들이 외상 후 스트레스 장애로 고통받을 수 있다.

☆ 어머니에 대한 가정폭력이 있을 경우, 아동 역시 폭력을 당할 위험이 커진다. (BMA, 1998)

☆ 부모를 때리는 80%의 아동들은 언젠가 그들로부터 맞은 경험이 있다.

* (NCH Factfile, 2002, pp99-102에서 참조)

자신이 사랑하는 엄마가 아빠에게 맞는 것을 본 아동이 충격과 비탄으로 울음을 터뜨리고 두려움으로 비명을 지르거나 온몸을 떠는 것은 극히 자연스러운 반응이다. 깊이 사랑하는 사람이 고통당하는 것을 보는 일은 너무 힘든 일이다. 하지만 다른 일에 몰두해 있는 부모들은 힘들어하는 아이와 함께 있어주지 못한다. 그들은 자신들의 감정을 추스르기에도 벅차다. 이런 폭력을 목격하는 아동은 대부분 자신들의 비탄과 충격과 공포를 덮어버리기 쉽다. 그리고는 마음을 굳게 만들고 공격적인 방어체제를 갖추게 된다. 실제로 그들을 돕는 사람이 아무도 없을 때, 폭력을 목격하는 아동은 처절한 외로움을 겪을 수밖에 없다.

포샤는 다음과 같이 말한다.

> 안전함을 느끼는 것이 회복과 최적의 정신건강을 위한 핵심적 요소인 것처럼, 신체적인 위험에 직면해서 느끼는 외로움은 정신병리의 핵심 요소를 구성한다. (2000, p37)

여기에는 그 일이 벌어지는 것을 막을 수 없다는 무력감이 포함되어 있다. 엄마가 아빠한테 맞는 것을 본 여섯 살 난 아이는 '아빠를 때려주고 싶었지만 난 너무 어렸어요'라고 말했다. 이러한 감정들에 대해 도움을 받지 못한 아동이 폭력적이 되는 것은 놀랄 일이 못된다. 그는 자기 스스로 박해자가 됨으로써 자신이 본 것을 재연하고 있는 것이다. 정신분석가들은 이것이 그러한 사건을 처리하려고 애쓰는 마음의 방식이라고 말한다. 외상 후 스트레스에 대한 연구에 따르면, 인간에게는 박해자로든 희생자로든 사건을 재연하려는 경향이 있다.

또 다른 중요한 요소는, 이 끔찍한 사건을 목격하는 데 따른 힘든 감정들에 대해 도움을 받지 못한 아동은 긴장을 분출하는 것 외에는 다른 선택의 여지가 없다는 점이다. 잠자리에서 오줌을 싸거나 불안장애를 일으키는 등의 신체적, 신경증적 증상을 통해서 긴장을 방출하지 않으면, 그는 신체적인 분노행동을 통해 그것을 방출해야 할 것이다. 때리는 것을 목격한 아동은 너무 쉽게 남을 때리는 것으로 반응한다. 이는 무서운 장면을 수동적으로 보아야만 했던, 견딜 수 없는 무력감으로부터 자신을 방어하는 행동이기도 하다.

대니, 6세
대니는 끊임없이 싸움을 벌였다. 그는 주기적으로 아버지가 엄마를 때리는 것을 보았다. 집안의 어느 누구도 다른 가족을 위한 정서적인 조절자의 역할을 해주지 않았다. 부모들은 대니를 돕기는커녕 **자신들의** 감정을 정서적으로 조절하는 것도 힘들어했다. 대니는 '화가 나면 그 화가 내 뱃속으로 들어오고 그 다음엔 내 등과 팔 안으로 들어와요. 그리고는 마치 기계처럼 자동적으로 일을 저지르게 해요'라고 말했다.

대니가 한 말은 정확한 것이다. 그의 뇌 안에는 스스로를 진정시키는 데 필요한 항불안 물질을 만들어내고 스트레스를 완화시키는 체계가 형성되어 있지 않다.

필립, 13세
필립은 놀이터에서 분노를 참지 못했다. 그는 어린 시절에 많은 시간을 날아다니는 접시를 피해 부엌 식탁 밑에 숨어 있어야 했다. 그런 기억들은 마음속 깊은 곳에서 신경생리학적이고 심리적인 온갖 산물들을 만들어내고 있었다.

테리, 11세
테리는 여러 번 퇴학을 당했다. 그는 자신이 사랑했던 아버지가 엄마를 때리는 것을 보았다. 테리는 '나는 한 가지 감정밖에 없어요'라고 말했다. 그것이 무엇이냐고 묻자 그는 '완전히 엉망이 된 느낌'이라고 말했다. 그것은 당연하다. 사랑하는 아버지가 엄마를 때리는 것을 보았는데, 얼마나 혼란스러웠겠는가!

그림 9 부모의 폭력을 목격한 아동은 그가 겪은 충격과 공포와 분노에 관해 이야기할 필요가 있다. 이 그림에서 볼 수 있듯이, 미술과 모래놀이는 이를 표현하기 위한 아주 좋은 수단이다. 이 그림은 아버지가 엄마를 때리는 것을 본 테리(10세)의 모래놀이를 나타낸 것이다.

분노에 갇힌 일부 아동들은 진단되지 않은 외상 후 스트레스 장애로 고통 받고 있다

그 고문과도 같은 고통에서 나를 자유롭게 하리라
아니면 피 묻은 도끼로 나의 길을 헤쳐가리라
(**헨리 4세**에서 리차드, III.ii.180-1)

계속해서 폭력적이고 공격적으로 소란을 피우는 일부 아동은 진단되거나 다루어지지 않은 외상 후 스트레스로 인해 고통을 받는다. 우리는 뇌 연구를 통해서 외상 후 스트레스 장애를 겪고 있는 사람들의 편도체가 과도하게 활성화되어 있고, 그 결과 아주 사소한 자극에도 민감하게 반응한다는 것을 알게 되었다. 이들은 다른 사람들이 안정을 되찾은 후에도 한참동안이나 심하게 각성된 상태에 머무르는 모습을 보인다. 유감스럽게도 이러한 상태에 있는 많은 아동은 모두 과도하게 활성화된 편도체와 외상 후 스트레스 장애로 인한 고통 때문에 학교에서 문제를 일으킨다.

빌리, 5세

화를 잘 내는 빌리의 아버지는 빌리가 아기였을 때 반복해서 그를 때렸다. 빌리는 얼마동안 보육기관에 맡겨져야 했다. 그의 아버지는 집을 나간 뒤 감옥에 갔다. 사람들은 빌리가 모두 잊었을 것이라고 생각했다. 무엇보다도 그는 단지 아기였기 때문이다. 그러나 그들은 편도체가 이미 아기 때부터 활동한다는 것을 몰랐다. 학교에서 빌리는 아이나 어른이나 할 것 없이 자기를 화난 얼굴로 바라보는 사람들을 때렸다. 그의 편도체는 '반복해. 너의 과거를 반복해. 너 자신을 보호해!'라고 자극한다. 빌리는 그의 편도체가 외치는 '정서적인 위험'으로 인해 야수와 같이 싸움으로 반응했다. 그 때문에 그는 주기적으로 벌을 받았다. 사람들은 빌리의 뇌에 무엇이 잘못됐는지 이해하지 못했다.

위스콘신 대학의 데이빗슨은 연구를 통해 정서적으로 안정된 사람들은 화난 얼굴의 사진을 보았을 때 심하게 각성되지 않는 반면에, 외상을 입은 사람들은 스트레스를 받는다는 사실을 보여주었다. 그의 연구는 빌리가 그렇듯이 일단 부정적인 정서가 발생하면 그것을 되돌리기가 얼마나 어려운가를 보여준다. 실제로 이들의 스트레스 반응은 부정적인 얼굴 사진이 사라진 뒤에도 오랫동안 지속되었다(2000).

성적 학대는 분노를 일으킨다

> 아버지에게서 성적 학대를 받아왔던 아동은 '내게 가장 힘들었던 것은 터질 것 같은 내 몸의 느낌이었어요. 나는 락 음악채널 18개를 한꺼번에 틀어놓은 작은 라디오처럼 느껴졌어요'라고 말했다. (테르, 1994, p137)

아동의 신체는 성적 자극에 의한 높은 각성 상태를 견딜 수 있을 만큼 충분히 발달하지 않았다. 따라서 학대받은 아동은 견딜 수 없는 각성 상태에 머물러 있게 된다. 우리가 본 바와 같이, 그것은 공감을 받지 못하는 상황에서 분출되기 쉽다. 특히 성적 학대를 당한 아동은 세상에 대해 분노를 터뜨린다. 끔찍한 배신을 겪은 그들은 극도로 고조된 각성 상태에 처하게 되는데, 이는 뇌에서 나오는 스트레스 물질 때문이다.

수치심에서 오는 분노

> 수치심은 방해하지 않고 가만히 누워있지 않는다. 오히려 그것은 거듭 분노로 분출된다. 따뜻한 양지를 차지하지 못한 그는 모든 것을 파괴하려고 소리를 지른다. 햇빛이 드는 자리가 없는 사람들에게 그것은 고통이다. 그것은 '그래, 나는 가치가 없는 인간이야. 나는 무가치해. 너도 마찬가지야! 나는 증오로 가득 찼어. 그리고 너를 증오해! 결코 떠나지 않는 이 고통을 난 느끼지 않을 거야. 너에게 주겠어'라고 외친다. (휴즈, 1998, p23)

사람들은 아이들을 훈육할 때 흔히 수치심을 사용한다. 때로 그것은 경멸에 찬 말을 통해 이루어진다. 어떤 경우에는 갑자기 때리는 것과 같은 체벌을 통해 이루어진다. 때로 그것은 눈빛으로 행해지기도 한다. 어떤 아이들은 보잘것없다거나 더럽다거나 '넌 태어나지 말았어야 해'라는 말을 들으면서 수치심을 경험한다. 어떤 식으로 이루어지든 수치심은 아동으로 하여금 결함이 있고 희망이 없으며 사랑받지 못한다고 느끼게 만든다. 제대로 방어하지 못하는 아동에게 수치심은 대대적인 심리적 폭격으로 경험된다. 그 이유는 수치심이 아동 자신이 가진 것이 모두 '좋지 않다'는 느낌과 함께 아동을 전적으로 취약하고 무력하게 만들기 때문이다. 그것은 자신이 전적으로 무가치하고, 자신의 어떤 점도 귀중하지 않다는 느낌을 아동에게 준다. 수치스러운 감정은 어떤 다른 감정보다도 우리를 정서적으로 취약하고 무력하며 속수무책으로 만든다. 그럼에도 불구하고 부모들이나 교사들은 아동을 수치스럽게 하는 것이 아동을 심각하게 손상시킨다는 사실을 충분히 이해하지 못하고 있다.

수치심이 어떤 상처를 남기든(사회 공포증이나 실수에 대한 두려움, 혹은 창피 당할까 봐 꿈을 좇지 않는 것 등), 수치심의 근저에는 항상 분노가 깔려있다. 어떤 아동은 때로 이것을 표출시키지만 다른 아동은 심한 두려움 때문에 휴화산 상태로 들어간다. 후자는 여러 해 동안 착하고 고분고분한 아이로 살아간다. 그러다가 어느 날 갑자기 모든 공격성과 분노를 분출한다.

수치심의 심리(대개는 분노)는 이렇게 전개된다. '당신이 나를 수치스럽게 하는 말이나 행동을 할 때, 나는 당신을 해치거나 망치고 싶어. 왜냐하면 수치스럽게 하는 것은 당신이 나를 해치거나 망치는 것이기 때문이지.' 이것은 비록 원시적이긴 하지만, 상처 입은 동물이 으르렁거리는 것처럼 정확한 심리적 사실이다. 달리 말해서, '나한테 이런 상처를 준 당신을 증오해. 그래서 나도 내가 당한 만큼 똑같이 돌려주겠어'가 된다. 맹렬하게 보복하고 싶은 충동을 주체하기 어렵게 된다.

문제는 수치심에 따른 분노가 실제로 수치심을 준 당사자가 아닌 다른 사람들에게 쉽사리 일반화되고 무차별적으로 전치된다는 데 있다. 그 좋은 예가 바로 어린 시절에 무자비하게 수치를 당했던 히틀러이다. 그는 매일 자신을 때리며 수치스럽게 했던 아버지를 공격하지 못했다. 대신 그는 세상을 공격했다! 밀러는 히틀러에 대해 다음과 같이 말했다.

> 도망갈 수도 없이, 그는 어른이 되어 어떤 행동을 취할 수 있게 되기까지 모든 것을 견뎌야만 했다. 히틀러가 어른이 되어 권력을 잡게 되었을 때, 그는 마침내 자신의 불행을 천 배로 갚을 수가 있었다. (밀러, 1987, p196)

매스터스(1995, p28)의 연구에 의하면, 아동기에 모욕을 당한 살인자들은 흔히 희생자들을 죽이기 전에 고문하고 자신이 당한 대로 되갚아주며 뒤바뀐 역할에서 오는 달콤한 위로(마침내 무기력한 희생자가 아니라 강력해졌다는)를 맛보고 싶은 충동을 느낀다.

아동기에 심한 모욕이나 수치를 당한 사람들은 교육자와 군인과 경찰 등 다른 사람들을 수치스럽게 만들 수 있는 힘을 가진 직업에 매력을 느낀다. 역할을 바꾸는 데 굶주린 사람들에게는 (종종 무의식적으로) 그런 직업들이 매력적으로 보일 수 있다. 코헛은 다음과 같이 말한다.

> 특히 파괴적인 분노는 언제나 자기(self)의 상처, 즉 자기의 응집성을 위협하는 상처에 의해 발생한다. (1977, p117)

남아들이 여아들보다 폭발적인 분출로 인해 더 많이 고통받는 이유

일반적으로 남성은 뇌의 테스토스테론의 영향 때문에 여성보다 더 공격적이다. 그 외에도 성적 고정관념을 가진 가정문화는 남아들에게 10배나 더 나쁜 영향을 미칠 수 있다. 이런 식으로 마음이 굳어진 남자아이들은 종종 '여자애 같고', 취약해 보이는 남자애들을 괴롭힌다. 이들은 자신들이 분열시켜버린 측면을 가지고 있는 사람들을 공격하는 것이다. 외상 이론가들(Van de Kolk, 1989; De Zulueta, 1993)에 따르면, 이것은 그들 자신 안에서 이러한 측면들이 어떠한 공격을 받았는지를 무의식적인 행동으로 보여주는 것이다.

왕인 아동과 하녀인 엄마 - 훈육과 사회화가 실패했을 때

우리는 외상을 입거나 방치되거나 학대받은 아동만이 아니라 자녀의 훈육과 사회화 과정에 실패한 부모의 자녀들에 대해서도 살펴볼 필요가 있다. 슈퍼마켓에서 초콜릿 바를 사주지 않는다고 분노할 때마다 엄마가 아동에게 계속 굴복한다면, 아동은 무엇을 느낄까? 그것은 두렵지만 멋진 느낌일 수도 있다. '엄마가 나보다 훨씬 큰데, 엄마보다 내가 더 세잖아.' 자신을 돌보는 사람이 자신보다 정서적으로 약하다는 것을 알게 되면, 아동의 세계는 불안하게 느껴지기 시작한다. 물론 자신을 돌봐주는 사람보다 더 강하다는 느낌은 아동을 잠시 흥분시킬 수 있지만, 그는 자신의 감정을 담아줄 사람이 아무도 없다는 생각 때문에 곧 두려움과 고립감을 느끼게 된다.

양육자가 세 살 된 아동이 '할 테야,' '싫어,' '아니야!'라고 말할 때마다 들어주고, 뛰고 소리 지르고 부수고 어지르고 문을 꽝 닫아도 그냥 내버려둔다고 상상해 보자. 아이는 '그만두지 못해'라는 소리를 듣지만 진실로 그러는 것이 아니라는 것을 안다. 그는 어른이 실제로 끝까지 따라와서 그만두게 하지 않는다는 것을 잘 알고 있다. 그리고 그 어른은 때때로 바로 아이 눈 앞에서 위축되고 무너지는 모습을 보이면서 아이가 자신을 아프게 한다거나 지치게 한다고 말한다. 때로 아이가 정말로 못되게 굴 때 양육자는 절망적으로 눈물을 흘리며 주저앉기도 한다. 이러한 예들은 아동으로 하여금 자신은 아주 강하고 세상은 약해서 모든 것이 너무 쉽게 무너진다는 생각을 갖게 한다. 이것은 또한 '못되게 굴고 화를 내는 자신'을 괴물이라고 믿게 만들 수도 있다. 만일 부모가 병이 나거나 다른 방식으로 손상을 입게 되면(예를 들어 쇠약해지거나 하면), 아동은 그것을 자신이 괴물이었음을 '입증'하는 사건으로 간주할 것이다.

부모가 사나운 아동에게 실제적인 한계를 그어주거나 담아주지 못하고, 아동의 죄책감을 자극한다면, 사태는 악화된다. 희생당하고 '상처 입은' 부모는 이미 파괴적인 힘의 환상을 갖고 있는 아동에게 치명적일 수 있다. '상처 입은' 또는 '희생당하는' 역할을 맡은 엄마는 실제로 희생자의 위치에서 박해를 받게 되고, 그 결과 아이는 자신이 괴물이라는 느낌을 갖는다.

이러한 아이들에게는 분노가 너무 쉽게 개인적인 특성이 되고 만다. 신경생리학적으로 말해서, 분노로 소란을 피우거나 화를 내며 명령할 때 ('당장 이걸 해, 엄마. 지금 이걸 줘. 난 지금 이걸 원해' 등), 부모의 적절한 '안 돼'를 별로 경험해보지 못한 아동의 하부 뇌에는 분노회로가 자리를 잡게 된다. 팬크셉은 다음과 같이 말한다 .

> [생각하는] 능력이 수반되지 않는 정서적인 경험은 뇌에서 각성된 감정을 [정서적인] 기질로 뿌리내리게 하는 경향이 있다. (팬크셉, 1998, p145)

아동은 자신의 힘을 발견하게 되는 두 살부터 (이때부터 이들은 걷고 말하고 도망가고 '싫어'라고 말할 수 있으며 물건을 깨뜨리고 전에 할 수 없었던 많은 것들을 할 수 있게 된다) 부모가 자신의 분노에 의해 무너지지 않는다는 확신을 필요로 한다. 그들은 부모가 자신보다 더 강하고 침착하며 심리적으로 보복하거나 무너지지 않은 채 자신의 분노를 견딜 수 있다는 것을 확인해야 한다. 여기서 핵심은 부모가 억제하는 기능과 적절하게 '안 돼'라고 말하는 기능을 수행하는 것이다. 아동 심리치료사인 수 피시는 다음과 같이 말했다.

> 아이들은 두 살 때의 전투에서 적절히 패배할 필요가 있고 부모들은 청소년기의 전투에서 적절히 패배할 필요가 있다. (2000, 사적 대화)

그림 10 부모인물이 아동의 성난 요구와 명령을 반복해서 들어주면, 아동의 하부 뇌에는 분노회로가 자리를 잡게 될 수 있다. 이것은 분노와 급한 성미가 개인의 성격으로 뿌리를 내린다는 것을 의미한다.

만일 아동 이 [두 살 때의] 전투에서 이긴다면, 그들은 환경에 대해 매우 안전하지 않다고 느낄 것이다. 이것은 예를 들어, 아이가 상점에서 장난감을 사달라고 조를 때마다 완강하게 거절해야 한다는 말이 아니다. 이것은 엄마가 아이의 분노에 찬 요구(예를 들어, '저 장난감을 사줘, **당장!** 사줘'라고 말하는)에 맞춰주지 않고 버티는 것을 뜻한다.

단호하면서도 부드러운 경계가 있을 때 분노에 갇힌 많은 아동은 담아주는 사람을 경험하지 못했다 하더라도 그들의 야수와 같은 행동을 멈춘다. 부모가 이 일을 어렵게 여긴다면, 심리학자나 아동심리치료사가 그들에게 몇 회기에 걸쳐 사회화의 기술과 아동을 담아주는 방법을 가르칠 수도 있을 것이다. 특히 **자신의** 부모가 공포나 수치심을 사용해서 복종하도록 교육했기 때문에 자녀에게 적절한 경계를 제공하는 것이 어렵게 느껴지는 부모일 경우, 이런 개입으로 충분할 수도 있다.

소피, 6세

소피의 엄마는 딸이 화내고 명령하는 행동을 보일 때 '내가 얼마나 피곤한지 보이지 않니?'라고 말하곤 했다. 그래서 소피는 담겨지는 경험을 할 수 없었다. 이 소녀는 집에서는 통제되지 않았지만 학교에서는 바르게 행동했다. 왜 다르게 행동하느냐고 묻자, 소피는 '아, 학교에서는 버릇없이 굴면 안돼요'라고 말했다. 부모-자녀 치료에서 함께 놀이를 할 때, 엄마는 자신을 나타내는 이미지로 구석에 있는 작은 인형을 골랐고 소피는 많은 공간을 차지하는 아주 커다란 괴물을 골랐다(그림 11). 그들은 모두 이것이 그들 자신과 그들의 관계에 대한 정확한 표현이라는 점에 동의했다. 소피에게 엄마가 가장 해주기를 바라는 것이 무엇이냐고 묻자, 그녀는 '내 안에 있는 괴물들을 어떻게 할지 가르쳐주세요'라고 말했다.

그림 11 6살인 소피는 엄마가 무엇을 해주기를 가장 원하느냐고 묻자, '내 안에 있는 괴물들을 어떻게 할지 가르쳐주세요'라고 말했다.

소피는 또한 무서운 괴물이 나타나 '약한' 것들을 죽이는 악몽을 주기적으로 꾸었다. 나는 몇 회기가 지난 다음 소피가 거칠게 나올 때마다 엄마가 그녀를 진정될 때까지 안아주는 것을 볼 수 있었다. 소피의 엄마는 이것을 아주 잘 해냈고 소피를 침착하면서도 튼튼하게 안아주는 방법을 배웠다. 그녀는 소피가 분노에 차서 초각성 상태에 있을 때 그녀를 진정시키기 위한 위로의 말들을 사용할 수 있었다.

제이슨, 8세

제이슨의 엄마는 자신이 아프니까 착하게 굴어야 한다고 말했다. 이것으로 충분하다고 생각했던 그녀는 그에게 아무런 한계를 주지 않았다. 그러나 그것으로 충분하지 않았다. 제이슨은 집안을 돌아다니며 떠들고 소리를 질렀다. 그의 엄마는 그가 네 살 때 죽었다. 제이슨은 자기가 괴물이라고 말하며 다녔다. 그는 엄마를 죽인 사람이 자신이라고 느끼고 있었다.

자신이 괴물이라는 이러한 생각은 자기-충족적인 예언이 된다. 특히 이런 상황에서는 더욱 그러하다. 아동은 '내가 괴물인 게 확실해. 그러니까 그렇게 행동해야지'라는 식으로 생각하는 것이다.

7세의 나이로 두 번째 학교에서 쫓겨났을 때, 제이슨은 자신은 괴물이며 아무도 자기를 담아주지 못한다는 생각이 분명해졌고, 세 번째 학교에서는 교장선생님의 연구대상이 되었다. 제이슨이 방을 난장판으로 만들어 놨을 때, 교장선생님은 그를 들어올려 무릎에 앉히고는 그가 진정될 때까지 단호하고도 침착하게 안아주었다. 제이슨은 탄원하듯이 선생님의 얼굴을 바라보면서 '도와주세요'라고 말하고는 눈물을 흘렸다. 그는 자신을 도와줄 수 있는 크고 든든한 사람을 드디어 만났다고 느낀 것이다. 다행히도 그는 옳았다. 교장선생님과 상담교사의 도움으로 이 소년은 자신의 분노와 함께 자신이 괴물이라는 느낌을 떠나보낼 수 있었다.

부모로부터 온화하면서도 단호한 한계를 제공받지 못한 아동은 다른 어른에게서 이것을 추구하는 경향이 있다. 그들이 찾고 있는 담아주는 반응(온화하면서도 단호한)을 얻는 데 실패할 때마다 그들을 담아줄 만큼 정서적으로 강하고 차분한 누군가를 찾으려는 시도는 더욱 절박해진다. 이들은 자신들이 추구하는 한계의 범위를 점점 더 넓혀감으로써 사태를 악화시킨다. 예를 들어, 벽에 그림을 그리고 다른 아이들을 때리고 물건을 부수고 금지된 슈퍼마켓의 진열대에서 사탕을 훔치거나 사람들에게 심한 욕설을 하기 시작한다. 이들의 대부분은 무의식적인 절박한 소망을 가지고 있다. 즉, 어딘가에 그들을 담아주고 진정시켜줄 수 있으며, 자신이 전능하지도 사악한 힘을 갖고 있지도 않다는 것을 확신시켜줄 크고 차분한 누군가에 대한 기대를 갖고 있다.

불행하게도 이런 아동 중 많은 비율은 담아주는 보호자의 역할을 해줄 수 있는 사람을 만나지 못하고 결국 그토록 바라던 담아주는 역할을 경찰에게서 제공받게 된다. 위니캇은 '희망의 징조로서의 비행'이라는 논문에서 반사회적 행동에 담긴 희망을 이야기한다. '비행 아동은 그들이 필요로 하거나 가질 권리가 있다고 느끼는 것들, 예를 들어 사람들의 시간이나 관심이나 돈 등을 훔친다. 비행 아동은 자신이 결코 가져보지 못한, 안전하고 단단하며 온화한 안아주기를 찾을 수 있을 거라는 희망 때문에 자신과 타인들의 힘의 한계를 시험한다. 그러나 이러한 수용(담기기)의 추구는 전과(前過)라는 비극적인 결말을 가져오게 된다.

쉴라, 17세

쉴라는 어느 날 가혹한 신체상해를 입혀서 감옥에 가게 될 때까지, 마약과 절도를 하고 남자친구를 때리는 등 거칠게 살았다. 비극적으로 감옥은 그녀가 진정으로 가져본 유일한 경계였다. 감옥에서 그녀는 '여기 있는 게 지겹지만, 난 생 처음 안전하다고 느껴요'라고 말하였다.

때로는 경찰도 그렇지만, 교사들은 흔히 가족 내에서 찾지 못한 견고함을 제공하는 역할을 한다. 아이들은 그들이 찾는 견고한 돌봄을 얻을 수 없을 때 더욱 과격한 반사회적인 행동으로 치닫게 된다. 나는 담아주기(또는 이해하기)에 대한 무의식적인 소망이 좌절되는 데서 오는 실망감이 이러한 비행으로 옮겨가는 동기라고 생각한다 … 그러나 아동의 비행이 잃어버린 것에 대한 무의식적인 추구라는 사실을 인식하지 못할 때 희망의 순간은 낭비되고 만다.
(케이스먼트 1990, pp115-6)

'사건에 굶주린' 아동 - 낮은 각성 상태에 대한 방어

자극과 흥분에 대한 유기체의 욕구는 … 파괴와 잔인함을 낳는 많은 요소들 중 하나이다. 분노나 잔인함 혹은 파괴의 열망으로 흥분하는 것은 사랑이나 생산적이고 능동적인 관심을 갖기보다 훨씬 더 쉽다. 앞의 것과 같은 흥분은 노력을 기울일 필요가 없는 것이기 때문이다. (프롬, 1973, p325)

어떤 아이들은 자극이 너무 부족하고 외로우며 반응을 받지 못한다고 느낀다. 이것은 그들로 하여금 내적 죽음과 저조한 각성 상태로부터 자신을 방어하도록 만든다. 자극의 부족은 때로 이른 유아기에도 이미 일어난다. 예를 들어, 유아를 인간적인 상호작용 없이 요람에 남겨두어 허공을 응시하게 만들거나, 좀더 커서는 몇 시간이고 텔레비전 앞에 앉혀 두거나, 혼자 놀게 내버려 두는 것 등이다.

심리학적으로 이런 아동은 매우 힘든 내적 죽음과 공허를 경험하게 된다. 인간은 생기 있는 다른 사람과 함께 있을 때에만 진정으로 생기를 느낄 수 있기 때문이다. 이런 아동은 나중에, 그들이 마침내 살아있음을 느끼게 해주는 높은 각성 상태와 아드레날린이 주는 쾌감에 중독 되기 쉽다. 그러므로 저조한 각성 상태로 고통 받는 아동은 무언가를 느끼기 위해서 도둑질이나 싸움이나 다른 범죄행위를 저지르는 아동처럼, 각성 상태를 느끼기 위해 자해행동을 할 수도 있다.

방어벽을 사용해서 삶의 활력을 지나치게 차단한 아동은 낮은 각성 상태로 인하여 고통을 받는다. 이들에게 있어서 정서를 느끼는 것은 너무 힘든 일이다. 왜냐하면 아무도 그들의 고통스러운 감정을 도와주지 않았기 때문이다. 그래서 이들은 강렬한 감정들을 차단하는데, 그 결과 삶의 활력도 대부분 차단되고 만다. 여기에도 신경생리학적인 측면이 있다. 영양이 사자에게 잡아먹히는 순간, 신체에서는 마비시키는 오피오이드가 분출된다. 이것은 기분 좋은 오피오이드, 즉 **엔돌핀**이 아니라 **엔케팔린**이라는 다른 종류의 오피오이드이다. 엔케팔린이 분출되면 영양은 감정이 차단되어 지극히 조용해진다. 영양은 거의 아무것도 느끼지 않는다. 그러나 도망을 치게 되면 영양은 부들부들 떨기 시작한다. 영양은 극도로 각성되어 엔케팔린이 작용하고 있을 때에는 느끼지 못했던 모든 공포를 느끼게 된다. 학대받고 외상을 입거나 버려진 아동에게도 똑같은 상황이 벌어진다. 고통이 너무 심하면 그들의 뇌에서는 마비시키는 오피오이드가 분출된다. 그들의 위 근육은 수축되고 따라서 뇌-내장 정서정보의 통로는 매우 작아진다. 그러므로 아동은 실제로 거의 느끼지 못한다. 문제는 그것이 사실상 고통스러운 죽음의 상태라는 데 있다.

이런 아동은 '사건에 굶주려' 있다. 만일 흥분시키거나 자극하는 일이 일어나지 않는다면, 그들은 스스로 사건을 일으켜야 한다. 그리고 그것은 대개 건설적인 것이 아니라 파괴적인 것이다! 그렇지 않으면 그들은 그토록 방어하고자 했던 죽음이나 공허, 혹은 우울한 감정의 위협에 직면하게 된다. 그러므로 그들은 저조한 자극이나 각성 상태에서 벗어나기 위해 사물을 때려 부수거나 사람들을 공격하는 행동을 한다. 이들은 사건에 대한 그들의 욕구와 허기를 이해해주는 성인을 필요로 한다. 그 성인은 먼저 그들의 '사건에 대한 허기'를 어떤 식으로든 채워줄 필요가 있다. 당연히 그는 치료회기에서,

유쾌한 뜻밖의 선물(사건)이나 아주 흥미로운 수업 혹은 베개싸움 등과 같이, 사건들이란 즐거운 것이라는 인식을 심어주어야 할 것이다. 누군가와 함께하는 즐거운 사건들이 없다면, 사건에 굶주린 아동은 누군가를 거스르는 파괴적인 사건들로 옮겨갈 것이다. 아동이 성인과의 관계 안에서 긍정적인 최적의 각성 상태를 즐기게 되면, 그는 초각성 상태에 대한 욕구를 포기하기 시작할 것이다.

분노에 갇힌 아동을 어떻게 도울 것인가?

> 만일 우리가 아이를 키우는 초기 환경에 투자를 하지 않는다면, 우리는 그들이 살아있는 동안 내내 그 대가를 지불하게 될 것이다. 그 대가란 정신적 장애와 신체적 질병 그리고 감옥에 가는 많은 아이들을 감당해야 하는 것이다.
> (Coe, 위스콘신 대학교, Kotulak에게서 인용, 1997, p94)

분노에 갇힌 아동에게 도덕교육을 통해서 바른 시민의식을 가르치고자 하는 노력은 결코 성공하지 못할 것이다. 그런 개입은 분노에 갇힌 아동의 신경생리학을 고려하지 못하고 있다. 그런 접근은 앞서 말했듯이, 항스트레스와 항불안 화학물질이 이미 확립되어 있고 효과적으로 스트레스를 조절하는 상부 및 하부 뇌의 통로들을 가진 아동에게나 적합한 것이다. 분노에 갇힌 아동의 문제는 그가 '이성을 잃게 될 때' 상부 뇌가 더 이상 기능하지 못한다는 데 있다. 그 순간에 운전석에 앉아 있는 것은 하부 뇌에 있는 분노회로이다. 그러므로 '네가 사람을 다치게 한 것에 대해 생각해보라'고 아무리 말해도 소용없다. 그런 생각은 일단 포유류의 분노회로에 불이 당겨질 때 나오는 엄청난 원시적인 힘을 간과하고 있는 것이다.

아동이 걸음마 아기처럼 짜증을 부린다면, 그를 걸음마 아기처럼 대하라

> 만일 중학교 1학년 아동이 초등학교 3학년 수준밖에는 읽지 못한다면, 그 아동에게 중학교 1학년 책을 읽으라고 주어야 할까? 그가 초등학교 3학년 수준으로 읽는다는 것을 인정하여 그에게 초등학교 책을 주고 그의 능력에 맞는 수행을 기대하면서 한걸음씩 더 나아가도록 격려하는 것이 더 낫지 않을까?
> (휴즈, 1998, p67)

위의 언급은 정서발달에도 똑같이 적용된다. 분노에 갇힌 좀더 큰 아동은 발달이 정지되어 있다. 그들은 그 이상 더 잘 할 수가 없다. 우리가 알고 있듯이, 분노에 갇힌 아동의 뇌에는 필수적인 스트레스 조절장치가 확립되어 있지 않다. 그러므로 잘못된 출발점은 제대로 된 출발점으로 대체되어야 한다. 잘못된 출발점으로부터 앞으로 나아가려 한다면, 그것은 또 다시 실패하게 될 것이다.

우리가 보았듯이, 분노에 갇힌 유아와 좀 더 큰 아동 모두에게 해당되는 중요한 사실은, 그들이 자신들의 감정들을 적절히 조절할 수가 없다는 것이다. 이들에게는 달래주고 진정시켜주고 담아주고 이들이 느끼는 감정을 표현할 수 있는 말을 찾아주는 성인이 필요하다. 그 성인은 '젬마가 네 연필을 가져가서 그렇게 화가 났구나. 네가 얼마나 힘든지 짐작이 가는구나'라고 적절한 말을 찾아준다. 아동이 자신의 감정을 그저 분출하기보다는 성인의 도움을 받아서 자신의 감정을 생각하고 행동을 조절할 수 있게 된다면, 그것은 이미 두뇌-회로 측면에서 중대한 진전이 발생했음을 말해준다. 성인은 필수적인 두뇌 회로들이 설치되도록 아동을 도울 수 있을 것이고, 따라서 머지않아 그의 상부 뇌는 하부 뇌의 공격충동을 진정시키고 억제할 수 있을 것이다.

케이티, 6세

케이티는 일곱 살이 다 되어가지만, 치료사는 그녀에게 두세 살 정도의 아동에게 어울리는 기대치를 갖고 있다. 그러나 그는 케이티에게 두, 세살 아동으로서 좋은 수행능력을 기대한다. 케이티가 잘 해내지 못할 경우, 치료사는 잘 할 때까지 거듭 요구하거나 즉시 목표를 바꿔서 18개월 된 유아로서 잘 해낼 것을 요구한다 … 수용, 공감, 사랑, 호기심 그리고 즐거운 놀이가 있는 치료사의 마음은 케이티를 아기처럼 대함으로써 처벌적이거나 모욕적이 아닌 치료적 중재자가 되도록 보장해준다. (Hughes, 1998, p99)

성난 아동에게 진정하라는 말은 아무 소용이 없다

성난 아동에게 '그만 두지 못해!' 또는 '진정해!'라고 말하는 것은, 성난 아동이 '알았어요. 내 부신(adrenal gland)에게 과도한 아드레날린과 코티솔 분비를 멈추라고 말할 게요' 또는 '즉시 오피오이드와 옥시토신을 분비시키라고 뇌에게 명령할 게요'라고 말하는 것만큼이나 터무니없는 일이다.

부모나 아동전문가들은 하부 뇌의 분노회로에 대해 알 필요가 있다. 그리고 분노로 인한 공격충동을 억제하는 데 필수적인 상부 뇌의 회로망과 함께 아동의 뇌 안에 항공격성 물질을 확보하기 위해 무엇이 필요한지도 알아야 한다. 이러한 이해는 자신도 어쩔 수 없이 행한 일 때문에 억울하게 처벌받는 경우를 크게 줄여줄 것이다. 분노에 갇힌 아동은 자신을 진정시키거나 충동을 억제할 수 없는데, 그것은 뇌 안에 그것을 가능케 하는 화학물질이나 신경통로가 확보되지 않았기 때문이다.

분노하는 아동에게 필수적인 성인-아동 조절 기능

모든 유아들과 아동은 분노할 때 도움을 받을 수 있어야 한다. 유아나 아동이 공격충동을 조절하고 스스로를 진정시키는 데 필요한 뇌 화학물질과 회로를 갖추기 위해서는 다음과 같은 도움이 필요하다.

분노하는 아동에게 필요한 성인의 네 가지 조절 기능

조율 – 아동이 느끼는 감정의 강도에 맞추어주라

아동의 정서적 강도에 맞는 적절한 말투와 얼굴 표정으로 당신이 그의 감정의 질과 강도를 진정으로 이해하고 있음을 보여주라. 그때 그는 자신이 실제로 이해받고 있으며 연결되어 있다고 느낀다. 그러므로 그가 크고 격렬한 분노 감정을 가지고 있다면, 작은 소리로 말하지 말라! 대신 강하고 힘 있는 목소리로 '그래서 네가 정말 화가 났구나' 또는 '네가 초콜릿 바를 먹지 못해서 얼마나 실망했는지 알겠다'라고 말하라.

혹은 '나한테 조금 화난 게 아니라 아주 많이 화가 났구나'라는 말로 그가 느끼는 감정의 강도에 대해 말해줄 수 있을 것이다. 그의 분노에 찬 에너지를 공감적으로 받아주라(Hughes, 2002). 다시 말해서, 그의 격앙된 상태에 맞추어 흥분된 목소리로 '오, 너 화났구나,' '우리가 만든 이 규칙들 때문에 네가 정말 화가 났구나' 또는 '바나나 껍질을 벗기지 말라고 했는데 내가 벗겨버려서 정말 짜증났겠다'라고 말하라.

경험의 확인 – 그는 그 일을 어떻게 경험하고 있는가?

이것은 아동이 자신과 자신의 감정에 대해 깊이 이해받고 진심으로 인정받고 있다고 느끼게 해주는 것을 말한다. 이는 모든 아이들에게, 특히 분노에 갇힌 아동에게 꼭 필요한 기능이다. 당신은 그의 감정에 어울리는 말들과 그가 공감 받고 있다고 느끼게 하는 표현들을 찾아주어야 한다. 이때 당신의 역할은 그가 자신의 감정을 언어로 표현할 수 있도록 도와주는 것이다. 분노에 갇힌 아동은 스스로 이러한 말을 찾을 수 없다. 그는 자신의 분노에 대해 생각하거나 성찰하지 못하고, 다만 그것을 분출할 뿐이다. 그러나 아이가 생각하고 성찰할 수 있다면, 그것은 분출로 이어지지 않는다. 그는 아기들처럼 감정을 신체적인 감각들로 경험하기 쉽다. 그가 자신의 감정을 말로 표현할 수 있을 때까지 기다리지 말라. 그는 아직 그것이 불가능한 발달 단계에 있기 때문에 당신은 아주 오래 기다려야 할 것이다.

분노하는 아동에게 필요한 성인의 네 가지 조절 기능(계속)

비록 당신의 경험과는 많이 다를지라도, 아동이 그 사건을 어떻게 경험했는가를 당신이 이해하고 있음을 보여주라. 예를 들어, '토비가 너에게 바보 같은 쓰레기라고 했을 때 그건 정말 상처가 되었겠다'라고 말해줄 수 있다. 그러나 그가 느끼는 감정을 억지로 끌어내려고 설득하지 마라. 그보다는 그 자신이 느끼고 있는 감정을 확인해주고 이해해주고 인정해주라.

이렇게 해준다면 아동은 자신이 고통을 혼자서 짊어지고 있다고 생각하지 않을 것이다. 아동을 정신적인 질병으로 몰아넣는 것은 혼자서 견디기 힘든 감정을 짊어져야만 하는 상황이다.

소설 "손상"의 주인공은 자신에 대한 느낌을 깨달은 순간에 대해 이렇게 말한다. '고요함이 내 몸에 흘러내렸다 … 나는 편안한 만족감을 느꼈다. 이를 깨닫는 순간 충격이 강한 전류처럼 내 몸을 뚫고 지나갔다. 나는 고향에 와 있었다.' (Hart, 1991, pp26-7)

담아주기 - 아동의 감정을 담아주라

담아주는 기능은 '감정을 느끼는 것이 안전하다'는 확신을 준다(Fosha, 2000, p5). 이는 아동이 심한 감정의 기복에 직면해서, 철수하거나 회피하거나 압도되거나 공격적이 되거나 감정을 차단하는 일없이, 심리적으로 충분히 강하고 온화하며 차분하게 존재할 수 있게 되는 것을 말한다. 담아주기는 고통을 다룰 수 있는 아동의 정서적인 능력의 한계를 담아주는 것이다. 아동은 스스로 자신의 감정을 담을 수 없다. 흔히 아동은 한계에 이를 때까지 담아내려고 노력하는데, 그 노력이 실패하면 폭발한다.

담아주기에는 실제로 아동을 들어 올려서 무릎에 앉히고 강하면서도 부드럽게 안아주는 것과 같은 신체적인 담아주기를 포함할 수 있다. 이를 위해서는 물리적인 도움이 필요할 수도 있다. 예를 들어, 벽에 기댄 자세로 앉을 수도 있다. 만일 아이가 깨물 염려가 있으면 베개를 보조도구로 사용할 수 있을 것이다.

아동의 감정을 표현하는 말들을 찾아주는 것 또한 담겨있다는 느낌을 줄 수 있다. 앞에서 보았듯이, 분노한 아동은 사고를 통해 감정을 상징화하고 처리하기보다는 신체적인 각성에서 오는 긴장과 감정을 그대로 분출해버린다. 사나운 아동은 흔히 감정을 언어로 상징화하는 발달단계에 도달하지 못했기 때문에 그것을 분출하는 것 외에는 달리 다른 방법이 없다. 그러나 성인이 그의 감정을 되짚어보고 생각할 수 있는 말을 찾아준다면, 그 말은 그의 감정을 담아주는 데 놀라운 힘을 발휘할 것이다.

분노하는 아동에게 필요한 성인의 네 가지 조절 기능(계속)

'관계적인 지원이 없는 강렬한 감정은 최상의 기능과 행복을 촉진하기보다 오히려 독이 될 수 있다.' (Fosha, 2000, p5)

아동이 버릇없이 굴거나 거칠게 행동할 때, 그에게 필요한 한계를 설정해주는 것 역시 담아주기의 중요한 요소이다.

달래주기

때로 언어는 분노한 아동을 가라앉히는 데 충분치 않다. 그에게는 진정시켜주는 어조와 손길이 필요하다. 아동의 분노가 '하늘 끝까지 치솟아 오르면' 그를 다시 아래로 데리고 내려와야 한다. 이는 그의 뇌와 신체에 솟구친 스트레스 물질을 정상수준으로 되돌리는 것을 의미한다. 차분히 안아주는 것은 아주 효과적인 방법이다. 아동이 정서적으로 안전하고 든든하게 생각하는 성인이 차분히 안아주는 것은 실제로 스트레스 호르몬을 정상수준으로 되돌려 놓는 효과가 있다. 캔디스 퍼트는 자신의 저서인 **정서의 미립자**에서, 젖은 충분히 먹었지만 쓰다듬어지거나 안겨본 경험이 없는, 어미 없는 아기 원숭이에 대해 보고했다. '아기 원숭이들은 외상을 겪었고 우울증세를 보였으며, 그들의 혈액은 매우 높은 코티솔 수치를 나타냈다. 그러나 나이든 "원숭이 치료사"를 데려와 아기 원숭이들을 안아주게 하자 그들의 코티솔 수준은 극적으로 떨어졌다. 그들은 이제 더 이상 싸움이냐 도주냐와 같은 긴급한 상황에 있지 않았다' (퍼트 1997, p271).

아동이 찾고 있는 경계를 주라

아동에게 그가 찾고 있는 경계를 주라. 아동이 약간 버릇없는 정도라면 단호한 목소리로 말하거나 들어올려 안아주는 일은 필요치 않다. 아마 '토미야, 책상 위에 그리지 말고 종이에 그려'와 같은 말로도 충분할 것이다. 그 말에 토미가 그만 둔다면 그것이 바로 그에게 필요했던 경계이다. 만일 토미가 그만 두기는커녕 더 심하게 책상 위에 그림을 그린다면, 차분하지만 강한 어조로 또는 손을 그의 어깨에 얹고 '토미, 잘 들어. 책상 위에 그리면 안 돼'라고 말할 필요가 있다. 이것이 토미에게 필요한 경계라면, 그는 그 행동을 멈출 것이다. 그러나 그가 연필들을 집어던지거나 벽에다 그림을 그리기 시작한다면, 그에게는 더 튼튼한 경계가 필요할 것이다. 이것은 더욱 격앙된 경계가 아니라 단지 더 튼튼한 경계를 말한다. 그를 차분하면서도 자신 있게 들어올려 무릎에 앉히는 것이 필요하다. 아이는 아주 튼튼한 경계를 필요로 하기 때문에 당신이 자신의 난폭함을 담아줄 수 있을 만큼 튼튼한지를 확인하기 위해 더 심한 분노를 표출할 수 있다.

이때 당신에게 필요한 것은 그가 진정될 때까지 거기에 있어주는 것이다. 경계를 주는 또 다른 방식은 그를 의자에 앉혀 놓고 꼭 껴안은 채로, '네가 기분 좋게 잘 놀 수 있다면 너를 놓아 줄게'라고 말하는 것이다. 그때 그는 자신이 담겨있다고 느낄 것이다. 이때 중요한 것은 화를 내거나 소리를 지르지 않고 경계만을 제공해야 한다는 점이다.

초각성 상태에 있는 아동을 담아주기 위해서는 당신이 차분함과 강함을 유지해야만 한다. 그때 당신은 압도되어 있는 아동의 정서를 조절해주는 장치로서 기능하는데, 이것이 바로 담아주기이다. 분노에 갇힌 아동에게는 이보다 더 좋은 선물이 없다. 온갖 스트레스 물질로 뒤덮인 아동은 당신으로 인해 오피오이드 효과를 맛볼 것이다. 그는 당신의 온유한 단호함을 만나면서 아주 깊은 수준에서 감동을 경험할 것이다.

조율해주고, 감정을 확인해주고, 담아주고, 달래주기

토미, 5세

토미는 놀이터에서 데보라를 향해 주먹을 날렸는데, 다행히도 빗나갔다. 그의 선생님인 브라운씨는 토미가 품행이 단정한 소년이라는 것을 알고 있다. 토미는 새 여자동생이 생긴 이후에 분노하기 시작했다. 토미의 엄마는 토미가 아기보다 사랑을 덜 받는다고 느낀다는 것을 알고 있었고, 그 사실을 브라운씨에게 말해주었다. 실제로 새 아기가 태어나면서 엄마는 그에게서 다소 멀어졌다. 그녀는 '토미는 너무 시끄럽고 거칠어요'라고 말했다.

토미가 데보라를 때린 것은 브라운 선생님이 데보라의 그림을 칭찬한 직후에 일어났다. 토미에게 왜 그랬느냐, 어떤 느낌이 들어서 그랬냐고 물어본다면 그는 그저 어깨를 으쓱하고는 아무 말도 하지 않을 것이다. 아니면 '이 애는 냄새가 나요'와 같은 엉뚱한 것을 말할지 모른다. 기본적으로 토미는 자신의 감정을 말로 표현할 수 없다. 그가 그것을 말로 표현할 수 있었다면, 행동으로 분출할 필요가 없었을 것이다.

선생님이 토미에게 해줄 수 있는 말
토미, 절대로 사람들을 때려서는 안 돼. 사람을 해치지 않고도 네가 느끼는 감정들을 표현할 수 있는 방법을 찾아야 해. 하지만 지금은 네가 느낀 감정을 이해하고 싶구나. 아마 네가 때린 것은 마음속의 아픔이 너무 컸기 때문인가 보다. 내가 데보라에게 관심을 돌린 게 널 힘들게 했을까? 그때 너는 선생님이 널 대수롭지 않게 여긴다고 느꼈을까? 그랬다면 그건 정말 슬펐겠다. 그것에 대해 선생님이 도와줄 수 있는 방법은 없을까?

아동이 그렇게 행동한 의미를 충분히 확신한다면 이런 종류의 공감적 개입만 제공할 수도 있다. 그렇지 않다면 당신은 자신을 투사한 채 아동을 심리적으로 탐색할지도 모른다. 확신이 들지 않는다면 '마음 속으로 너무나 큰 아픔을 느껴서 때린 모양이구나. 네가 느낀 것을 그려줄 수 있겠니?'라고 말하고 놓아 두라.

또는 선생님 자신이 토미인 것처럼 가정해서 말해볼 수도 있는데, 이것은 댄 휴즈라는 심리학자가 수 십 년간의 테스트를 거쳐 완성한 기법이다.(그의 저서인 **애착 유대의 형성: 깊이 고통 받는 아동에게서 사랑 일깨우기**, 1998를 보라)

교사 : '토미, 절대로 사람들을 때려서는 안 돼. 사람을 해치지 않고도 네가 느끼는 감정들을 표현할 수 있는 방법이 있을 거야. 하지만 지금은 네가 느낀 감정을 이해하고 싶구나. 잠시 너와 같이 있어도 되겠니? 내 생각이 맞는지 말해 줘. 내 말이 맞으면 이 벨을 울리거나 엄지손가락을 들어서 확인해줘 … " 저, 브라운 선생님, 제가 마음속에 너무 큰 아픔을 느끼고 있다는 거 아시죠. 전 더 이상 이 아픔을 갖고 있을 수가 없어요. 너무 많이 아프거든요. 전 이 아픔을 몰아내기 위해 데보라를 때렸어요. 선생님이 데보라에게 관심을 쏟는 게 싫었어요. 나보다도 데보라를 더 좋아하는 것처럼 느껴졌거든요. 그게 나를 아프게 하고 화나게 했어요." 이때 토미는 엄지손가락을 쳐들었고 브라운 선생님은 팔로 그의 어깨를 꼭 안아주면서 다정한 목소리로 말했다. "바보 같은 토미!" 그녀는 그를 보고 활짝 웃어주었다. 그녀가 그를 좋아한다는 것을 확인시켜줄 어떤 말도 필요하지 않았다. 왜냐하면 그녀는 토미가 그에 대한 사랑으로 환해지는 자신의 얼굴을 보았다는 것을 알고 있기 때문이었다. 토미는 얼굴에 함박웃음을 머금은 채 한동안 그녀의 손을 꼭 쥐고 있었다. 그런 다음 뛰어나가서 자신이 제일 좋아하는 보트를 갖고 모래밭에서 놀았다.

아동은 조절되지 않는 극심한 내적 긴장에 대해 표현할 필요가 있다

> 급성기에 있는 어떤 정신증 환자들은 자신의 신체가 불에 타고 있다고 말한다 … 그는 불에 타든 물에 삼켜지든, 파괴를 경험하고 있다. (Laing, 1990, p45)

아동에게 다른 방식의 표현이나 의사소통의 수단을 주지 않는 한, 물고 때리고 소리를 지르는 아동이 그런 행동을 갑자기 멈추리라고 기대하는 것은 비현실적이다. 이런 아동에게는 늘 하던 대로 원시적인 분출로 옮겨가지 않고, 마음속의 무서운 불이나 홍수 혹은 폭풍에 대해 말할 수 있는 수단을 제공할 필요가 있다.

예술매체는 분노에 찬 아동이 강렬한 감정을 표현할 수 있는 훌륭한 수단이다. 소리(타악기), 모래, 물감 등을 사용해서 아동은 마음과 신체 안에 있는 두려운 긴장을 표현하기 시작한다. 이런 아동은 흔히 온갖 종류의 불, 화산, 지진 등의 이미지와 은유로 감정을 표현할 것이다. 혼자 다루려는 노력에도 할 수 없었던 자신의 긴장을 표현할 수 있다는 것은 상당한 위안이 될 수 있다. 아마도 아동은 처음으로 사람들이 들을 수 있는 방식으로 말을 하고 있으며, 또한 지금껏 긴장을 짊어지고 있었던 것이 얼마나 힘든 일인지를 자신과 다른 사람에게 알리고 있는 것인지도 모른다.

그림 12 표현 매체의 사용은 분노에 갇힌 아동이 불, 홍수, 지진, 화산, 재앙 그리고 끊임없는 총격에 대해 말할 수 있게 해 준다. 이것들은 아동이 쉽게 동일시하는 것들로서, 그의 견딜 수 없는 정서적, 신체적 각성에 대한 상징이며 표현이다. (분노에 갇힌 아동이 표현하는 이미지들)

간단히 말해, 예술매체를 통한 표현은 아동에게 '결코 길들여지지 않는 난폭함'으로부터 오는 고통과 공포를 확인받는 느낌을 준다(필립스, 1999, p80). 창조적인 표현방식을 제공받지 않으면, 분노에 갇힌 아동은 너무 쉽게 파괴적인 양상을 보인다.

여기에 작지만 중요한 기법적인 요소가 있는데, 그것은 분노에 갇힌 아동을 위해서 치료실에 항상 두 개의 모래상자를 준비해두는 것이다. 이런 아동은 십중팔구 그 중 하나를 범람시켜서 다른 아이가 그것을 쓸 수 없게 만들 것이다. 홍수는 강렬한 감정에 압도되어 있는 분노에 갇힌 아동에게 아주 적절한 이미지이다. 일단 그것을 재연하게 되면, 그는 두 번째 모래상자에서 보다 성찰적인 다른 감정들을 표현할 수 있게 된다.

그림 13 분노에 갇힌 아동은 자신이 날마다 더불어 살면서도 혼자서 다룰 수가 없는 극심한 긴장에 대해 말할 수 있는 치료 공간이 필요하다. (분노에 갇힌 아동이 표현하는 이미지)

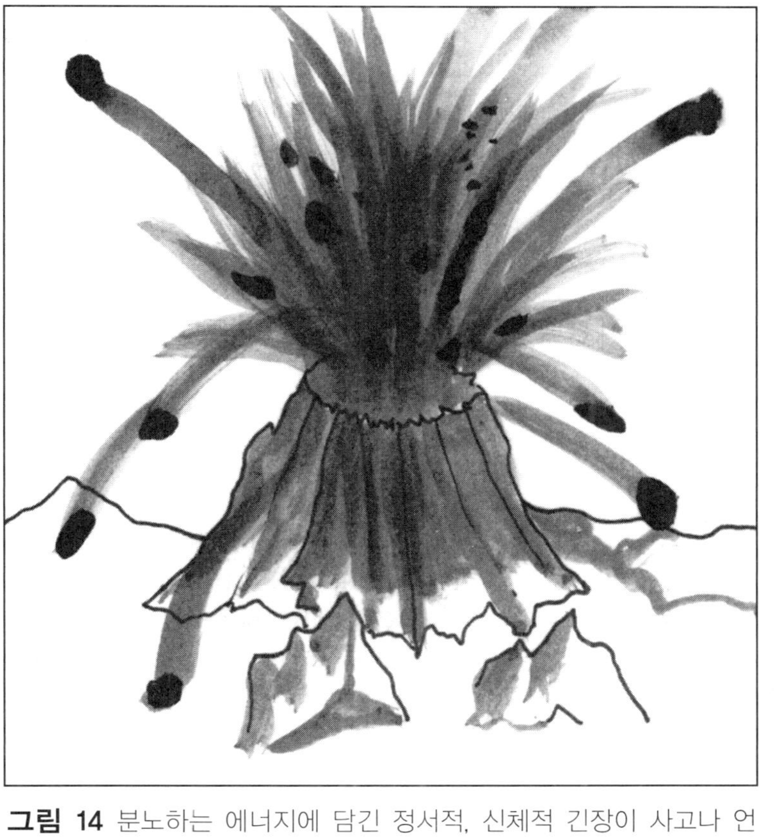

그림 14 분노하는 에너지에 담긴 정서적, 신체적 긴장이 사고나 언어나 이미지에 의해 처리되지 않는다면, 원시적인 방식으로 표출되기 쉽다. 때로 이것은 참담하고 비극적인 결말을 가져온다.

신체접촉과 안아주기가 분노에 갇힌 아동에게 그토록 효과적인 이유

흔히 부모들은 담장을 기어오르는 아이에게 '당장 내려오지 못해!'라고 말하곤 한다. 아이는 내려오지 않고 부모는 다시 소리친다. 아이는 계속한다. 부모는 무력감을 느끼고, 아이는 흥분과 함께 자신이 힘이 있다고 느낀다. 아직 어린 아이에게는 들어올려 안아주고 진정시켜주는 것이 중요하다. 그 이유는 그런 부모의 행동이 분노하거나 거칠게 행동하는 아동을 깊이 안심시켜 주기 때문이다. 그것에 대한 심리학적 및 신경생리학적 설명은 다음과 같다.

☆ 한바탕 난리를 피우는 아동에게는 신체적인 안아주기만이 충분히 담아준다는 느낌을 줄 수 있다.

☆ 차분한 안아주기는 거친 아동의 마음에 깊은 영향을 준다. 차분한 안아주기는 신체의 각성체계를 조절해주고 난폭하거나 분노한 상태에서 붕괴된 자율신경계의 균형을 잡아준다.

☆ 차분한 안아주기가 없다면 분노에 갇힌 아동은 거의 어른의 말이 들리지 않는다.

☆ 말이 통하지 않는 거친 아동을 차분하게 안아주지 않는 것은 아동에게 정서조절을 위한 매우 강력한 수단을 박탈하는 것이다. 아동의 정서적, 신체적 각성수준을 조절해줄 때 아동은 정서를 조절하는 법을 배운다. 성인이 해주지 않으면 아이는 정서를 조절하는 법을 배울 수 없다.

☆ 때로 차분한 안아주기는 아동으로 하여금 자신의 극심한 분노 아래 숨어있는 슬픔과 고통을 다룰 수 있게 해준다.

☆ 차분한 안아주기는 아동의 뇌 화학물질에 주된 변화를 가져올 수 있다. 극도로 강력한 뇌와 신체의 생화학물질은 안전한 관계 안에서 이루어지는 신체적 접촉을 통해 활성화된다. 차분한 안아주기는 옥시토신과 오피오이드라는 중요한 정서 화학물질의 분비를 촉진한다. 분노와 공포와 고통의 순간에 과도하게 높아진 스트레스 물질의 수치를 정상적으로 되돌려놓는 것이 바로 이런 화학물질들이다. 오피오이드와 옥시토신이 뇌에서 분비되면, 세상에 대한 총체적인 느낌이 달라진다. 그때 아동은 세상을 차분하고 안전하게 느낄 것이다. 그리고 깊은 행복감을 맛볼 것이다.

☆ 적절한 순간에 적절한 사람이 안전하고 편안하게 안아주는 것은 아동의 뇌에 항-불안 물질을 확립하는 데 커다란 영향을 미칠 수 있다.

아동을 차분히 안아주는 기법

1 당신이 아동보다 강하다고 확신할 때에만 안아 주어야 한다. 난폭한 상태에서 그가 당신을 다치게 하거나 발로 차거나 물 수 있다면, 그것은 두 사람 모두를 위해 좋지 않을 수 있다.

2 확고히 몸을 지탱해줄 수 있는 벽이나 소파 같은 장소를 이용하라. 마룻바닥이 가장 적당한데, 그것은 당신이 그를 떠받치고 있는 동안 벽과 마루가 당신을 지탱해 주기 때문이다.

3 아동을 다치게 할 수 있는 신발이나 장신구를 제거하라.

4 당신 자신을 부드럽고 따뜻하게 감싸주는 담요라고 생각하라. 아동의 팔을 앞으로 포개고 당신의 팔을 그 위에 덮어서 부드러우면서도 단단하게 그의 팔을 고정시켜 안아준다. 다리를 구부려 아동의 다리 위에 포갠다. 이렇게 하면 아동은 발로 차지 못한다. 이렇게 담요처럼 감싸줄 때 그는 다치거나 붙잡혔다고 느끼지 않으면서 안전함을 느낄 것이다. 당신은 그저 차분한 상태에서 아동에게 강하고 따뜻하게 담겨져 있다는 느낌을 주려고 노력하면 된다.

5 당신 자신이 진정으로 고요한 마음의 공간을 갖고 있을 때에만 아동을 안아주라.

6 다음과 같은 진정시켜주는 말을 사용하라. '네가 나와 함께 교실로 돌아갈 준비가 될 때까지 내가 여기서 널 안아주고 안전하게 지켜줄 게,' 혹은 '네가 다시 차분해질 때까지 너를 안아주려는 거야,' 또는 '너는 나를 화나게 하려는 것 같지만, 네가 다시 차분해지고 안전해질 때까지 내가 너와 함께 여기에 앉아 있을거야.'

7 아동이 머리로 받을 염려가 있다면, 가슴에 방석을 받쳐두라. 아동이 소리를 지르고 난동을 부릴 때에는 부드럽고 상냥한 목소리로 말하라.

8 붙들지 말라. 그의 팔을 안아야지 붙들어서는 안 된다.

9 처음에 아동은 달아나기 위해서 갖은 방법을 다 쓸 수도 있을 것이다. 예를 들면 '오줌을 쌀 것 같아요,' '숨을 못 쉬겠어요'(분명히 쉴 수 있는데도), 혹은 '아파요' (아프지 않은데도), '다리에 피가 안 통해요' 등의 말을 할 것이다. 만일 안아주는 것이 실제로 고통을 준다면, 물론 그를 놓아주어야 한다. 그러나 그것은 저항의 표현으로서 놓여나기 위해 온갖 속임수를 쓰는 것과는 전혀 다르다. 이런 아동을 차분하고 든든하게 계속 안아줄 수만 있다면, 그의 신체가 차츰 당신 품 안에서 안심하며 녹아들기 시작하는 것을 알게 될 것이다.

10 만일 아동이 심한 공황반응을 보이거나 정말로 힘들어한다면, 곧 그를 놓아주라. 그러나 속임수에 넘어가지는 말라.

신체접촉에 대한 금기 때문에 아동을 차분히 안아주는 것이 걱정되는가?

신체접촉은 사람들의 마음속에서 소아성애와 아동의 신체적 학대에 대한 금지를 생각나게 하기 때문에 종종 뜨거운 논쟁거리가 되며, 그런 이유로 많은 거친 아동은 그들이 필요로 하는 정서적인 조절을 얻지 못한다. 나는 사람들에게 주로 [영국] 교육기본법 1996, 550 A조를 참조하도록 한다. 이 조항은 아동이 자신이나 타인 혹은 재산을 파괴할 위험이 있을 때 그를 신체적으로 제한하는 것이 허용된다는 것을 분명히 밝히고 있다. (DFEE, 1988)

안아서는 안 되는 경우

1 아동전문가들은 신체접촉을 강요해서는 안 되지만, 상황에 따라서는 특히 그들 자신의 신체가 불편해하지 않는 한에서 허용될 수 있다고 말한다. 그러나 그들이 신체적으로 어색한 느낌을 가지고 아동에게 접근하게 되면, 아동의 뇌에서는 소중한 옥시토신과 오피오이드 대신에 과도한 스트레스물질이 분비된다. 그것은 심리학적으로 유해한 결과를 가져올 것이다.

2 성인 자신의 분노 회로가 자극되었다면, 아동을 안지 않는 것이 중요하다. 이럴 때는 진정으로 아이를 차분하게 안아주고 진정시켜줄 수 있는 사람을 부르도록 하라. 당신이 뇌에서 느끼는 것이 모두 아동에게도 전달된다는 점을 기억하라. 성인의 뇌가 높은 수준의 스트레스물질을 만들어낸다면 아동도 스트레스를 받게 된다.

3 당신보다 크거나 힘이 센 아동은 안으려고 하지마라. 단지 언어만 사용하도록 하라. 아동을 안아주는 동안 아동이 당신을 다치게 한다면, 이것은 당신뿐만 아니라 아동 자신을 몹시 놀라게 한다. 그때 그는 세상에는 자신의 난폭함을 도와줄 수 있을 만큼 크고 강한 사람이 아무도 없으며 자신은 정말로 사악한 괴물이라고 느끼기 쉽다. 그러므로 결코 당신이 다치는 일이 일어나서는 안 된다.

신체접촉과 차분한 안아주기가 성난 아동에게 미치는 힘

☆ 동물을 연구해보면 사회적으로 만족스러워하는 동물은 싸우고 싶어 하지 않는다는 것을 알 수 있다. '사회적으로 만족스러워한다'는 것은 뇌에서 옥시토신과 오피오이드가 우세하게 작용한다는 것을 뜻한다. 팬크셉이 말했듯이, '오피오이드와 옥시토신은 강력한 항공격성 물질이다'(1998, p257).

☆ 고등한 포유동물들이 그렇듯이, 우리 인간도 유전적으로(특히 극단적인 상황에서) 신체적인 접촉을 통해 유대를 맺고 의사소통을 하도록 설계되어 있다.

☆ 많은 동물연구 결과들은 어미가 신체적으로 감정을 더 많이 드러낼수록 어린 새끼는 정신적으로 더 건강하다는 것을 보여준다. 다음은 쥐를 대상으로 한 이들 연구 중 일부에 관한 설명이다(쥐는 인간과 매우 유사한 하부 뇌를 가지고 있다).

☆ 새끼 쥐가 어미에게 신체접촉을 많이 받을수록 두려움이 적고 용감한 쥐로 자라난다. 그리고 이러한 효과는 일생동안 지속된다.

☆ 뇌와 관련된 이러한 긍정적인 메시지는 한 세대에서 다음 세대로 전해졌다.

☆ 그들의 새끼들은 침착했다.

☆ 그들의 노화과정은 더 건강했고, 뇌의 퇴행적인 변화는 더 적었다.

☆ 그들의 학습능력은 더 뛰어났다.

☆ 그들은 새로운 환경에 처했을 때 덜 불안해했으며 더 탐색적이었다.

☆ 그들은 스트레스 상황에서 더 안정적이었다.

항공격성 물질과 항불안 물질을 활성화시키는 활동들

연구결과는 마사지, 명상, 태극권, 놀이 등이 모두 옥시토신과 오피오이드의 분비를 촉진시키기 때문에 학령기 아동에게 유익하다는 것을 보여준다. 또한 서로 뒤엉켜 노는 놀이는 도파민과 오피오이드의 분비를 촉진시킨다. '옥시토신의 투여는 알려진 모든 형태의 공격성을 감소시킨다.'(팬크셉, 1998, p257)

실비 헤투와 미아 엘름세이터는 **학교 마사지**라는 프로그램을 만들었는데, 아동은 옷을 입은 상태로 서로의 등에 (선생님이 이끄는 대로) 이야기를 쓴다. 수업 초반에 이것을 15분가량 시도할 수 있다. 연구는 이것이 아동을 차분하게 만들고 과잉활동과 괴롭히는 행동들을 획기적으로 줄인다는 것을 보여주었다(Hetu & Elmsater, 2002). 런던에 있는 아동 정신건강센터에서는 이 프로그램을 위한 적절한 훈련을 시행하고 있다.

폭발 직전에 도움을 받을 수 있도록 아동에게 응급대처법을 알려주라

분노에 갇힌 아동이 '폭발'하지 않으려면 도움을 받아야 한다. 그들이 내부에서 분노의 감정을 느낄 때 당신에게 알리는 법을 일러주라. 그리고 그들이 폭발 직전에 사용할 수 있도록 호루라기나 작은 종 같은 것을 주라. 호루라기는 도움을 청하는 외침이 된다. 그것은 마치 호루라기가 '내 신체가 너무나 각성되어서 곧 폭발할 것 같아요. '나 좀 도와주세요?'라고 말하는 것과 같다. 아기는 도움을 청하기 위해 울 수 있지만, 발달이 정지된 8살짜리는 그렇게 하지 못한다. 그러므로 그에게는 도움을 청할 다른 외침이 필요하다.

예를 들어 교사는 '화가 난다고 때리면 안 돼. 왜냐하면 절대로 해서는 안 되는 일이기 때문이야. 그러니까 네가 폭발할 것 같을 때에는 … 내 팔을 꽉 쥐든지 벨을 울리든지 기침을 하도록 해'라고 말할 수 있을 것이다(또는 그에게 이와 비슷한 흥미로운 응급장치를 제공하라). 방이나 교실에서 분노의 감정을 파괴적이 아니라 창조적으로 표현할 수 있도록 아동에게 무언가를 제공하는 것은 아주 좋은 생각이다. 교실 뒤편에 칸막이를 설치하는 것도 좋다. 칸막이 뒤에는 물감, 작은 인형들, 모래상자, 점토 등을 놓아둔다. 폭발한다는 느낌이 들 때 아동은 이곳으로 올 수 있다. 그곳에 지도자나 보조교사가 있어서 그의 정서적인 의사소통을 받아주고 들어준다면 더욱 좋을 것이다.

지배하기 위한 분노와 고통으로 인한 분노를 어떻게 구별할까?

지배하기 위한 아동의 분노는 고통으로 인한 분노와는 완연히 다르다. 후자는 전자와는 매우 다르게 반응할 필요가 있다. 지배하려고 분노하는 아동은 '그 과자 내 놔,' '방을 치우지 않을 거야,' '이거 해, 저거 해!'라고 소리를 지른다. 이러한 종류의 분노에 복종하게 되면, 아동은 어린 폭군이 되고 어른은 하인이 되는 결과를 가져온다. 그러한 행동은 앞날이 뻔하다. 당신은 조용히 살고 싶어서 그렇게 한다고 생각하겠지만, 절대로 아동의 명령에 복종해서는 안 된다. '네가 조용한 목소리로 말하면 정말 좋겠다'고 말하라. 그러고는 그를 상대하지 말라. 그가 물건들을 부수면서 더욱 기승을 부린다면, 그를 들어서 무릎에 앉히고 '네가 차분해질 수 있게 안아줄 게'라고 말하라. 왜 그가 창문을 열어서는 안 되는지, 왜 과자나 우유를 더 이상 먹어서는 안 되는지, 왜 침대에서 초콜릿을 먹어서는 안 되는지에 관해서 어떤 논쟁에도 휘말리지 마라. 이러한 논쟁은 실제로 어린 제왕 같은 행동에 보상을 주고 그의 분노회로를 더 강화시킬 것이기 때문이다.

고통에 의한 분노는 상처나 분리로 인한 고통에 의해 더욱 극대화된다. 당신은 흔히 아동의 얼굴에서 고뇌와 아픔을 볼 수 있고 고통스러운 느낌을 감지할 수 있을 것이다. 이런 상태에 있는 아동은 스스로를 조절할 수 없으며, 당신의 도움을 필요로 한다. 그는 자신의 정서를 조절해주는 사람으로서 당신을 필요로 한다(성인-아동 조절 기능을 보라, p53).

분노에 갇힌 아동이 비명이나 소리를 지르도록 내버려두어야 하는가? 이렇게 소리를 지르면 힘이 빠지는가 아니면 더욱 힘이 나는가?

분노에 갇힌 아동과는 감정을 방출하게 하는 활동을 하지 말라. 달리 말해 쿠션을 세게 때린다거나 쓰레기봉투를 찢는다거나 드럼을 두들기게 하지 말라. 이런 것들은 혼자서도 얼마든지 할 수 있는 것들이다. 그런 활동은 쾌감을 주는 분노회로와 불균형한 신체 각성체계를 유지시켜주는 것이 된다. 우리가 보았듯이, 필요한 것은 사고와 성찰과 감정의 언어화를 통해 아동의 상부 뇌에서 하부 뇌로 가는 통로를 강화시켜주는 것이다.

아동이 분노의 감정을 표현하고 극복하도록 도와주는 실제적인 방법

분노에 직면해서 보다 나은 선택을 하고 이를 해결하도록 도와주기

이 부분에서는 위협적이지 않은 친근한 방식으로 아동이 분노에 대해 이야기할 수 있도록 돕는 방법들을 제시할 것이다. 아동이 말로 분노를 표현할 수 있으려면 성인과 마찬가지로 도움이 필요하다! 여기에서 제시되는 연습문제들은 아동으로 하여금 자신의 분노를 기물파손과 같은 파괴적인 방식으로 표출하지 않고 말로 표현할 수 있게 해주기 위한 것이다. 그것들은 또한 강렬한 감정에 대해서도 말할 수 있게 해줄 것이다. 그리고 연습문제들 외에도 **친절을 미워한 헤이티**라는 동화책이 도움이 될 것이다.

아동은 일상적인 언어를 사용하여 자신의 느낌을 분명하고 충분하게 말할 수 있는 능력을 아직 갖추지 못하고 있다. 하지만 그들은 행동으로 보여주거나 그림으로 그리거나 놀이로 표현하는 능력은 충분히 갖추고 있다. 그러므로 언어 이외의 다른 적절한 표현수단을 제공해줄 필요가 있다. 어떤 아동에게 그것은 글쓰기나 그림이 될 수 있고 또 다른 아동에게는 꼭두각시 놀이나 모래상자 놀이가 될 수 있다. 여기에서 제시되고 있는 연습문제들은 아동이 자신의 감정을 창의적이고 상상력이 풍부한 방식으로 표현할 수 있도록 하기 위해 고안되었다. 너무 많은 질문은 아동에게 위협적으로 느껴질 수 있기 때문에 대부분의 과제들은 단지 네모 칸에 표시를 하거나 색칠을 하거나 단어나 그림을 선택하도록 되어 있다.

참고 과제와 연습문제들은 순서대로 하도록 만들어진 것이 아니다. 그리고 한꺼번에 너무 많은 것을 하려고 시도하면 아동은 폭탄세례를 맞는 것처럼 느낄 수 있다. 그러므로 함께 작업하는 아동에게 적합하다고 생각되는 것들을 아동의 연령과, 분노 감정에 대한 방어의 수준을 고려하여 선택하도록 하라. 아동을 위한 설명은 회색 글상자 안에 있다.

첫 번째 나오는 연습문제들은 아동으로 하여금 분노와 난폭함으로 가득한 자신의 감정을 자유롭게 이야기하도록 허용한다. 다른 누군가에게 자신이 싸우고 있는 문제들에 대해 말하는 것은 (때로는 매일) 커다란 위안이 될 수 있다. 이는 그동안의 모든 외로움에 종지부를 찍을 수 있다. **이는 또한 아동이 자신의 분노감정과 관계하고 있는 방식이 어떤 것인지를 당신에게 알려줄 것이다**. 예를 들어, 그는 통제를 상실했거나, 겁에 질렸거나, 절망적이거나, 외롭거나, 아니면 오히려 힘의 느낌을 즐기고 있을 것이다.

두 번째 부류의 연습문제들('화가 날 때 도움이 되는 것들' 이후로 나오는)은 아동이 필요하다고 느끼는 도움이 어떤 것인지를 말로 표현하게 하기 위한 것이다. 모든 연습문제들은 분노한 아동으로 하여금 돌이켜 생각해보게 하는 데 초점이 있다. 분노에 갇힌 아동에게는 자신의 분노에 대해 생각해볼 수 있는 양질의 시간과 공간이 반드시 필요하다.

☆ 나는 폭탄

아주 화가 날 때, 여러분은 마음속에서 다음 중 어느 것처럼 느껴지나요? 해당되는 것에 표시를 하거나 그 안에 색칠을 해보세요. 이 중에서 찾을 수 없다면, 여러분이 화가 날 때 어떻게 느껴지는지 그림으로 그려보세요.

여러분이 표시를 하거나 색칠을 한 것을 보세요. 이제 여러분을 도와주는 어른과 함께 그것을 다른 종이에 다시 한 번 그려보세요. 그들은 무엇을 하고 있나요?

그들은 어떻게 여러분을 도와주고 있나요? 여러분은 마음속의 불이나 화산 등을 도와줄 만큼 충분히 크고 강한 사람을 만나본 적이 있나요? 원한다면 그림에 그 사람들의 이름을 써넣어도 좋아요.

그들이 여러분에게 어떤 도움을 주었나요?

그림 15 나는 폭탄

☆ 차갑고 냉혹한 세상

여러분은 자신의 삶이 어떻다고 느끼나요? 해당되는 곳에 표시를 하거나 그 안에 색칠을 해보세요. 이 중에 맞는 것이 없다면 자신의 삶을 그려보세요.

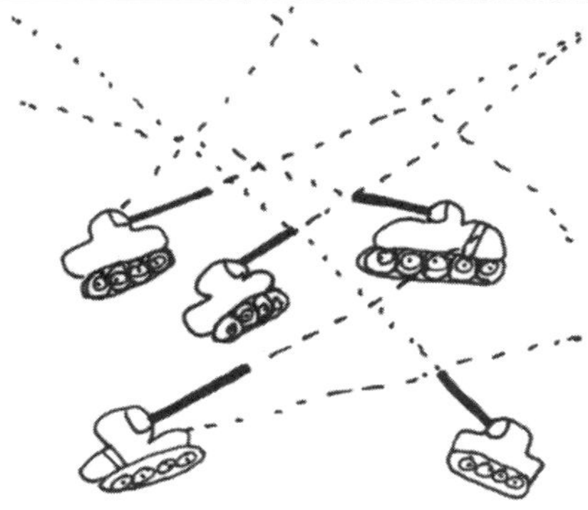

전 쟁 터

모든 사람들이 항상 싸우고 있는 곳

완전히 부서지고 망가지는 곳

친절한 사람은 없고 차갑고
화난 얼굴만 가득한 곳

그림 16 차갑고 냉혹한 세상

☆ 박살내기, 총 쏘기 그리고 망쳐놓기

다음 그림 중, 때로 여러분이 느끼는 감정이 있다면 표시를 하거나 색칠을 해 보세요.

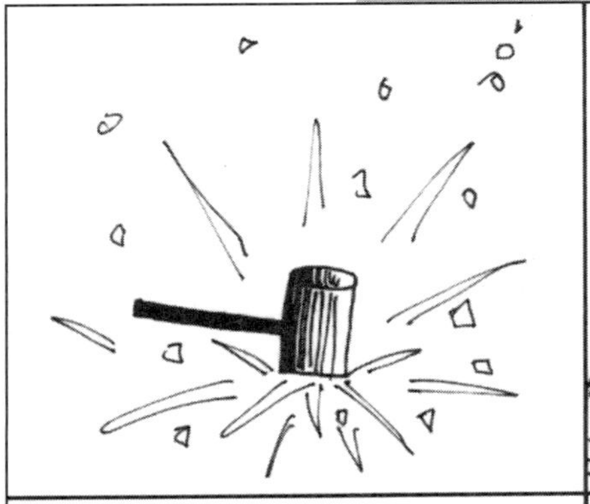

물건이나 사람을 내려치기

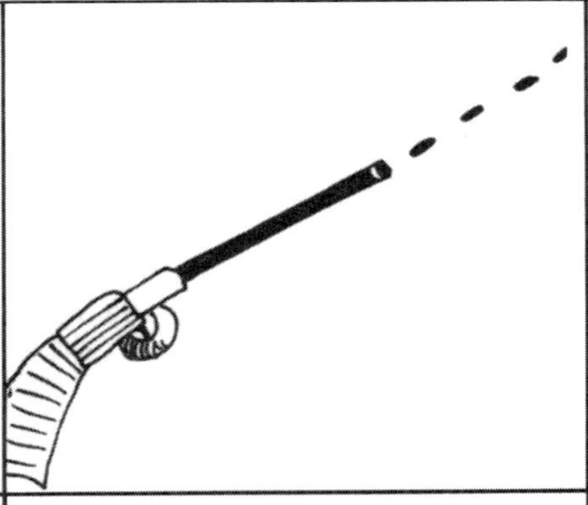

물건이나 사람에게 총쏘기

무언가 폭파하기

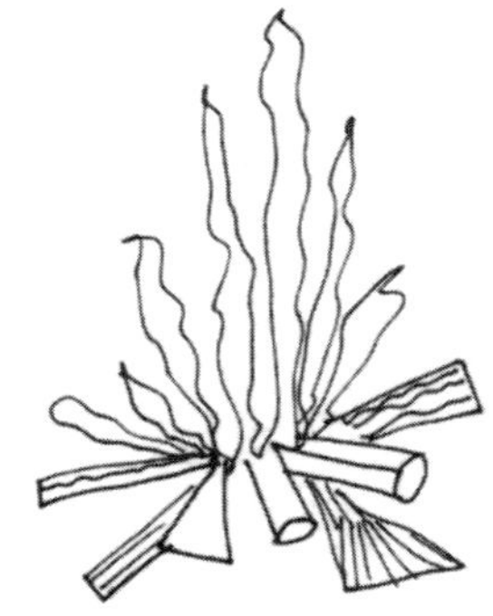

무언가 불 태우기

무언가 망쳐 놓기

그림 17
박살내기, 총 쏘기 그리고 망쳐 놓기

이 중에 맞는 것이 없다면 빈 칸에 여러분이 하고 싶은 것을 그려보세요.

☆ 화산이 폭발하려 할 때

다음 문장을 완성해 보세요. 글로 쓰거나 그림을 그려도 좋아요.

◎ 나는 누군가가 ______________________________ 할 때 화가 난다.
◎ 나는 누군가가 ______________________________ 할 때 세게 치고 싶다.
◎ 나는 누군가가 ______________________________ 할 때 총을 쏘고 싶다.
◎ 나는 누군가가 ______________________________ 할 때 때리고 싶다.
◎ 나는 누군가가 ______________________________ 할 때 마음이 아프다.

☆ 소리로 표현하기

악기를 이용해 연주해보세요.

◎ 짜증을 내는 사람
◎ 화산
◎ 홍수
◎ 불
◎ 폭풍
◎ 지진
◎ 말다툼을 하는 두 사람
◎ 어떤 사람을 때리고 있는 사람

이 중에서 여러분에게 가장 의미 있는 소리는 어떤 것인가요?

그것은 여러분이 되풀이해서 연주하고 싶은 것이기 때문에 알 수 있을 것입니다. 이 중에서 여러분이 살아오면서 만났던 사람이나 겪은 일을 기억나게 하는 것이 있나요?

☆ 분노 표현하기

지금 여러분을 화나게 하고 있는 사람들을 떠올려보세요.
그 사람들을 그려보세요.

그 사람들 위에다 여러분이 해주고 싶은 말을 써보세요.

이제 그들에게 하고 싶은 것을 그려보세요. 쓰레기통에 넣고 싶은가요? 달나라로 보내고 싶은가요? 그 사람들을 박살내고 싶은가요?

악기를 사용해서 그 사람들에 대한 분노를 표현해보거나, 인형을 사용해서 해주고 싶은 말을 해보세요. 분노와 함께 그 사람들에게 느껴지는 다른 감정이 있나요?

다음 중 해당되는 것에 표시하세요.

◎ 마음 아픔 ☐ ◎ 슬픔 ☐ ◎ 실망 ☐ ◎ 두려움 ☐
◎ 고통스러움 ☐ ◎ 화가 나면서도 사랑함 ☐

☆ 낙서 나무들의 숲

낙서 나무들의 숲에 여러분을 위한 나무가 한 그루 있어요.
자신의 머릿속에 있다고 느끼는 모든 분노의 말과 그림을 여러분의 낙서 나무에 쓰거나 그려보세요.

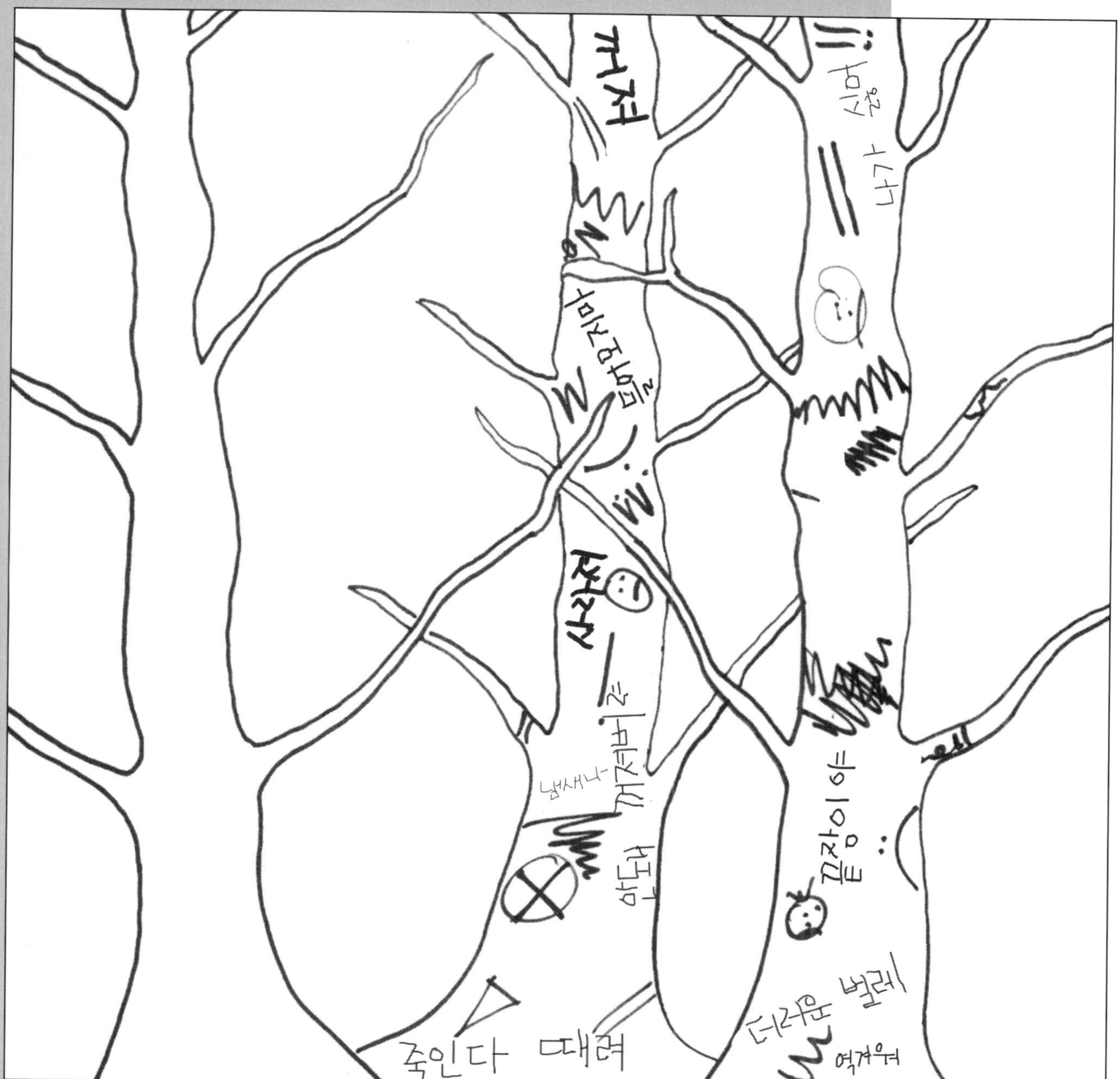

그림 18 낙서 나무들의 숲

☆ 분노가 폭발할 때

분노가 폭발해서 더 이상 참을 수 없을 때 다음 중 어떤 것처럼 느껴지나요? 느껴지는 것에 표시하세요. 이 중에 없다면 (다른 종이에) 어떻게 느껴지는지 그림으로 그려보세요.

◎ 너무 세게 눌러서 터지는 물건 □
◎ 무너진 댐 □
◎ 폭발하는 보일러 □
◎ 빠르게 번져서 모든 것을 태워 버리는 산불 □
◎ 피가 끓어오름 □
◎ 터지는 풍선 □
◎ 계속 두들기는 드럼 □

☆ 폭발

큰 소리를 내면서 터지는 것들 중에서 어떤 것이 마음에 드나요? 마음에 드는 것에 표시하세요. 싫어하는 것에는 '으악'이라고 쓰거나 X표로 지워버리세요.

◎ 폭죽 □
◎ 불꽃놀이 □
◎ 시끄러운 음악소리 □
◎ 파티 때 터뜨리는 폭죽 □
◎ 총 쏘는 소리 □
◎ 경찰차, 앰뷸런스, 소방차에서 나는 사이렌 소리 □

왜 그것을 좋아하거나 좋아하지 않나요?

☆ 너무 화가 날 때 두려워지는 것들

속에서 너무나 화가 날 때, 다음 중에서 하고 싶은 것이 있나요? 그렇다면 색칠을 하거나 표시해보세요. 이 중에 없다면 빈 칸에 그것을 그려보세요.

온 세상을 파괴함

정말 좋아하는 사람에게 상처를 입힘

자신에게 상처를 입힘

친구들을 전부 끊어버림

사람이나 어떤 것을 죽여버림

창문 같은 것을 모두 깨뜨려 버림

내가 가진 물건을 내려 침

감옥에 갇힘

미쳐 버림

그림 19 너무 화가 날 때 두려워지는 것들

☆ 몹시 화를 내는 것의 좋은 점과 나쁜 점

이 연습들은 성인에게 아동과 그들의 분노감정과의 관계에 대해 알려줄 것이다. 아동이 슬퍼하는 뱀들에다 색칠을 많이 한다면, 그는 자신이 도움이 필요하고 정말로 고통받고 있다는 것을 분명히 아는 것이다. 이런 아동은 화를 낸다고 야단을 칠 것이 아니라 도움을 주고 그의 자기-인식을 진실로 칭찬해 주어야 한다! 만일 아동이 반짝이는 별들에다 색을 많이 칠한다면, 그는 매우 방어적이며 그의 분노나 분노를 부추기는 정서적인 고통에 닿아있지 않은 것이 분명하다. 전자보다는 후자에게 더 오랜 치료기간이 필요할 것이다. 아동의 자존감은 아마 부분적으로는 자신의 분노에서 느껴지는 힘에서 올 것이다. 이런 아동이 매우 창조적이거나 친절하거나 풍부한 상상력을 보일 때는 칭찬을 많이 해줄 필요가 있다. 그러면 그는 파괴적인 성격을 가진 '압도하는 힘'보다는 긍정적인 힘이 주는 즐거움을 만끽할 수 있을 것이다.

여러분이 화를 낼 때 하고 싶은 것과 하고 싶지 않은 것들을 생각해보세요.

그림 20에 나오는 슬픈 뱀들을 보세요. 여러분을 너무도 자주 몹시 화나게 하거나 무섭게 한다고 느껴지는 것들에 색칠하세요.

반짝이는 별들을 보세요. 화를 낼 때 기분이 좋아지게 하는 것들에 색칠하세요.

여러분은 슬픈 뱀이나 반짝이는 별을 더 가지고 있나요?

그림 20 몹시 화를 내는 것의 좋은 점과 나쁜 점

☆ 화가 날 때 도움이 되는 것들

다음은 매우 중요한 연습이다. 때로 아동은 화가 폭발하는 것을 막기 위해서 무엇이 필요한지 알고 있다. 그러므로 아동이 필요로 하는 것을 최대한 분명하게 제공할 수 있는 방법을 찾는 것이 아동전문가의 몫이다.

화를 낼 때 여러분은 강한 힘을 느낄지 모르지만, 여러분 안에 있는 힘이 너무나 강하기 때문에 외롭거나 겁이 날 수도 있답니다. 그것은 마치 화산 앞에 서 있는 것처럼 겁이 날 수 있는데, 이번에는 그 화산이 바로 여러분 자신이기 때문에 더욱 힘이 든답니다!

다른 사람을 다치게 해서는 절대로 안 되지만 때로는 여러분의 몸과 머리에서 느껴지는 힘이 너무 강해서 마치 화산처럼 폭발해버리는 것을 막기가 힘들답니다. 그럼 너무 화가 날 때 폭발하지 않으려면 어떻게 하는 것이 가장 도움이 될까요? 다음 중 도움이 되는 것에 표시하세요.

그림 21
화가 날 때
도움이 되는 것들

☆ 분노의 강물로부터 잔잔한 호수로

몹시 화가 났던 때를 생각해보세요. 아주 빠르고 거세게 흘러가는 강물에서 안간힘을 쓰고 있다고 상상해보세요.

거기에 여러분을 그려보세요(마법을 사용해도 좋아요).

잔잔한 호수로 가려면 무엇 혹은 누가 필요하다고 생각하나요?

생각나는 사람이나 물건을 그리고, 어떻게 도움을 받는지 그려보세요. 그리고 잔잔한 호수에 여러분 자신을 그려보세요. 호수에 있는 것이 어떻게 느껴지나요?

(한 장에 다 그리거나 세 부분을 따로따로 그려도 좋아요).

☆ 화를 터뜨리지 않음

누군가, 무언가가 여러분을 화나게 했지만 어떤 도움을 받아서 '화산'이나 '폭탄'처럼 느껴지지 않았던, 그래서 아무런 문제도 일어나지 않았던 순간들을 떠올려보세요. 무엇이 혹은 누가 여러분을 도와주었나요?

◎ 누가 여러분과 함께 있었나요?

◎ 여러분은 어디에 있었나요?

◎ 무엇이 여러분을 안전하다고 느끼게 했나요?

그림 22 분노의 강물로부터 잔잔한 호수로

☆ 분노에 관한 이야기

다음 중에 하나를 제목으로 선택해서 짧은 이야기를 만들어보세요. 아니면 만화처럼 빈 칸에다 그림을 그려 넣어보세요.

◎ 결코 안전하다고 느낀 적이 없는 호랑이

◎ 폭발을 멈출 수가 없는 화산

◎ 모조리 물어뜯을 때까지 계속 무는 개

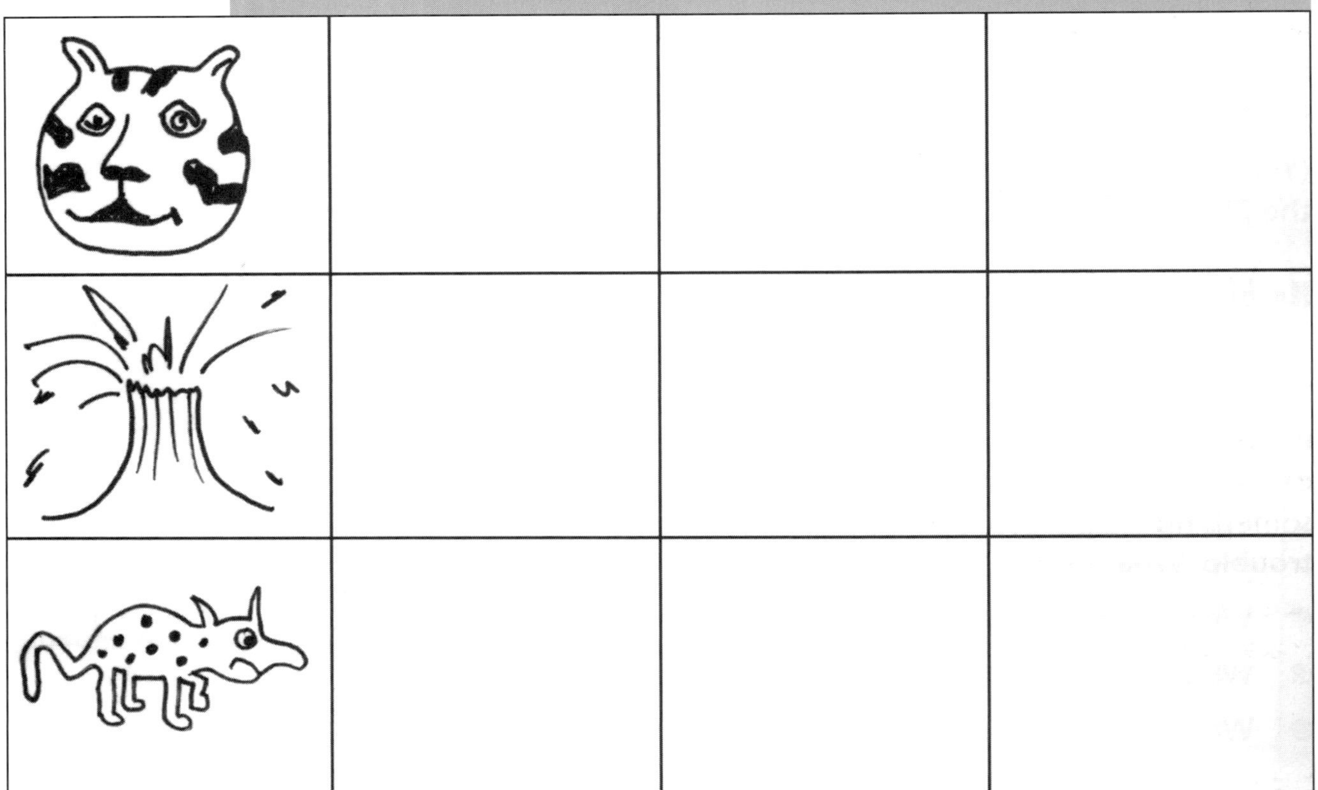

그림 23 분노에 관한 이야기

☆ 어른들이 더욱 화나게 만들 때

여러분이 정말로 화났을 때를 생각해보세요.

어른들이 여러분을 더 기분 나쁘게 또는 화가 더 많이 나게 만들었을 때를 생각해보세요. 이러한 실수를 반복하지 않으려면 어른들은 무엇을 알아야 할까요?

분노에 갇힌 아동에게 상담이나 치료가 필요한 이유

치료는 분노에 갇힌 아동이 네 가지 성인-아동 조절 기능을 습득하도록 보장해주는 매우 강력한 방법이다

치료는 강력하고 밀도 있는 관계경험이다. 치료사는 치료를 통해 네 가지의 조절기능을 제공한다.

☆ 조율

☆ 주관적인 경험의 확인

☆ 담아주기

☆ 달래주기

바쁜 부모나 교사들은 대개 스트레스 조절체계를 확립하기 위해 성숙보다는 '퇴행할' 필요가 있는 아동에게 충분한 시간과 정서적인 에너지를 할애하기 어렵다. 대조적으로, 치료사는 분노에 갇힌 아동이 마음껏 어려지도록 허용해준다. 치료사는 부모가 갓난아기에게 하듯이, 뇌와 신체에 필수적인 항공격성 체계를 확립하는 데 필수적인 조절기능을 담당한다.

분노에 갇힌 아동의 성공적인 치료는 아동의 뇌에 생화학적 물질의 변화와 신체 각성체계의 조절능력을 가져다준다

어떤 면에서 치료는 단순히 감정들을 방출해버리는 것이 아니라 그것들을 언어로 상징화할 수 있는 능력을 계발시킨다. 이러한 능력은 점차 항불안과 항공격성 물질을 확립하여 점차 뇌에 스트레스 억제체계를 만들어간다. 또한 신체는 보다 균형 잡힌 자율신경체계를 갖게 되는데, 이렇게 되면 아동은 더 이상 많은 시간을 초각성 상태에서 살아가지 않아도 된다.

치료는 신체적인 감각으로서만 경험되는 감정들을 언어화할 수 있게 해준다

> 심리치료의 목적은 신체를 통한 지각의 변형, 즉 몸을 통해서가 아니라 정신을 통해서 지각하는 형태로 바꾸는 것이다. (테일러 외, 1997, p261)

분노에 갇힌 아기와 아동은 한 가지 공통점이 있다. 이들은 감정들을 주로 신체적인 감각으로 경험한다는 것이다. 그러므로 성공적인 치료는 아동으로 하여금 훨씬 성숙한 방식으로 자신의 감정과 관계할 수 있게 해준다. 달리 말해서 이제는 감정들이 더 이상 방출할 수밖에 없는 충동으로 경험되지 않는다. 성공적인 치료는 아동이 다음 표에 요약된 단계들을 거친다는 것을 보여준다.

성공적인 치료에서 분노에 갇힌 아동은 다음의 발달단계들을 거친다
1단계 신체적 감각과 행동하려는 충동으로 경험되는 감정 – 아동이 다른 아동을 때리는 원인이 된다.
2단계 감정을 방출하는 대신 감정에 대해 생각해보는 능력 – 정서는 이제 일차원적이긴 해도 심리적으로 경험될 수 있다. 이제 정서는 종종 정형화된 표현이지만, '그 애의 머리를 후려치고 싶었어요' 등의 언어로 묘사된다. (적어도 그런 행동을 하지는 않았다!)
3단계 복잡한 감정들을 자각함 – 아동은 보다 복잡하고 혼합된 정서 상태를 묘사할 수 있으며, 그 미묘한 차이를 구별한다. '그 애 머리를 후려치고 싶었어요. 나보고 바보라고 해서 감정이 상했나 봐요. 아빠는 늘 나를 바보라고 불러요'라고 설명한다.
4단계 위의 능력들에 덧붙여, 다른 사람들의 다중적인 정서 경험을 이해하는 능력: 공감과 관심의 능력 – '나는 감정이 상하고 화가 났어요. 아빠가 나를 바보라고 부르던 게 생각났지요. 아빠의 아버지도 역시 아빠에게 무정했을 거라는 생각이 들어요. 그래서 아빠도 우리들에게 심하게 대하는 거예요'라고 말한다.
(테일러와 그의 동료들에서 인용, 1997, p18)

그러므로 치료가 성공적일 경우, 아동은 이제 더 이상 감정이란 발산해야만 하는 무시무시한 힘이라고 생각하지 않게 된다. 오히려 아이들은 감정을 중요한 정보를 알리는 '가치 있는 경험이라는 측면'에서 바라보게 되는데, 이러한 통찰은 스트레스를 주는 일이나 대인관계에 보다 유연하게 대처하도록 해준다. (테일러 외, 1997, p251)

러퍼스, 10세

러퍼스는 매우 폭력적인 소년이었다. 치료를 통해서 그는 자신을 그토록 공격적으로 만들었던 상처에 대한 언어적인 표현과 이미지를 발견하였다. 어느 날 그는 깊은 생각에 잠긴 채 치료에 나왔다. 무슨 생각을 하느냐고 묻자 그는 '어떤 아이가 자기 부모를 때렸는데, 그것에 대해 생각하고 있었어요. 그 아이에게는 도움이 필요하다는 생각이 들어요. 그 애는 분명히 속으로 상처를 받았을 거예요. 아빠에게 말하거나 말하도록 도움을 받을 수 없었다는 게 안 됐어요' 라고 말했다. 러퍼스는 자신의 정서적인 반응과 무엇이 그의 화를 돋우었는지에 대해 생각할 뿐 아니라, 그것을 표현하고 이전의 자신처럼 사람들을 때리는 다른 아동의 고통에 공감하는 정교한 정서적 능력을 발달시킬 수 있었다.

분노 충동을 발산하기보다 자신의 감정에 대해 생각할 수 있게 된 아동들의 이야기

☆ '이제 제 마음은 훨씬 더 조용해졌어요.'

☆ '이상해요. 마치 휴전이 일어난 것처럼, 내 안에서 모든 싸움이 멈췄어요. 불자동차가 와서 내 안에 있는 불을 끈 것 같아요.'

치료는 새로운 방식으로 생각하는 것이다. (알바레즈, 1971, p82)

치료는 분노에 갇힌 아동이 자신을 돌이켜볼 수 있게 해주는 공간이다

> 성찰할 수 있는 능력은 회복을 증진시키고 외상적인 스트레스들로부터 질환이 생겨나지 못하도록 억제하며, 병적인 기질이 다음 세대로 대물림되지 않도록 막아주는 힘을 갖고 있다. (Fonagy 외, 1995, p255)

아동이 너무도 강렬한 감정들에 대하여 숙고할 수 있도록 도움을 받는다면, 그 감정들은 변형된다. 이제 감정들은 성찰 대상이 되기 때문에 분출 압력이 훨씬 줄어든다. 진심으로 들어주고 이해해주고 반영해주는 사람과 함께 감정에 대해 이야기하는 것은 결국 변화를 가져다준다.

치료는 분노에 갇힌 아동이 자신의 강렬한 감정을 잘 다룰 수 있게 해준다

치료는 아동이 분노하고픈 충동이 있을 때, 그것을 자기성찰의 계기로 삼을 수 있게 해주며 감정들을 다룰 수 있는 자원을 확보하도록 도와준다. 아동에게 분노를 성찰하게 만든다는 것은 분노를 분출하지 않고, 상부 뇌의 기능을 사용해서 그것을 처리하고 해결할 수 있는 능력을 획득하도록 돕는 것을 의미한다.

> 일단 표현을 통해 폐쇄된 내부 심리공간에서 빠져나오면 핵심적인 [정서] 경험은 외부 현실의 일부가 되며, 자기(self)는 그에 대해 반응하게 된다.
> (Fosha, 2000, p26)

치료는 분노에 갇힌 아동이 감당할 수 없는 외로움에서 벗어나게 해준다

분노에 갇힌 수많은 아동은 도움을 받지 못한 채 힘든 감정들과 홀로 씨름하고 있다. 난폭함으로 가득한 감정을 혼자서 직면하는 것은 아동에게는 너무나 두렵고 충격적인 경험일 수 있다. 포샤는 다음과 같이 말한다.

> 외로움에서 벗어나게 하는 것이야말로 … 심리치료 과정의 핵심적인 요소이다.
> (2000, p7)

분노에 갇힌 아동이 치료를 받지 못한 채 세계 지도자가 될 경우

문명이 인간의 분노폭발을 두려워하는 것은 너무나도 타당하다. 앨리스 밀러는 만일 히틀러에게 아들이 있었다면 그는 자신의 악마를 이겼을 것이며, 세계는 그의 증오로 인해 고통 받지 않았을 것이라고 말한다(밀러, 1987, p188). 따라서 제2차 세계대전은 부분적으로는, 아버지로부터 매일 매질을 당한 한 사람의 억눌린 분노와 증오에서 기인했다고 말할 수 있다. (더욱이 히틀러를 따르고 지지했던 대부분의 사람들은 히틀러처럼 아동기에 매우 권위적인 아버지에게 복종해야했던, 그래서 분노의 감정을 키워왔던 사람들이었다).

전시에 세계의 지도자와 그 추종자들은 자신들의 부모를 향한 (수년간 억눌러왔던) 폭발하는 분노의 에너지를 그들 자신의 명분을 뒷받침하는 데 쏟았다. 치료를 받지 않으면, 이들의 대부분은 부모에 대한 분노가 '외부의 적'에게 전치되었음을 자각하지 못한다. 히틀러를 비롯해서 아동기에 학대를 받았던 다른 세계 지도자들이 치료를 받았더라면 어떻게 달라졌을까? 만일 그에게 외상을 말할 수 있는 누군가가 있었다면, 그리고 아이로서 견뎌야 했던 공포를 표현할 수 있었다면 어떻게 달라졌을까? 애석하게도, 세상은 세계적인 지도자라도 학대나 방치를 경험했다면 집중적인 심리치료를 받아야 한다는 생각을 받아들일 수 있는 수준에는 도달하지 못한 것으로 보인다.

증오에 갇힌 아동의 삶은 어떤 것인가?

> 설령 그에게 누가 다가왔다 하더라도 그는 결코 사랑할 수 없었을 것이다.
> (테스 갤러거, BBC 라디오 4, 1996)

증오에 갇힌 아동 - 일차적인 생명력과 순진성의 상실

> 자신을 막무가내로 강한 사람으로 무장하는 것은 모든 약함의 징조(감상주의, 눈물, 동정, 자신과 타인에 대한 연민, 무력함, 두려움, 그리고 절망을 포함한) 들을 '무자비하게' 억압하고 있음을 말해준다. (밀러, 1987, p80)

긴장된 신체와 완강한 방어로 무장한 단단하고 거친 아이들에 관해서 우리는 잘 알고 있다. 예를 들어 5세 아동의 교실에서, 즉 순진한 얼굴들로 이루어진 아름다운 바다에서 이들은 현저하게 눈에 띈다. 이들의 눈은 차갑고, 천진한 맛이 없으며, 타락의 징조만이 남아있다. 이런 아동의 일차적인 감정의 상태(아픔에서 기쁨에 그리고 두려움에서 즐거움에 이르기까지)는 차단되어 있거나 억압되어 있기 때문에, 그들은 당신에게 감동을 주지 못한다.

아이다운 순진한 의사소통의 특성은 중심적인 감정상태가 얼굴과 신체에 방어 없이 분명하게 드러나는 것이다. 흔히 우리의 마음을 즉각적으로 움직이는 것은 온 몸이 기쁨에 들떠 빛나는 눈으로 손을 휘젓거나, 바닥에 몸을 던진 채 절망적으로 울어대며 심히 상처받았음을 드러내는 어린아이이다. 증오에 갇힌 아동에게서는 이러한 순진함을 더 이상 찾아볼 수 없다. 그는 일차적인 정동 상태를 방어하고 있다. 이런 아동의 얼굴에서는 마음의 상처나 깊은 기쁨의 감정을 찾아볼 수 없다. 그 대신 무표정하거나 폐쇄적인 표정을 하고 있거나 부드러운 감정과는 거리가 먼 표정을 짓는다. 이런 아동은 방어들 때문에 순수한 기쁨이나 즐거움 또는 깊은 상처로 인한 고통을 더 이상 느끼지 않는다. 이 점에서 증오에 갇힌 아동은 발달된 방어들을 지닌 성인들, 즉 활짝 열린 감정 상태나 방어되지 않은 얼굴표정을 거의 드러내지 않는 성인들과 비슷하다. 열린 감정을 만나게 될 때 우리는 깊은 감동과 에너지를 얻는다.

우리는 이런 아동을 만날 때 아동 자체가 아니라 그의 방어들과 만나는 경향이 있으며, 따라서 그를 차갑게 대하거나 심지어는 증오하는 경향이 있다. 어쨌든 그는 순진함과 인간성을 너무나 많이 잃어버려 감정의 범위가 극히 좁고 일차원적인 정서상태에 있다.

증오에 갇힌 아동들의 대부분은 이미 오래전에 울기를 멈추어 버렸다. 그 중에 어떤 아동은 울기도 하는데, 그것은 대개 조종하고 통제하려는 의도를 가진 방어적인 울음이다. 따라서 그것은 우리의 마음을 움직이지 못한다. 증오에 갇힌 아동은 자기의 취약한 부분을 부인하고 거절하는 상태에 있다. 그것은 그들의 상처나 수치심 또는 공포에 대해 지나치게 취약하게 만드는 것이 바로 이 부분이기 때문이다. 그는 상처를 증오로 대치해버린 것이다. 그는 다시는 상처받지 않겠다고 작정한 것이다. 의지를 강하게 연마한 것도 바로 상처를 받지 않기 위해서이다.

인간의 타고난 취약성을 완전히 떼어내 버리면, 그는 인간성을 상당부분 그리고 극단적인 경우에는 전부 잃게 된다. 히틀러를 비롯한 독재자들이 바로 그런 사람들이다. 이들 대부분은 어린 시절에 받았던 상처에서 발전된 증오에 갇힌 사람들이었다.

뜨거운 분노와 차가운 증오 - 증오에 갇힌 아동과 분노에 갇힌 아동의 차이

증오의 에너지는 순식간에 뜨겁게 몰아치는 분노의 에너지와는 달리 대개 더 느리고 차갑다. 증오는 종종 여러 해 동안 축적된 고통과 상처에서 나오는 천천히 퍼지는 독과 같다. 그런 점에서 증오에서 오는 파괴적인 행동은 충동적인 분노에서 오는 파괴적인 행동과 다르다. 전자는 종종 치밀한 계획과 냉정한 계산 아래 가장 효과적으로 상처를 입히도록 행해진다. 이런 행위는 아무런 의도 없이 자제력을 잃고서 저지르는 충동적인 행동과는 사뭇 다르다. 증오에 갇힌 아동이 그토록 능란하고 치밀하며 때로는 잔인무도하게 타인을 해칠 수 있는 것도 바로 그들이 지닌 생각하고 상상하고 계획할 수 있는 능력 때문이다. 분노는 충동의 표출인 반면, 증오는 그것과 반대된다.

어떤 아동은 증오와 분노 둘 다에 갇혀 있으면서 이 둘 사이를 오간다. 이와는 완전히 다른 모습의 아동도 있다. 이들은 결코 통제력을 잃지 않는다. 이들은 계획을 하고 음모를 꾸미며 침착하게 그들의 잔인한 행동을 실행에 옮긴다. 이들은 결코 과도하게 각성되지 않는다. 낮은 각성 상태에서 벌레들을 고문하고 언어폭력을 가하는 이들의 태연한 태도는 사람들의 등골을 오싹하게 만든다. 성인일 경우, 이들은 사회병질자라고 불린다.

세상은 '먹고 먹히는' 곳이라는 아동의 믿음

만일 아동이 중요한 관계에서 너무 많이 거칠고 적대적인 경험을 했다면, 그는 쉽사리 세상이 '먹고 먹히는 곳'이라는 생각을 갖게 될 것이다. 그때 많은 아동은 아무것도 뚫을 수 없는 요새처럼 단단히 방어하는 것이 유일한 선택이라고 느낀다.

'먹고 먹히는' 세상에서는 아무도 믿을 수가 없다. 따라서 증오에 갇힌 아동은 철통같이 방어하는 것이 필수적이라고 믿고 있으며, 자신이 공격당하기 전에 먼저 공격을 한다. 이들은 과거에 지나치게 정서적으로 열려 있다고 믿었기 때문에 무방비 상태로 배신을 당하고 고통을 받았다고 생각하고 있으며, 따라서 무엇이든지 받아들이는 것은 손해를 입히고 상처를 입힐 것이라는 두려움을 가지고 있다. 그들은 모든 것들과 모든 사람들을 거절하는 것이 가장 안전하다고 생각한다. 증오에 갇힌 일부 아동은 그들 자신들의 내면세계 안에 위험이 있으며 배신과 고통과 수치와 치욕의 기억 속에 위험이 도사리고 있음을 깨닫지 못한 채, 사람들은 모두 믿을 수가 없다고 생각한다. 따라서 증오에 갇힌 아동은 전쟁무기를 대량으로 비축하는 독재자들처럼 편집증적인 방어들로 무장하는 경향이 있다.

이런 아동은 증오에 찬 공격 방식에 매우 능하며, 그로 인해 아주 쉽게 주위 사람들의 증오를 이끌어내는 경향이 있다. 잔인하고 냉정한 아동을 보고서 마음에 감동을 받는 사람은 거의 없다. 이러한 상황은 '먹고 먹히는' 세상이라는 아동의 믿음을 한 번 더 확인시켜줄 뿐이다.

빌리, 6세
빌리는 방금 5살 된 테사를 울렸다. 그는 테사에게 가장 지독한 말을 골라서 했다. 학교 선생님은 그의 팔을 꽉 잡았다. 테사의 얼굴 표정은 빌리에 대한 분노와 증오를 담고 있었다. 그녀의 행동은 세상이 형편없다는 것을 빌리에게 다시 한 번 확인시켜 주었다. 빌리와 같은 아동은 거부가 아닌 따뜻한 인간적 유대가 필요함에도 불구하고, 스스로 유대가 아닌 거부를 불러일으키도록 행동한다.

적의가 없는 곳에서도 적의를 느끼는 아동

로이는 '산다는 게 잔인하고 야비한 것이기 때문에 나도 잔인해지고 야비해질 거야'라고 자주 말했다. (골드버그, 1996, p134)

증오에 갇힌 아동은 흔히 적의가 없는 곳에서도 적의를 느낀다. 사고와 이미지와 정서로 구성된 이들의 내면세계는 박해, 공격, 멸절 등의 감정으로 채색되어 있기 때문에, 바깥세상도 박해적이고 멸절의 위협으로 가득한 곳으로 경험한다. 그래서 이들은 '난 너를 공격할거야. 언젠가는 네가 나를 공격할 테니까 내가 먼저 공격하겠어'라는 생각을 행동으로 옮긴다. 그러한 증오에 찬 위협적인 행동은 **과거의** 사건들과 사람들과의 경험에 근거해서 **앞으로 다가올 공격이나 모욕을 예측함**으로써 더욱 심각해진다.

로저, 13세

로저는 놀이터에서 어린 아이들을 계속 괴롭혔다. 그는 뉘우치지 않았다. 치료시간에 그는 다리를 그렸다. 그리고 다리를 건너가는 자신을 그린 다음에 빨간 물감으로 다리를 폭파시켜 버렸다. 왜 그랬냐고 묻자 그는 '다른 사람들이 건너오지 못하게 하려고 폭파시켰어요. 무시무시한 사람들이 너무 많이 허락도 없이 다리를 건너와요. 그게 다리를 날려버린 이유에요. 이제 나는 안전해요. 이제는 더 이상 아무도 내게 접근하지 못해요'라고 말했다.

증오에 갇힌 아동의 놀이에서 나타나는 공통적인 주제들

내면세계는 온갖 인상들과 이미지들 그리고 자기와 타인과 세상에 대한 지각들로 구성되어있는, 감정과 사고의 사적 영역이다. 아동이 놀이를 하고 그림을 그리거나 이야기를 만들어낼 때, 그들의 내면세계는 종종 뚜렷이 그 모습을 드러내는데, 이것은 증오에 갇힌 아동도 마찬가지이다.

증오에 갇힌 아동의 놀이에는 공통적인 몇 가지 주제들이 있는데, 끊임없는 폭격, 살육, 질식, 익사, 피 비린내 나는 전쟁들이다. 그것들은 모두 산더미처럼 쌓인 시체들로 끝이 난다. 그 중에 중심적인 주제는 힘과 통제이다. 약하고 무방비 상태에 있는 것들은 총에 맞거나 폭파되거나 질식당하거나 목이 잘린다.

물론 많은 남자아이들이 전쟁놀이를 즐기지만, 증오에 갇힌 아동은 피해자-박해자 관계가 그들의 이야기와 놀이에서 나타나는 유일한 관계라는 점에서 보통 아이들과는 구별된다. 이들의 놀이는 폭력과 학대의 관계로만 채워져 있다. 다시 말해서, 무자비하게 공격하여 전멸시키는 놀이에 균형을 가져다줄, 부드럽고 친절하고 위안을 주는 관계 요소가 없다. 증오에 갇힌 아동의 놀이에 대한 몇몇 예들을 살펴보자.

그림 24 8세인 에드워드의 모래놀이 이미지. 에드워드는 다른 아이를 괴롭힌 일로 학교에서 세 번이나 정학을 당했다. 에드워드의 엄마는 그가 못되게 굴 때마다 그를 때렸다.

'항상 벌들이 침을 쏘고 개들이 물어뜯는 나라에 사람들이 살고 있었어요.' '용이 사람들의 집을 때려 부숴기 때문에 사람들은 용을 좋아하지 않았어요.'

에드워드, 8세

에드워드는 다른 사람을 은밀하고 계획적으로 괴롭혔기 때문에 학교에서 세 번이나 정학을 당했다. 상담시간에 그는 다음과 같은 내용의 놀이를 했다.

☆ '항상 벌들이 침을 쏘고 개들이 물어뜯는 나라에 사람들이 살고 있었어요.'

☆ 용이 사람들의 집을 때려 부숴기 때문에 사람들은 그 용을 좋아하지 않았어요.'

☆ '지하세계에서는 끊임없이 싸움이 일어나요. 계속해서 싸우기만 하죠. 아마 세상이 끝날 때까지 그럴 거예요.'

그림 25 9세인 스텔라의 모래놀이 이미지. 스텔라는 동물들을 학대했고, 어른들에게서 열쇠를 훔쳐서 그들을 방에 가두거나 못 들어가게 하는 것을 즐겼다. 스텔라의 엄마는 정서적으로 그녀를 학대했다.

'아기들이 젖 병 속에서 죽어버렸어요.'

스텔라, 9세

스텔라는 동물들을 학대했다. 그녀는 어른들에게서 열쇠를 훔쳐서 그들을 방에 가두거나 못 들어가게 하는 것을 즐겼다. 최근에 그녀는 두 아이의 눈을 연필로 찌르려고 했다. 다음은 상담시간에 그녀가 한 놀이내용이다.

☆ '아기들이 젖 병 속에서 죽어버렸어요.'
☆ '사람들을 때리는 건 집에서만 해야 돼요.'
☆ '선생님하고 비눗방울 놀이를 하고 싶어요. 안 하면 선생님을 때릴 거예요.'
☆ '우리 "넌 냄새나고 더러워. 널 서서히 죽이겠어"라고 말하는 놀이 해요.'

사이먼, 7세
남을 괴롭히는 아동인 사이먼은 상담시간에 다음과 같이 말했다.

☆ '나는 사람들이 내게로 다가오지 못하게 하는 흡혈귀에요.'

젬마, 8세
젬마는 최근에 학교에서 애완용 쥐를 칼로 찌르려다가 발각이 되어 치료를 받게 되었다. 상담 시간에 그녀는 다음과 같은 이야기를 만들어냈다.

☆ '내 뱀은 너무 가까이 오는 사람은 누구든지 다 물어요.'

힘과 통제에의 중독

나는 아무 것도 숨기지 않겠다
내가 원하는 건 단 한 가지
하늘에서 해와 별들을 뜯어내거나
지하세계를 파 헤쳐, 내가
힘을 갖고 있다는 것을 보여주겠다
(유리피데스)

정신건강은 풍부한 여러 종류의 인간관계를 즐길 수 있는 능력으로 정의될 수도 있다. 증오에 갇힌 아동의 인간관계는 안타깝게도 '나는 너보다 힘이 세다, 혹은 너는 나보다 힘이 세다'라는 것에 한정되어 있다.

이런 아동은 자신이 다른 사람들보다 힘이 세다는 것을 느낄 때 기분이 좋아진다. 사실상 그들의 자기-가치감은 이것에 의존한다. 극단적인 경우 이들은 즐거움을 서로 나누고 이해하고 위안을 주는 원천인 인간관계를 더 이상 추구하지 않는다.

증오에 갇힌 아동은 그들의 핏줄을 타고 흐르는 **힘**의 느낌을 사랑한다. 증오는 그들에게 응집력이 있고 유능하며 강하다는 느낌을 준다. 지난 날 그들이 느꼈던 공포와 열망과 상처와 거부는 무능하고 약하고 두렵고 무너져 내리는 느낌과 정반대되는 느낌을 추구하도록 만든다. 그러므로 증오에 갇힌 아동이 무방비 상태의 아동을 표적으로 삼아 자신의 '힘을 과시하려고 하는 것'은 그리 놀랄 일이 아니다.

사라, 9세
사라는 '나는 대들지 못하는 것들을 괴롭히는 것이 좋아요'라고 말했다.

동물들은 흔히 증오에 갇힌 아동의 표적이 된다. (폭력적인 가정을 돕는 사람들은 흥미롭게도 그런 가정에서 키우는 동물들이 결코 2년 이상 살지 못한다는 것을 거듭해서 발견했다. 동물들은 고문을 당하거나 죽임을 당한다.)

앞서 본 것처럼 증오에 갇힌 아동은 대부분 그들의 고통과 번민을 차단하여 마음을 단단하게 만든다. 얼핏 보기에 그들은 천하무적으로 보일 수 있다. 이들의 사회성 발달을 위해서 어른들이 공감과 논리 혹은 연민의 정을 가지고 다가가려는 노력은 아무런 소용이 없다. 이들은 수치심이나 두려움을 전혀 보이지 않을 것이고, 도움을 주거나 벌을 주려고 시도하는 어른들을 무력감에 빠뜨릴 것이다. 더욱이 도움을 받지 못할 경우, 이들은 종종 거짓된 자기충족감에 빠진다. 이렇게 되면 칭찬이나 수용은 물론 사람들에게 사랑받는 것조차 전혀 신경 쓰지 않는 사람이 될 수 있다.

그러나 증오에 갇힌 일부 아동의 방어는 그다지 잘 작동되지 않는다. 힘에 모든 것을 팔아넘긴다는 것은 어떤 수준까지는 기분 좋게 하겠지만, 한편으로는 그들을 아주 외롭게 만든다. 따라서 그들은 고통스러운 양가감정을 갖고 살아간다. 마음 한 편에서는 접촉을 갈망하지만 다른 편에서는 친밀함에서 오는 위험을 감당하지 못한다. 이것은 '가까이 가고 싶지만 떨어져 있는 게 필요해' 혹은 '이렇게 방어하고 있으면 안전해, 그런데 너무 외로워'와 같은, 끌리면서 동시에 밀쳐내는 감정으로 이끈다.

증오에 갇힌 아동의 복수와 충격적인 행동

왜 케이티는 포크로 침대 매트리스를 망가뜨렸을까? 왜 그녀는 먼지를 긁어모아 토스터에 집어넣었을까? 그녀는 알라딘 비디오를 좋아하는 것 같았는데, 어째서 그것을 싱크대 물속에 집어넣었을까? (Hughes, 1998, p37)

처리되거나 극복되지 못한 감정들은 신경증 증상이나 행동을 통해서 방출된다. 증오도 예외가 아니다. 증오에 갇힌 아동은 흔히 그들의 경멸감을 수없이 다양한 파괴적인 방식으로 표현한다. 그들은 자신의 과거에서 온 극복하지 못한 고통을 표현하고 있다는 것을 인식하지 못한 채, 손상을 입히는 행동들을 실행에 옮긴다. 흔히 외상 후 스트레스를 처리하지 못한 아동은 자신들이 겪었던 일을 다시 재연할 수밖에 없다. 그런데 이번에는 박해자와 희생자가 뒤바뀌어 실연된다. 이것이 바로 증오에 갇힌 아동이 더 어린 아동이나 동물들을 괴롭히는 이유이다. 이들 대부분은 특히 약하고 무방비한 사람들에게 고통을 주는 것을 즐기는 것으로 보인다.

종종 치밀하게 계산된 복수의 행동들은 증오에 갇힌 아동에게 더없이 자극적이고 매혹적으로 느껴질 수 있다. 이들은 고통을 극대화하기 위해 다른 사람이 가장 가치 있게 여기는 것을 단번에 알아내서 그것을 손상시키거나 망쳐버린다. 이러한 행동은 승리의 느낌을 주고 힘과 통제에 대한 끊임없는 갈증을 풀어준다. 먹고 먹히는 세상에 살고 있다고 믿는 아동에게 이런 복수는 물론 정당한 것으로 여겨진다.

때로는 아동이 저지르는 충격적인 행동들은 그들 자신들이 받았던 상처에 대한 놀라운 은유들이다. 마찬가지로 일부 기물파손 행위는 은유적인 의사소통의 의미를 갖는다. 불행히도 많은 어른들은 이러한 소통의 의미를 읽지 못하고 처벌을 한다. 여기 두 개의 사례가 있다.

사이먼, 8세

새 남자동생이 태어났을 때 사이먼은 동생에 대한 질투 때문에 극심한 고통을 받았다. 갓난아기에게 몰두한 엄마는 자신의 무릎을 차지하려고 밀치는 사이먼의 절망과 상처를 알지 못했다. 사실 그녀는 연민을 보이기보다 화를 냈다. 그녀는 어느 날 학교에 불려갔고, 사이먼이 어린 아이들을 괴롭힌다는 이야기를 들었다. 그는 또 다른 아이들에게서 물건을 훔쳤고 특히 그가 좋아하는 여선생님의 핸드백에서 물건을 훔치다가 발각되었다. 사이먼의 엄마는 엄청난 충격을 받았다.

치료에서 사이먼은 자신의 도벽을 정당한 것으로 느끼고 있음이 드러났다. 마음속에서 그는 동생이 엄마의 사랑을 훔쳐갔으므로 그것을 되찾아와야 한다고 믿고 있었다. 치료의 도움으로 그는 증오에서 벗어나 자신의 마음의 상처를 볼 수 있었다. 부모-아동 치료에서 치료자는 동생이 태어난 후 엄마가 더 이상 사이먼을 원하지 않는 것처럼 보였을 때 그가 받았던 절망적인 상처에 대해 인식하도록 엄마를 도와주었다. 엄마의 사랑이 없을 때, 세상은 그에게 추하고 두렵고 먹고 먹히는 곳이 되었다. 그에게는 다른 사람에게 힘을 과시할 때 느끼는 흥분만이 유일한 위안이었다.

젬마, 10세

어느 날 밤 젬마의 아버지는 작별인사도 없이 영영 집을 나가버렸다. 그러자 그의 엄마는 무너져 내렸고 신경쇠약에 걸렸다. 젬마는 엄마가 회복되는 동안 잠시 아동보호소에 맡겨졌다. 젬마의 비극적인 상실과 버려졌다는 느낌은 (도움 없이는 도저히 감당하기 힘든) 곧 증오로 변했다. 아무도 젬마가 슬퍼하도록 도와주지 않았다. 그녀는 거칠고 분노하는 아동이 되었다. 그녀는 온갖 비행으로 자신의 감정을 드러내곤 했는데 한 가지 특이한 것이 있었다. 밤에 일어나 집안의 모든 가구들을 해체하는 강박행동이 그것이다. 그녀는 모든 나사들을 빼내어 던져버렸다. 그래서 그녀의 가정처럼 가구들이 해체되었다. 아동보호소 사람들은 불같이 화를 냈는데, 그것은 세상이 먹고 먹히는 곳이라는 젬마의 믿음을 확인시켜줄 뿐이었다.

사이먼과 젬마에게서 볼 수 있듯이, 상처 때문에 증오를 갖게 된 아이의 주된 보복 대상은 자신에게 **실제로** 상처를 준 사람이 아니다. 그 사람에게 해를 끼치는 일은 너무 위험하기 때문에 실행에 옮기지 못하거나 그 사람을 향한 증오는 부인되거나 전치된다. 실제로 사이먼이 치료를 받기 전까지는 자신이 엄마에 대한 분노 때문에 다른 사람들에게서 물건을 훔친다는 것을 알지 못했고, 젬마도 자신이 가정을 깬 부모에게 격렬하게 분노하고 있다는 것을 알지 못했다.

통계

지난 일 년 동안 학교에서 퇴학당한 아동의 23%는 총을 소지했고, 44%는 칼을 지니고 있는 것으로 드러났다. 퇴학당한 아동이 저지르는 가장 흔한 범죄는 싸움(64%), 좀도둑질(58%), 상해(58%), 낙서(55%), 무기소지(50%) 그리고 마약 구입(47%)이었다. (MORI, 2001)

*MORI(Market and Opinion Research Institute): 미 · 영 합작의 시장조사 여론기관(역주)

살인의 황홀함이여! 타인의 쏟아지는 피에서 빌려온 그 해방감과 날개들! 어두운 홈통을 따라서 서서히 흘러가라. 너는 피로 가득 채운 풍선이 되는 것이 어떤가! 내가 그 위에 짓누르고 앉으면, 너는 완전히 사라질 텐데.
(카프카, 1981, p214)

증오하는 아동이 인간관계에 대해 공유하고 있는 믿음

☆ 그들로부터 내가 뭔가 받고 싶은 사람들은 나를 유혹하고 통제하고 조종하려 든다.

☆ 사람들은 내가 원하는 것을 주기 위해 존재한다.

☆ 사람들이 관계하는 방식은 주로 힘과 통제이다.

☆ '효과적인 방법을 발견했어. 나는 나 자신을 믿어. 나는 그들을 조종하고 유혹하지만 기본적으로는 나 자신을 믿어.'

☆ '왜 내가 다른 사람의 감정에 신경 써야 하지? 아무도 내 감정에 신경 쓰지 않는데.'

☆ '당신은 나를 좋아하지 않는 것 같아. 그게 당신을 미워하게 만들어. 당신이 나를 좋아하지 않기 때문에 나는 당신을 미워해. 그러니까 이제 당신은 필요 없어.'

☆ '내가 미움을 받는다면, 좀 더 미워하도록 다른 사람을 자극할 수도 있지. 그것은 내가 영향력이 있다는 걸 보여주거든. 그럴 때 강한 힘을 느껴. 그들이 폭발하는 것을 보는 게 재미있어. 내가 그렇게 만들었거든!'

증오하는 아동이 인간관계에 대해 모르고 있는 것

증오하는 아동은 대체로 다음의 사실들을 알지 못한다.

☆ 다른 사람을 친절하게 대해주는 것 그 자체가 그리고 그 친절이 다른 사람을 따뜻하게 해주는 것이 멋진 일이라는 것.

☆ 다른 사람에게 관대하게 대해주는 데서 오는 즐거움.

☆ 다른 사람이 즐거워하는 것을 보면서 즐거워지는 멋진 감정. 예컨대 '우리 함께 모래성을 만들자,' '그래, 좋아!' 또는 '함께 달나라 여행놀이를 하자,' '좋아, 함께 해보자!' 등과 같이, 다른 사람을 누르는 힘이 아니라 다른 사람과 함께 하는 창조적인 힘.

☆ 기쁨을 공유하는 상태.

☆ 힘과 통제에 기초한 상호작용은 단지 인간의 상호작용들 중 한 가지 방식에 지나지 않으며, 그것은 인간을 발달시키거나 풍요롭게 하지 못하고 자신과 세상에 대해 만족감과 평화를 느끼지 못하게 하는 최악의 방식이라는 것.

☆ 주된 상호작용 양태가 지배와 복종일 때, 그것은 마치 세상의 아름다움을 알지 못한 채 밑바닥에서 비굴하게 일생을 보내는 것과 같다는 것.

☆ 진정으로 이해해주는 사람에게 자신의 깊은 상처를 이야기하는 것이 커다란 위안을 주고, 인간성 회복에 필요한 애도의 눈물을 흘리게 하며, 다시금 사람들을 따뜻하게 맞이할 수 있게 한다는 것.

☆ 두 사람이 용기를 내어 서로의 정서적인 취약점을 나누는 순간에 경험하는, 연결되어 있다는 느낌은 매우 감동적이고 아름다운 것일 수 있다는 것.

☆ 힘과 통제에 의한 인간관계에 마음을 쏟는 동안, 가장 즐겁게 지낼 수 있는 방법들을 놓치고 있다는 것.

☆ 인간관계를 지나치게 힘과 통제의 문제로 보는 동안, 개인의 정서발달은 완전히 정지한 상태라는 것.

이처럼 증오에 갇힌 아동은 너무나 많은 것을 놓친다. 이들은 더 이상의 상처를 막으려다가 인간관계의 모든 사랑스러운 것들도 함께 막아버린다. 이들은 삶의 풍요로움을 너무 많이 상실한다. 이런 비유가 적절할 것이다. 모든 사람들을 위한 궁전이 있는데, 거기에는 성대한 연회가 열리고 있다. 거기에는 누구나 즐길 수 있을 만큼 모든 것이 풍족하며 또한 항상 열려있다. 그러나 증오에 갇힌 아동은 결코 그 연회에 가지 않는다. 그는 현관에 있는 화장실에서 낙서를 하느라고 바쁘다. 이러한 비유는 다음의 메시지를 담고 있다. 귀중한 심리적 에너지를 방어하는 일에만 쏟아 붓는다면, 결코 풍족한 삶의 열매들을 맺을 수 없다.

삶에 온전히 참여한다는 것은 필수적으로 다른 사람들을 향해 과감하게 자신을 개방하고, 상처를 느끼고, 보여주고, 수용하고, 믿고, 위로를 받아들이고, 편안해지고, 사랑하고, 요구하고, 사람들(선의를 보이는)로 하여금 참여하게 만드는 것 등을 포함하는 것이다.

더욱이 사람들을 물리치기 위한 가시 돋친 방어들은 막대한 정서적인 에너지와 주의력을 소진시킨다. 이것들은 훨씬 더 창의적으로 사용될 수 있는 에너지들을 탕진해버린다. 시걸은 이렇게 말한다.

> 다른 사람들로 하여금 자신의 세계에 기여할 수 있게 허용하는 능력이야말로 창의성의 필수적인 요소이다. (1985, p47)

증오에 갇힌 많은 아동은 살벌한 관계의 세계만을 본다. 그들은 친절히 대해주고 안아주고 위로해주는 관계 세계를 알지 못한다. 그들이 후자를 어렴풋이 보거나 잠깐 동안 감히 모험을 한다 해도, 그들은 대개 그런 관계로부터 어떻게 유익을 얻어야 할지 알지 못한다. 그들은 결국 그것을 힘과 통제의 관계로 몰고 가서 망쳐버리고 만다. 휴즈는 너무 잔인한 부모로 인해 증오에 갇힌 일곱 살 된 소녀에 관해 다음과 같이 말한다.

> [생애] 첫 5년 동안 그녀를 안거나 포옹해주기를 원하는 사람이 아무도 없었다. 그 중 마지막 2년간은 그녀 자신도 그렇게 해주기를 원치 않았다.
> (휴즈, 1998, p80)

증오에 갇힌 아동과 같이 지내기

> 엄마는 아이를 역겹게 바라보면서 전혀 손을 대지 않든지 아니면 아이의 두 팔을 꽉 잡아 조이기 쉬울 것이다. 그녀가 케이티에게 그렇게 한다면, 그것은 케이티에게 '너는 나쁜 아이이고 아무도 너를 신경 쓰지 않는다'고 말하는 것과 같다. 그리고 그것은 케이티에게 그녀의 자기증오가 정당한 것이라고 말하는 것과도 같다. 그녀는 케이티에게 별 도움이 되지 않았다. 그녀는 케이티가 자신의 행동에 대해 엄청난 수치심을 갖고 있다는 것을 알고 있었다. 그녀는 케이티를 거부할 것이 아니라 그녀와의 유대를 재확립하도록 노력해야만 했다.
> (휴즈, 1998, p149)

분노하거나 증오에 찬 아동을 바라보면서 마음이 움직이거나 '참 안됐다. 이 아이한테 뭔가 굉장히 나쁜 일이 일어났구나.' '이 아이가 이런 지배와 복종의 관계에 빠진 걸 보니 많이 힘들고 고통스러웠던 게야'라고 생각하는 사람은 많지 않다. 왜냐하면 이런 아동은 타인에게서 냉정하고 분노에 찬 반응을 불러내기 때문이다. 그런데 문제는 그러한 반응들이 다시금 그들의 방어를 강화시킨다는 점이다. 사실 증오에 갇힌 아동을 미워하는 일은 특히 그에게 어떤 일이 일어났는지 혹은 무엇이 그토록 격렬한 방어를 선택하도록 그를 몰아갔는지에 대해서 알지 못할 때 가장 쉽게 일어난다.

도움을 받지 않을 경우, 증오에 갇힌 아동은 점점 더 다가가기 힘들게 되고, 결국 사람들은 그들에게 접촉하거나 연결하려는 시도를 완전히 그만두게 된다. 그런 선한 시도들이 번번이 심한 힘겨루기나 철저한 공격을 당하게 되는데 구태여 그런 짓을 왜 계속하겠는가? 다음은 증오에 갇힌 아동과 시간을 보내는 사람들에게서 볼 수 있는 공통적인 반응들이다.

☆ 그들은 당신이 '너는 나쁜 애구나. 그래서 나도 기분이 나빠. 한심한 세상이군'이라고 느끼게 만든다.

☆ 그들과 진정한 정서적 유대를 맺을 수 없다. 그들은 사람을 결코 진정으로 받아들이지 않는 것 같다. 어느 한 교사는 '이 아이에 대한 이야기를 들었을 때 나는 그에게 다가갈 수 있다고 확신했었지요. 그런데 슬프게도 아니었어요. 나는 어디서부터 어떻게 시작해야 할지 모르겠어요'라고 말했다.

☆ 그들은 정확히 어떻게 해야 어른들이 화가 나는지를 꿰뚫고 있는 것 같다.

☆ 증오하는 아동의 '막강한 정서적 요새'(맥두걸, 1989)는 거절 받는 느낌을 불러일으키기 때문에, 당신은 '평생 감옥에서 썩든 길거리를 방황하든, 내가 상관하나 봐라!' 하면서 그들을 포기하고 떠나고 싶어질 수 있다 .

☆ 이런 아동은 매우 매력적일 수 있지만, 그것은 학습된 매력이다. 그것이 당신을 향한 진정한 따스함인지를 생각해 보면, 당신은 그 목적이 무언가를 얻어내거나 당신을 조종하기 위해서라는 것을 알게 된다.

☆ '때로 그와 함께 있을 때, 나는 마치 놀이공원에 있는 거울로 된 미로에서 누군가를 찾고 있는 것과도 같다. 그가 보이고, 그래서 그를 잡으려고 하지만, 그것은 단지 거울에 비친 상일뿐, 나의 손은 그에게 닿지 않는다. 하지만 나는 그가 그곳 어딘가에 있다는 것을 안다 … 어떻게 당신은 거울을 깨뜨리지 않고서 그에게 도달할 것인가?' (영화 '사랑의 기적,' 글렌 조단 감독, 1979)

왜 이런 아동에게는 단순히 사랑과 친절과 관심을 부어줄 수 없는가?

정말로 증오에 갇힌 아동에게는 사랑을 퍼부어줄 수 없다. 왜냐하면 우리가 알고 있듯이, 이들 대부분은 사랑으로부터 혹은 좋아해주기를 바라는 어떤 소망으로부터 스스로를 차단하고 있기 때문이다. 이는 과거에 그들이 누군가를 사랑**했을** 때 엄청나게 큰 고통을 경험했었기 때문이다. 단순히 친절함과 관심만으로는 증오하는 아동의 마음을

'녹이지' 못한다. 이런 아동에게 누군가가 사랑과 관심을 보이면서 접근한다면, 그것은 그에게서 과거의 위험에 대한 연상을 자극할 수 있다. 예를 들어서, 가장 취약했던 시기에 경험했던 부모에게 배신을 당했다는 느낌에 대한 기억들이 되살아날 수 있다. 이런 이유로 어른이 보이는 현재의 친절함과 관심은 공격으로 느껴질 수 있다. **내가 당했던 오래전의 끔찍스런 일을 감히 되살려내다니!**

위협으로 느껴지는 친절

> 네 맘대로 해보라. 눈먼 큐피드여! 나는 사랑하지 않을 것이다.
> (**리어왕**, I.xx.v132)

이런 아동은 친절함과 관심을 신뢰하지 못한다. 그들은 단지 '이 사람들이 나를 속이려고 하는구나. 조심해야지. 뭔가가 있어. 이들은 나를 조종하려고 그러는 거야'라고 생각할 수 있다. 친절한 사람들은 뭔가를 얻어내기 위해서 그렇게 하는 거라고 믿는다. 이들은 진정으로 선의를 가진 상호작용을 힘과 조종과 통제라는 관점에서 해석한다.

증오에 갇힌 아동은 자신들이 친절함이나 관심에 대해 방어하고 있다는 것을 전혀 알지 못한다. 이들은 자신들이 따뜻한 인간관계를 신뢰하지 못하는 비극적인 문제를 갖고 있다는 것을 알지 못한다. 이들은 자신들이 가시가 돋쳤거나 공격적인 성격을 가졌다고만 생각할 것이다. 앞에서 보았듯이, 이것은 그들이 다른 사람을 신뢰하는 위험을 감수할 수 없기 때문이다. 이들에게 복종과 취약함은 너무 위험한 것이다. 이것들은 그들을 또 다시 무력감에 직면하게 할 것이기 때문이다. 인간적인 친절함과 관심은 희망을 자극할 것이지만, 증오에 갇힌 아동에게 희망과 기대란 아주 위험한 것일 수 있다.

샐리, 12세

샐리는 종종 동물들에게 상처를 입혔다. 그녀는 아버지의 죽음으로 엄마가 우울증에 빠지자 몹시 상처를 입었다고 느꼈다. 치료에 의뢰되었을 때, 샐리는 친절함과 관심을 보이는 치료자에게 '선생님은 바보 같은 자선가에요. 그냥 돈 때문에 하시는 거잖아요'라고 말했다. 그녀는 다시 한 번 사랑에 대한 희망을 갖는 것이 몹시 두려웠는데, 그것은 그녀가 부모 모두에게서 버림받았던 것처럼 그리고 그들에 대한 사랑이 배신을 당했던 것처럼 치료자에게서도 버림을 받을 것이라는 생각 때문이었다.

애착 유대의 형성: 깊이 고통 받는 아동에게 사랑 일깨우기의 저자인 댄 휴즈는 증오에 갇힌 아동과 여러 해 동안 작업해왔다. 그의 어린 환자들은 대부분 끔찍한 고통을 경험했고, 안전을 위해 부모로부터 격리되어 있었다. 어떤 남자아이의 새 양부모는 그의 생일이 다가오자, '선물을 듬뿍 안겨줘야지. 그의 고통을 보상해줘야 해. 그에게 멋진 생일파티를 해줘야지'라고 생각했다. 댄은 그들에게 너무 이르다고 말해주었지만, 그들은 '말도 안 된다'고 생각했다. 파티는 계획되었고 친구들은 초대되었다. 그러나 생일날 그 입양된 아이는 파티에 초대된 모든 아이들을 때렸다. 그것은 파티가 아니었다. 댄은 이 아이의 심리상태가 아직은 친절함을 '사용'할 수 있을 만큼 건강하지 않다는 것을 알고 있었다.

13살 된 테리는 엄마가 그를 돌볼 수 없을 만큼 심한 우울증을 앓는 문제로 보호시설에 위탁되었다. 그의 생일날 사회복지사는 그에게 카세트 플레이어를 선물했다. 그는 음악을 아주 좋아했기 때문에 기뻐했다. 그러나 그 다음 날 테리는 그 카세트 플레이어를 때려 부쉈다.

테리나 댄 휴즈가 돌보았던 소년에게 친절함은 너무 큰 희망(배신당할 게 뻔한)을 불러일으켰다. 그래서 그들은 그 친절함과 관심을 공격해야만 했다. 왜냐하면 그것들은 너무 큰 두려움을 자극하기 때문이다. 시걸은 다음과 같이 설득력 있게 말한다.

> 애정 어린 사람이 주는 희망에 대한 희미한 빛은 한 번도 지속적인 사랑을 받아보지 못한 사람에게는 벅찬 것으로 보일 수 있을 것이다 … 이런 경우, 약간의 선한 기미조차도 그것이 박탈되었을 때의 분노나 고통을 일깨우기 때문에, 그는 이 희망이 정말 확실한 것인지를 시험하기 위해 그것을 부수려들 것이다. (시걸, 1985, p87)

그러므로 친절함이 '공포'를 자극할 때 그런 개인은 자신이 과거처럼 어차피 배신하고 떠날 사람을 또 다시 믿기 시작한 것은 아닌가하고 불안해할 수 있다. 앞의 사례들에서처럼, 아동은 그것을 다시 잃어버릴지도 모른다는 두려움 때문에 친절함을 파괴하려고 시도한다. 그들의 마음속에서 친절함이나 관심을 보이는 사람은 누구나 위험을 숨기고 있는 위장된 이미지와 연결되게 된다. '이들도 나를 배신할 거야. 이들은 나를 실망시킬 거야. 그래서 벌써부터 난 이들이 미워'라고 생각할 수 있다. 호나이는 다음과 같이 말한다.

> 그는 '내가 그 사람을 믿을 수만 있다면!' 하고 말할지 모른다. 그러나 자신의 모든 것을 혐오스런 바퀴벌레나 쥐처럼 여기는 사람이 어떻게 타인을 신뢰하기를 기대할 수 있겠는가! (호나이, 1992, p198)

사랑의 상처로 인해 너무 많은 고통을 경험한 아동은 따스한 인간의 반응을, 그들이 한때 소유했었지만 비극적으로 상실한 것에 스포트라이트를 비추는 것으로 느낄 수 있다. 그 결과 이들은 자신들에게 내미는 사랑의 손길을 망치거나 손상시키거나 파괴하거나 멀리 쫓아버리려고 한다. 그들은 결코 만찬을 즐기지 못한다. 젬마는 자신의 친엄마에게 버림을 받은 후, 양 엄마에게 '저를 사랑하지 마세요. 그건 너무나 무서우니까요'라고 말했다.

게다가 증오에 갇힌 아동은 흔히 자신을 슬픈 아이가 아니라 나쁜 아이라고 여긴다. 이렇게 형편없는 그의 자기상은 타인의 친절함에 대한 불신을 더욱 악화시킨다. 그는 주어진 친절과 관심이 거짓이라고 의심하거나, 자신을 사랑하는 사람은 실제로 자신이 얼마나 형편없는지를 모르고 있다고 생각한다. 만약 당신이 자신을 무가치하게 느낀다면, 거절이 친절보다 훨씬 더 편하게 느껴질 것이다. '나에게 사랑받을 만한 게 있던가? 이 친절은 못되고 역겨운 내게는 어울리지 않아. 이 사랑에 문제가 있거나 아니면 나를 사랑하는 이 사람에게 문제가 있는 게 틀림없어'라고 생각한다. 이런 아동은 난생 처음으로 달콤한 자기 가치감을 맛보게 해줄 바로 그것을 스스로 물리치고 있는 것이다.

사이먼, 12세

지배와 복종 관계에 갇혀있는 아동인 사이먼은 '나는 내게 온갖 따스함과 좋은 것을 주는 사람을 조금도 믿지 않아요. 나에 대해 알게 되면, 멀리 떠나버릴 걸요'라고 말했다.

마지막으로, 어떤 아동은 다른 사람이 베푸는 친절에 대한 동기를 불신하는 쪽으로 해석한다. 그들은 친절한 태도를 힘의 논리로 바라보면서, 친절함이나 관심 또는 연결의 시도를 받아들이는 것은 결국 자신들의 힘을 넘겨주는 것이라고 생각한다. 이런 아동에게 타인의 친절은 꾸밈없는 감사의 반응을 필요로 하는 것이 아니다. 그것은 지뢰밭이다!

"나는 친절을 받아들일 수 없지만, 그렇게 할 수 있는 아이들을 보면 마음이 아파요"

> 그녀는 스스로 즐기려고 애쓰는 사람들에 대한 경멸을 햄버거 안의 배설물이라는 말로 익살스럽게 표현했다. 그녀는 서로 주고받는 즐거움에서 늘 배제되었고, 그것을 참을 수가 없었다. (휴즈, 1998, p68)

친절과 관심을 헐뜯거나 망쳐버리는 증오에 갇힌 아동에게는 하나의 주된 문제가 있다. 그것은 사람들을 신뢰하고, 자신과 다른 사람을 충분히 좋다고 느끼고, 미소와 칭찬과 친절한 말과 같은 호의적인 제안을 받아들이고, 그래서 명백하게 유익을 얻는 아이들을 그들이 바라보아야 하는 것이다. 자신들은 얻을 수 없다고 느끼는 것들을 얻고 있는 다른 아이들을 목격하는 것은 무척 고통스러운 일일 수 있다. 이는 '내가 그것을 가질 수 없다면, 그들도 가져서는 안 되지. 그들이 가진 것을 파괴할 거야'라는 충동을 자극할 수 있다. 그리고 그 충동은 곧바로 행동으로 옮겨질 수도 있다. 다른 아이가 보고 있지 않거나 때로는 보고 있는 동안에, 이들은 그 아이가 보물처럼 여기는 사진이나 장난감을 훔치거나 숨기거나 망가뜨릴 수 있다.

매력적이고 따뜻하며 우호적인, 멋진 형태의 인간관계를 즐기는 아동은 증오에 갇힌 아동의 일차적인 표적이 된다. 도스토예프스키는 그의 소설 백치에서 다음과 같이 말한다.

> 그는 다른 사람들이 행복해하는 것을 용서할 수가 없었다. 그는 '그들의 기쁨'을 짓뭉개야만 했다. (도스토예프스키, 1996, p82)

위협으로 느껴지는 도움

같은 이유로 도움 역시 친절만큼이나 깊은 불신을 받을 수 있다. 여기에는 좀 더 복잡한 역동이 포함되어 있다. 흔히 아동은 전혀 의식하지 못한 채, 다음과 같이 생각할 수 있다. '나는 당신이 나를 돕는 일에 성공하도록 놔둘 수가 없어. 당신이 성공하면 내 기분은 나빠지거든. 나는 당신이 당신 자신에 대해 더 좋게 느끼도록 허용하고 싶지 않아. 당신에 비해 나는 너무 나쁘다고 느껴지거든' 또는 '나는 이렇게 나쁜데 어떻게 당신은 내게 나눠줄 수 있을 정도로 충분히 좋은 것을 갖고 있는 거지? 그것은 나쁘다는 나의 느낌을 강조할 뿐이야' 또는 '당신의 그 모든 선함에 비해 내가 나쁘다고 느껴지기 때문에 당신이 주는 것을 받을 수가 없어.'

이처럼 자신이 냉혹하거나 불친절하다는 것을 잘 알기 때문에 자신이 나쁘다고 생각하는 아동의 눈에는, 친절한 도움이 자신의 무능력을 상기시키는 위협으로 보일 수 있다.

피터, 5세

피터가 만난 상냥한 치료사는 그에게 따뜻함과 관심을 보여주었으며 피터의 숨은 고통에 대해 정확하게 공감하고 있었다. (피터는 엄마가 그를 미워한다고 믿었기 때문에 삶에 대해 증오의 태도를 취하였다.) 치료사가 공감하는 말을 하려고 할 때마다 피터는 커다란 목소리로 '어쩌구 저쩌구' 하며 소리를 질렀다. 만일 이런 방해행동 뒤에 있는 숨은 동기를 이해하지 못한다면 그것은 증오에 갇힌 아동을 도우려는 사람에게 매우 상처가 될 것이다. 치료사는 특히, 진전을 보이던 아동이 갑자기 거부반응을 보이고 자신의 물건을 훔치거나 자신을 혐오스럽게 볼 때 혼란스러워하거나 당황하게 될 것이다! 치료사는 이를 당연한 것으로 받아들일 필요가 있다.

과거에 어른들의 도움에 대한 희망이 지독하게 좌절되었던 아동은 다른 사람의 도움을 거부할 것이다. 필요한 순간에 도움을 받지 못했던 증오에 갇힌 일부 아동은 지금 다시 희망을 갖기가 어렵다. 시걸은 이것을 다음과 같이 말하고 있다.

> 전적으로 손상을 입은 박해적인 세상에서 도와주는 사람이 아무도 없다고 느낄 때, 자신에게 '다가오려는' 시도는 모두 폭력적인 공격으로 경험되며, 따라서 도움은 격렬하게 거부된다. (1985, p171)

아동들 사이에 널리 퍼져 있는 폭력성

2000년도에 이루어진 조사에 의하면, 잉글랜드와 웨일즈 학생의 3분의 1이 지난 12개월간 괴롭힘을 당한 것으로 드러났다. 조사에 참가한 청소년의 4분의 1은 학교에서 위협을 당했으며, 13%는 공격을 당했는데 남학생이 여학생보다 세 배가 많았다. 11명 중 한 명은 폭력에 대한 두려움으로 수업에 빠진 적이 있다고 말했다. (MORI, 2000) 2,610명의 아동을 면담하였으며, 2000년도 4월 17일 자 타임즈 지에 '지난 해 학생 중 3분의 1이 괴롭힘을 당하다'라는 제목으로 게재되었다. (MORI, 2000)[2]

2 2,610명의 아동들을 면담하였으며, 2000년도 4월 17일 자 타임즈 지에 '지난 해 학생 중 3분의 1이 괴롭힘을 당하다'라는 제목으로 게재되었다.

증오에 갇힌 아동의 이해

> 내가 설령 백 개의 혀와 백 개의 입술과 철 목청과 황동 가슴을 가졌을지라도,
> 인간의 헤아릴 수 없이 많은 고통을 다 이야기할 수는 없다.
> (버질, 1934, 11, 44)

증오에 갇힌 아동의 신경생물학과 생리학

> 증오는 '인지적으로 표현된' 분노회로이다. (팬크셉, 1998, p191)

대부분의 경우에 증오는 가라앉은 분노, 즉 시간이 지나면서 굳어지고 심화된 분노이다. 달리 말해서, 증오는 종종 하부 뇌의 분노회로에 의해 제공된 연료에다 상부 뇌의 온갖 생각과 감정이 더해진 것이다. 아동은 그 감정을 증오로 인식하면서, 그것이 한때 자신이 느꼈던 분노였다는 것조차 모를 것이다.

뇌 스캔 검사는 증오에서 오는 인간의 잔혹한 행동에는 상부 뇌의 생각하는 부분, 즉 상부 피질이 관련되어 있다는 사실을 보여준다. 이는 충동적으로 공격을 가하는 분노와는 다르다. 레이니(Raine et al., 1997)는 뇌 스캔 연구를 통해서 인간이 충동적인 분노로 공격할 때는 하부(포유류) 뇌에서 전기 활동이 활발한 반면 상부 뇌에서는 훨씬 적다는 것을 보여주었다.

더욱이, 아동이 냉정하고 계획적으로 잔혹한 행동을 할 때 그의 신체는 낮은 각성 상태에 머물러 있다(쉬고 있을 때의 심박수를 보이며 매우 신중하다). 이것은 또한 분노로 인해 공격하는 아동과는 다른데, 분노의 경우는 신체가 높은 각성 상태, 즉 초각성의 상태에 있다. 신경생물학자들은 또한 정신병리적인 행동을 보이는 아동과 성인들에게서 편도체 (공포와 위협을 기록하는 하부 뇌의 해부학적인 구조물)가 쉽사리 점화된다는 것을 발견했다. 이것은 아동이 위급함을 느끼지 않아도 동물이나 사람을 다치게 하거나 죽일 수 있다는 것을 의미한다. 아동이 그처럼 아무렇지도 않게 소름끼치도록 잔인한 행동을 저지를 수 있게 하는 것은, 낮은 신체적 각성 상태와 편도체의 섣부른 점화 그리고 전두엽의 활성화(상부 뇌의 모든 계산적인 사고와 계획을 보여주는)가 상승작용을 일으킨 결과이다.

감정을 차단함으로써 더 심화되는 잔인성

너는 내가 울 거라고 생각하겠지
하지만 나는 울지 않을 것이다
[질풍노도를 마음에 품고]
흐느낄 이유들은 많지만
내 마음은 수만 개의 조각들로 깨어질 것이다
아니면 울기도 전에 - 오, 바보! 나는 미쳐버릴 것이다!

(**리어 왕**, I. vii.441-4)

우리가 아는 바와 같이, 감정을 차단하는 것은 신체 반응을 차단하는 것을 의미한다. 우리는 감정을 접수하고 증폭시키는 '신체-뇌'의 활동에 관해 말하고 있다. 달리 말해서, 각성된 신체 상태는 뇌에 지각된 정서를 증폭시킨다. 대조적으로, 신체 반응이 침묵한다면 감정은 뇌에 훨씬 더 미미하게 지각될 것이다. 어떻게 이것이 가능한가?

상처를 방어하고 있는 증오하는 아동이 감정을 방어할 때, 그는 무의식적으로 자신의 창자 근육을 긴장시킨다. 이것을 일컬어 '근육 무장'이라고 한다. 창자 근육의 긴장은 신체에서 뇌로 혹은 뇌에서 신체로 흐르는 정서화학물질의 흐름을 차단한다. 신경생물학자들은 뇌와 창자의 상호작용에 관한 많은 연구결과들을 내놓았다. 그들은 창자가 신경줄기로 채워져 있어서 감정을 포착하고 증폭시키며 그것에 대한 정보를 뇌로 보낸다는 점에서, 창자를 제2의 뇌라고 불렀다. 이는 '장뇌(腸惱)'-enteric brain 창자의 뇌-라고 알려져 있다. 그러므로 뇌에서 신체로 그리고 신체에서 뇌로 가는 정서화학물질의 흐름이 막힌, 증오하는 아동은 자신은 아무래도 괜찮고 결코 깊은 상처를 받지 않는다고 느낄 수 있다.

이에 대한 전형적인 사례로서, 기숙학교로 보내진 8살 난 소년의 예가 있다. 시간이 조금 지나자 그는 더 이상 울지 않았다. 그는 무의식적으로 창자를 긴장시켰기 때문이다. 그는 자신이 감정을 방어하고 있다는 것을 전혀 알지 못한 채, 여러 해 동안 근육 무장의 상태로 지냈다. 창자가 긴장 상태에 있는 동안에는 슬픔으로 울부짖는 것이 신체적으로 불가능해진다. 그는 눈물을 흘릴 수는 있지만 주저앉아서 흐느낄 수는 없다. 그는 사실상 노래도 부를 수가 없는데, 그것은 복부 깊이에서 나오는 노래를 부르기 위해서는 무장하지 않은 내장을 필요로 하기 때문이다.

샐리, 7세

샐리는 보스니아 난민이었다. 보스니아에 있을 때 샐리는 노래부르는 것을 좋아했었다. 전쟁으로 집을 잃고 영국으로 이주해야 했던 그녀는 감정을 방어했고 마음이 굳어졌다. 그녀는 고향 집과 조국과 친구와 친척들을 잃은 것에 대해서 울지 않았다. 그녀의 부모들도 상실감을 느끼는 것을 매우 두려워했기 때문에 샐리를 도와줄 수가 없었다. 포샤는 다음과 같이 말한다.

> 돌보는 사람과의 의사소통이 제한되면, 그 개인은 결국 경험과 주의력 그리고 내면세계의 사적인 자유까지도 제한받게 된다.
> (포샤, 2000, p40)

학교는 그녀가 다른 아동을 괴롭히기 시작했다고 보고했다. 샐리의 엄마는 이해할 수 없었다. 샐리는 집에서 너무 사랑스러운 아이였기 때문이었다. 또 다른 놀라운 사실은 샐리가 영국에 온 후로 더 이상 노래를 부를 수가 없게 되었다는 것이다. 그녀는 합창단에 들어갔지만 웬일인지 목소리가 나오지 않았다.

어느 날 새로 온 음악교사가 샐리에게 무언가가 막혀 있음을 알아차리고, 샐리에게 개인교습을 시켰다. 그 교사에게 깊은 안도감을 느낀 샐리는 어느 날 갑자기 복부 깊은 데서 나오는 목소리를 되찾았다. 그러나 노래를 부르기 시작하자마자(횡격막 근육이 이완되자) 그녀는 울음을 터뜨렸다. 그녀는 남은 시간 내내 그 교사의 팔에 안겨서 흐느껴 울었다. 다른 교사들도 그녀의 극적인 변화를 보고했다. 무자비했던 샐리가 곤경에 처한 아동에게 친절함을 보이기 시작한 것이었다. 그녀는 종종 책상에 앉아서 진지하게 생각하는 모습을 보였다.

해리 - 궁극적인 차단

> 해리란 존재하지 않음과 경험하지 않음이라는 익숙한 방식으로의 퇴행이다.
> (포샤, 2000, p177)

가장 극단적인 형태의 강력한 억제는 해리(낮은 신체적 각성 상태와 신체적인 감정의 기록을 차단하는 것)이다. 인간은 모두 스트레스를 충분히 감당하고 통제할 수 없을 때, 즉 위로받고 진정되고 이해받을 수 없을 때, 그것을 해리시킨다. 낮은 신체적 각성과 마찬가지로, 해리 상태에서도 정신은 심리적인 고통을 다루기 위해 마비를 가져오는 오피오이드를 분비시킨다. 이럴 때는 자신이나 타인에게 온갖 끔찍한 일들을 하고서도 거의 아무런 느낌을 갖지 않는다. 그림 26은 증오에 갇힌 냉정한 아동의 해리상태를 보여준다. 냉정하게 차단하는 아동의 방어가 깨어질 때, 즉 그의 신체적인 무장이 해제될 때, 그가 어떻게 초각성 상태로 옮겨가는지를 주목하라. 그의 방어들이 더 이상 작동하지 않을 경우, 모든 비탄과 공포와 분노가 분출해 나올 수 있다.

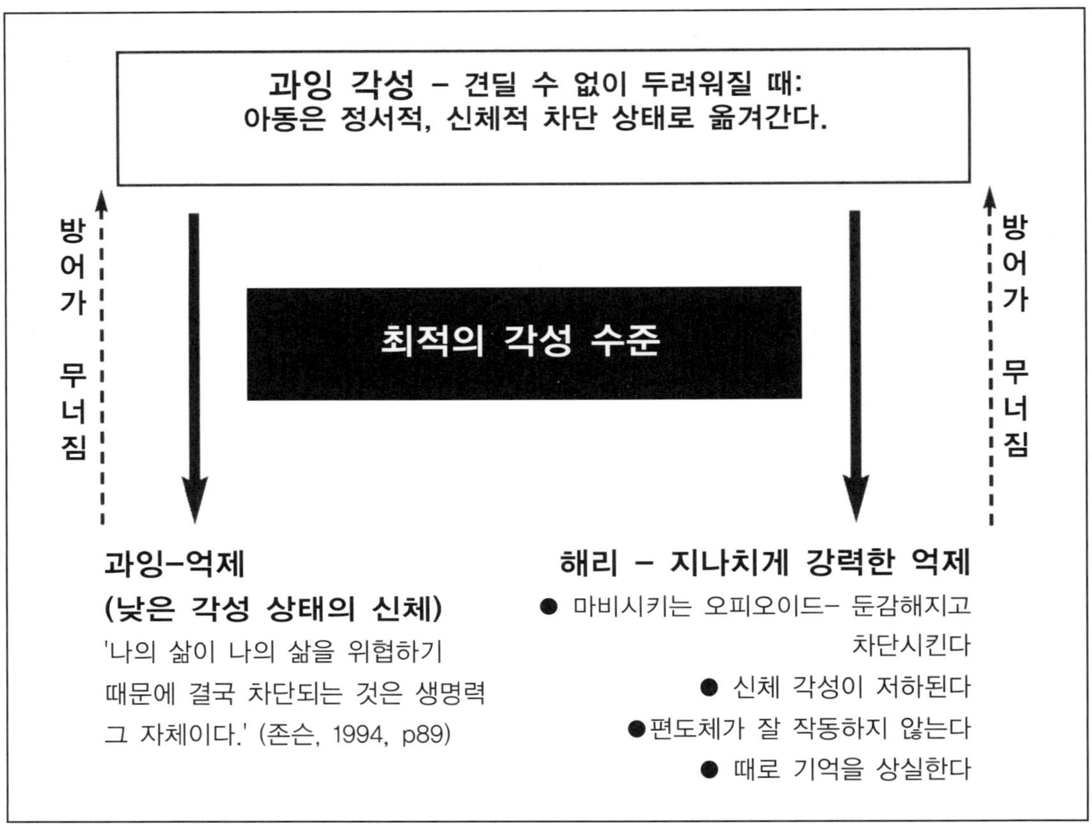

그림 26 각성의 강렬함이 두렵게 느껴질 때의 방어들

상처가 증오가 되는 과정

증오에 갇힌 아동은 심한 마음의 상처를 입었지만, 그 고통을 충분히 아파할 수 있도록 도움을 받지 못했던 아동이다. 그런 점에서 증오는 정서적인 고통에 대한 방어라고 볼 수 있다. 증오에 갇힌 아동은 그들의 고통에 진심으로 경청해주고 공감해주는 누군가에게 이야기 할 수 있는 기회를 갖지 못했다. 그 결과 그들은 상처로 인한 고통을 차단하고 증오로 옮겨간 것이다. 견딜 수 없는 상처를 입었을 때는 깊은 정서적 고통에서 오는 생생한 아픔보다 증오를 느끼는 것이 훨씬 더 쉽기 때문이다. 증오하는 태도를 취함으로써 그들은 거부당하기보다는 거부할 수 있게 된 것이다. 이제 그들은 무기력하지 않고 강력하다고 느낀다.

따라서 증오는 이렇게 정의될 수 있다. 증오는 상처를 입힌 사람이 그것을 알지 못하거나 인정하지 않을 때, 그리고 공감과 관심을 통해 상황을 회복시키지 못할 때 발생한다. 달리 말해서, 심한 상처를 입은 아동이 상처를 입힌 사람과 '회복을 위한 상호작용'(깊이 우러난 자각이나 사과)을 경험하지 못할 때 증오는 발생한다. 어른이 자신의 행동으로 인해 아동이 얼마나 마음의 상처를 입었고, 얼마나 배신감을 느꼈는지를 자각할 수 있었다면, 그 상처는 증오로 변하지 않았을 것이다. 그러한 자각의 순간에 어른은 자신의 이해와 인식을 아동에게 전달할 필요가 있다. 이것은 단순히 사과의 말을 하는 것이 아니라 아동이 느끼고 있는 고통의 강도를 알고 있음을 전달해줄 말을 찾는 것을 의미한다. 쓰디쓴 증오의 감정은 회복을 위한 상호작용이 전혀 없을 때 발생한다. 다시 말해서, 상처를 입힌 장본인이 아이의 상처를 보지 못하거나 듣지 못한다면, 또는 아무런 관심도 보이지 않거나 시걸이(1999) 말하는 '마음의 장님'이라면, 그 상처가 증오로 옮겨가는 것은 너무나 자연스러운 것이다.

비극은 아동이 절실하게 회복의 상호작용을 필요로 하는 사람이 죽을 때 발생한다. 아동은 죽음으로 떠나간 부모가 자신을 버렸고 배신했다고 느끼기 때문에, 상처는 증오로 옮겨가기 쉽다. 더욱 슬픈 사실은 살아있는 부모가 자신의 행동이 자녀에게 얼마나 상처를 입혔는지 알지 못한다는 것이다. 그래서 회복될 수 있는 상처가 회복되지 못하는 것이다.

상처가 복수심으로 변해가는 과정

☆ '내가 상처받은 만큼 당신에게 상처를 주겠어.'
☆ '너의 기분을 망쳐놓으면, 내 기분이 좋아질 거야.'
☆ '내 기분이 이렇게 나쁜데, 너도 그래야 하지 않겠어?'
☆ '나는 증오로 가득해. 그래서 당신이 미워! 나는 이 떠나지 않는 고통을 느끼지 않을 거야. 그걸 너에게 주겠어.'
(휴즈, 1998, p23)

증오에 갇힌 아동은 종종 보복을 통해서 공평해지겠다는 생각에 사로잡힌다. 대개 복수는 의사소통으로 보이지 않지만, 어떤 사람들은 그것을 '충격을 통한 의사소통'이라고 부른다. 그들은 마음속에서 '내가 상처를 받은 것처럼 너에게도 상처를 주겠어. 나는 네가 나에게 느끼게 한 것을 느끼도록 만들 거야'라고 말한다.

아동이 입은 상처에 반응해주지 않을 때 복수가 그 자리를 차지한다. 인식되지 않은 상처로 인해 고통 받는 아동의 경우, 복수하고 싶다고 느끼는 것은 종종 정당한 것으로 보인다. 그러나 때로 이러한 '정당성'은 그가 당했던 것 이상의 고통을 발생시키며,

원래 그에게 상처를 주었던 사람이 아닌 다른 사람들에게 상처를 준다는 점에서 문제점을 갖고 있다.

벤, 14세

벤은 보호소에 있는 소년이었다. 그를 잘 키울 수가 없어서 시설로 보낸 부모로 인해 그는 극도로 낙심한 상태였다. 한 번은 그의 생일날 함께 외출하기로 약속했던 사회복지사가 잊어버리고 나타나지 않았는데, 그때 벤은 심한 모욕감을 느꼈다. 이것은 부모에게서 받은 그의 상처들을 모두 떠올리게 했다. 사회복지사는 전화로 미안하다고 말했지만, 벤에게는 그 목소리가 '안됐네. 친구!'라고 무심하게 말하는 것처럼 느껴졌다. 그래서 진정한 회복의 상호작용은 이루어지지 않았다. 그 사회복지사는 '그만 가봐야 돼!'라고 말하지 않고 충분한 시간동안 벤과 마주앉아 벤이 경험했던 쓰라림과 분노를 들어주고 자신이 벤의 부모와 여러 면에서 유사하게 행동했다는 것을 인식해야만 했다. 그것이 곧 회복의 상호작용에 필요한 요소였다. 그는 방어하지 않고 진심으로 들어주고, 자신이 야기한 고통에 공감해야 했지만, 전혀 그렇지 못했다. 다음날 벤은 사회복지사의 자동차 타이어를 모조리 찌그러뜨렸다. 그리고 뒷좌석에는 똥을 누었다. 왜 그랬느냐고 묻자, 그는 '선생님이 나타나지 않아서 나는 찌그러지고 오물을 뒤집어 쓴 것 같았어요'라고 말했다.

오겠다고 약속해놓고 한 번도 찾아오지 않은 엄마 때문에 벤은 보호소에서 여러 번 낙담을 했다. 사회복지사를 향한 그의 증오에 찬 행동은 엄마와 아빠에 대한 증오가 일부 전치된 것이었다. 그런데 그의 행동은 얼마나 '충격적인 의사소통'인가! '그는 찌그러지고 오물을 뒤집어 쓴 것 같았던' 자신의 감정을 타이어를 찌그러뜨리고 뒷좌석에다 똥을 누는 것을 통해서 실연했다.

이러한 충격적인 의사소통은 비교적 경미한 것이다. 아동기에 한 인물에게 품었던 증오를 모든 국가들에게 의사소통했던 독재자들의 복수에 찬 행동은, 그것이 어느 정도까지 확대될 수 있는지를 보여준다. 예컨대, 히틀러는 그의 아버지에게 당했던 무자비한 매질을 세상에 돌려줌으로써 복수했다.

네로, 차우체스쿠, 스탈린 역시 아동기에 아무런 회복의 상호작용 없이 끔찍한 마음의 상처와 배신의 고통을 경험했던 사람들이다.

중요한 것은 회복의 상호작용이 아동에게 고통을 준 바로 그 사람에 의해 이루어지는 것이 가장 이상적이라는 사실이다. 그러나 그것이 불가능한 경우, 그것은 다른 어른(치료사, 교사 혹은 아동의 고통을 이해하고 연민과 관심을 갖고 있음을 증명할 수 있을 만큼 충분히 시간을 할애할 수 있는 친척)에 의해 이루어질 수도 있다.

'분노로 변한 사랑'
- 충족되지 않는 욕구와 사랑이 증오로 변해가는 과정

> [엄마가] 마음에 들려고 하는 그녀의 노력을 수천 번 거절하는 동안, 엄마의 눈에 스타가 되고 싶고 엄마의 품에 따뜻하게 안기고 싶었던 케이티의 원래 소망은 서서히 시들어갔다. (휴즈, 1998, p21)

만일 아동이 엄마에게서 사랑은커녕 증오나 분노를 일으킨다고 느낀다면, 시간이 지나면서 그의 마음은 증오로 굳어질 것이다. 실제로 아동이나 어른이 한때 그들이 사랑했던 사람을 극도로 증오하는 일은 결코 드물지 않다. 반응 없는 사랑, 충족되지 않은 절박한 유아기적 욕구, 반응 받지 못한 동경과 열망으로 인해 고통에 시달리는 아동이 더 이상 견딜 수 없는 시점에 이르게 될 때, 그는 그 고통을 방어해야 한다. 따라서 아동은 더 이상 엄마에게 요구하지 않고 울지 않게 된다. (이럴 때, 어떤 부모들은 아동이 만족해하는 것으로 오해한다.) 더 나아가 그들 사이가 더 황폐화되면, 아동은 희망하기를 멈춘다. 그는 사랑과 애착 그리고 엄마가 표현하는 따뜻함에 대한 희망을 포기한다. 실제로 그는 다른 사람들에 대해서도 이런 희망을 쉽게 포기한다. 그래서 그는 다른 사람들과 풍부한 정서적 유대를 맺으려고 하지 않는다. 그는 모든 것이 자신에게 고통스러운 상처만을 준다고 생각하기 시작한다.

사랑하는 사람으로부터 수없이 좌절과 거부를 당한 후에 아동이 한 때 자신이 그토록 필요로 했던 사람을 적극적으로 미워하기 시작하는 것은 이해할만 하다. 그런 의미에서 쇼네월프는 이렇게 말한다.

> 누군가를 미워한다는 것은 좌절된 강렬한 욕구를 표현하는 것이다. (1991, p14)

불행하게도, 연구결과는 아이가 생후 3개월에서 6개월경에 이미 부모로부터 탈애착 징후를 보인다는 사실을 지적한다(랜돌프, 1994).

다음 사례는 부모와 자녀 사이에서 반복되는 부정적인 상호작용이 어떻게 아동의 사랑을 증오로 변화시키는지를 보여준다.

> 그때 걸음마 아기인 케이티는 비명을 지르며 엄마의 팔을 때렸다. 그러자 엄마는 욕을 하며 다시 케이티를 때렸다. 케이티는 증오에 차서 엄마를 노려보았다. 그녀는 자신을 증오하는 이 여인에게 오로지 분노만을 느꼈다. 케이티는 더 이상 엄마를 두려워하지도, 엄마와의 관계에서 상실한 것을 슬퍼하지도 않았다 … 혐오스러운 눈빛, 거부하는 외침 그리고 무관심의 침묵은 케이티의 마음과 영혼을 짓밟았다. 이것은 부모와의 애착을 형성하려는 그녀의 소망을 꺾어버렸다. (휴즈, 1998, p20)

여기서 우리는 아동이 자신의 부모에게 즐거움의 원천이 되지 못한다는 사실을 깨달을 때, 너무 쉽게 그런 존재가 되고 싶은 소망을 포기한다는 것을 알 수 있다. 이때 아동의 관계는 애정보다는 통제를 중심으로 이루어지게 된다. 보울비의 용어로 말하자면, 아동은 항의에서 절망으로 그리고 탈애착으로 옮겨간다.

☆ **항의** – 아이는 절박한 욕구로 인해 울고 매달리고 고통스러운 비명을 지른다. 이해받지 못한 분리의 고통을 힘들어하며 계속해서 사랑의 반응을 이끌어내려고 애쓴다.

☆ **절망** – 견디기 힘든 신체적 각성과 고통을 느끼는 순간에 상황이 개선되거나 위로를 받지 못하거나 '너를 아프게 해서 미안해'와 같은 회복의 상호작용이 없을 때, 아동은 고통스러운 허망감에 빠진다.

☆ **탈애착** – 아동은 '그래, 상관없어. 사랑이나 감정 따윈 필요치 않아' 하며 조종과 분노와 통제라는 관계양태로 옮아간다. 그러나 휴즈가 말했듯이, '이것은 영혼의 죽음이다'(1998, p20).

> [케이티]는 자신의 분노가 엄마에게 얼마간의 통제력을 행사한다는 것을 감지했다. 그녀는 자신의 짜증으로 인해 엄마가 속상해하는 것을 보고 좋아했다. 케이티는 기분 좋게 느껴지는 힘을 경험했다. 엄마는 거칠게 행동했고 케이티는 앙갚음을 하는 데 능숙해졌다. 동시에 케이티의 소망이 변하는 것 같았다. 그녀는 더 이상 엄마에게서 즐거움이나 돌봄을 원하지 않았다 … 엄마와 즐겁게 지내는 것이 더 이상 중요하지가 않았다 … [엄마를] 가장 힘들게 한 것은 케이티가 전혀 개의치 않는다는 것이었다. 엄마는 더 심하게 벌을 주었지만, 케이티는 분노와 무관심과 심지어는 쾌감어린 눈으로 그녀를 바라보았다.
> (휴즈, 1998, p20)

보호자들과의 관계에서 너무 많은 비판과 저지와 거부와 외면을 경험한 아동은 증오가 사랑보다 더 나은 선택이라고 느낄 수 있다. 건트립은 이를 '사랑의 허기'(1969, p24)와 대조되는 '사랑의 분노'라고 불렀다. (전자 역시 외상을 불러올 만큼 사랑을 위협하지만, 그 경우 개인은 마음을 굳히기보다 광적이고 필사적으로 사랑과 관심을 얻고자 한다.) 자신은 부모에게 좌절과 분노만을 준다고 느끼는 아동은 자신의 사랑과 선함이 무가치한 것이라고 믿게 된다. 정신분석가인 페어베언은 이렇게 말한다.

> 사랑하는 기쁨이 완전히 가로막힌 것처럼 보일 때, 그는 차라리 증오하는 기쁨에게 자신을 넘겨주고 거기서 만족을 얻는 편이 낫다고 생각한다. (1940, p27)

남을 괴롭히는 대부분의 아동은 충족되지 않은 유아기 욕구와 취약성에 의해 공격받는다고 느꼈던 적이 있기 때문에, 다른 사람들에게서 그런 모습을 보는 것을 견디기 힘들어한다. 그런 모습을 볼 때 그들은 공격을 가한다. 그것을 제거해버리고 싶은 것이다. 그래서 그들은 놀이터에서 엄마를 부르며 우는 어린 아이를 공격한다. 그들은 흔히 곤경에 빠진 아이들을 공격함으로써 과거에 그들이 겪었던 상황, 즉 모욕과 거절과 증오에 찬 반응을 받는 상황을 재연한다.

윌리엄, 7세

윌리엄은 어린 아동에게 무자비하고 악의적으로 굴기 시작했는데, 그들을 울리고 몹쓸 욕을 하는 데서 큰 즐거움을 얻는 것처럼 보였고, 조금도 반성하는 기미를 보이지 않았다. 윌리엄은 우울한 엄마의 사랑을 얻기 위해서 여러 해 동안 필사적으로 노력했지만, 그 시도가 실패하면서 크나큰 상처를 받았다. 6년 후, 그는 감정들을 단절한 채 어린 불량배가 되었다. 그는 증오의 방어를 사용했고, 그 결과 (앞에서 상세히 다룬 온갖 신체적인 단절과 더불어) 더 이상 아픈 감정을 느끼지 않았다. 얼마동안 증오는 마치 효능 좋은 약처럼 그의 아픔을 없애주었다. 치료에서 분명해진 것은 그가 자신이 사랑하는 엄마의 사랑을 받을 수 없다는 엄청난 슬픔에 압도되어 있다는 사실이었다. 그는 너무 무력하게 느껴졌기 때문에 공격과 파괴로 옮겨갔다. 그것은 마치 그 자신이 무력함의 고통에 의해 공격받고 파괴되는 느낌과도 같은 것이었다.

테사, 8세
테사는 부모-아동 치료에서 엄마에게 말했다.
'나는 엄마가 날 좋아하지 않는 줄 알았어요. 그래서 엄마를 미워했죠.'

다른 사람에게 기쁨과 즐거움을 줄 수 없을 때 증오로 옮겨간다

> 가학적인 사람은 다른 사람의 반응을 불러내고 자신을 사랑하게 만들 수 없다는 무능감 때문에 그리고 다른 사람의 마음을 움직일 수 있는 무능력 때문에 고통을 받고 가학적이 된다. 그는 다른 사람에게 힘을 행사하려는 열망으로 자신의 무능감을 보상한다. (프롬, 1973, p263)

대부분의 아동은 부모로부터 환호, 사랑, 즐거움, 자랑스러움이 깃들어 있는, '와! 정말 멋진 모래성을 만들었구나' 또는 '이건 내가 본 최고의 점토 피자야!'라는 반응을 불러일으키고 싶어 한다. 본질적으로 그들은 자신에게 가장 중요한 성인들에게 기쁨을 줄 수 있다고 느끼고 싶어 한다.

이들은 그들의 사랑의 선물, 구애, 자발적인 입맞춤과 포옹이 부모로부터 즐거운 반응을 얻지 못할 때, '엄마, 나를 좋아한다고 말해주세요' 혹은 '엄마, 내가 선물로 준 그림에 좀 더 긍정적으로 반응해줄 수 없나요' 혹은 '엄마, 나 때문에 엄마가 얼마나 기뻤는지 말해주세요'라고 말하지 않는다. 그 대신 이들은 마음을 굳게 만들고, '시시해. 내가 한 것을 엄마가 좋아하든 말든 더 이상 **상관** 안 해'라고 마음먹는다. 이들은 더 이상 절망하지 않기 위해서 반응을 얻지 못한 모든 것들에 대해 방어를 세운다.

그러나 이와 같은 정서적 차단은 문제를 내포하고 있다. 좋든 싫든, 우리는 다른 사람에게 영향을 미치고 주목받고 세상에 흔적을 남기고자 하는 기본적인 욕구를 가지고 있기 때문이다. 아무리 부정한다 해도 그 욕구는 쉽게 사라지지 않는다. 그것은 아주 깊이 흐르고 있는 욕구이며 우리의 기질에 핵심적인 것이기 때문이다. 번(Berne)은 이것을 '인정에 대한 허기'라고 불렀다(1964). 아동의 '인정에 대한 허기'가 채워지지 않으면, 모든 것들이 빗나갈 수 있다. 프롬은 이렇게 말한다.

> 그 원리는 이렇다. 나는 영향을 준다, 고로 존재한다. (1973, p31)

달리 말하자면, 내가 영향을 미칠 때 나는 아무것도 아닌 사람(nobody)이 아닌 어엿한 사람(somebody)임을 안다. 아무런 영향력이 없다면 나는 전혀 존재하지 않는다고 느껴지기 쉽다.

다행히도, 많은 아동은 부모가 자녀의 본질적인 장점과 사랑스러움을 알아주는 데 실패하더라도 자신들을 알아주는 교사나 친척 같은 어른들을 찾아낸다. 그러나 그런 인물을 발견하지 못한 아동은 심각한 문제에 직면하게 된다. 만일 아동이 중요한 어른으로부터 따뜻하고 감사와 사랑이 어린 반응을 얻어내는 데 반복해서 실패하게 되면, 그는 다른 사람들에게서 부정적인 반응을 자극하는 쪽으로 기울게 될 것이다. 파괴적이거나 반사회적인 행동은 적어도 확실한 반응을 보장해준다. 프롬은 이렇게 말한다.

> [아동은] … 영향을 미치는 것을 통해서 자신이 존재한다는 것을 확인하고 싶어 한다. 그러나 이러한 욕구는 다른 사람에게 힘을 행사하고, 공포를 경험하게 하며 … 사람들을 고문하고, 철저히 파괴하는 것을 통해서도 똑같이 충족될 수 있다. **다른 사람과의 관계에서 기본적인 선택은 힘을 느끼기 위해 사랑을 추구할 것인가 아니면 힘을 느끼기 위해 공포와 고통을 추구할 것인가이다.** 사물과의 관계에서도 선택은 건설과 파괴 사이에 놓여있다. 이러한 선택들은 상반되는 것이지만, 동일한 실존적인 욕구, 즉 영향을 미치고 싶은 욕구에 대한 반응이다. (프롬, 1973, p318)

따라서 아동의 삶에서 그의 본질적인 선함을 아무도 환영해주지 않는다면, 아동은 망쳐버리고 때려 부수고 상처를 입히고 싶은 마음을 갖게 된다.

필립, 6세

어느 날 필립은 그의 교사에게 팔을 휘두르며 '선생님을 죽이고 싶어요, 선생님은 엄마가 있죠? 나는 엄마가 없어요'라고 말했다. 필립에게는 엄마가 있었지만, 그녀는 그가 잔인하기 때문에 더 이상 그를 좋아하지 않는다고 말했다. 그러나 필립의 잔인함은 그의 좌절된 욕구와, 엄마에 대한 분노가 가져온 결과였다. 그는 혐오와 분노로 반응하는 엄마의 얼굴을 수없이 보아왔다. 욕구와 분노와 증오로 뒤범벅이 된 혼란스런 소년이었던 그는 마음속에서 엄마를 죽여 버렸다. 이것은 그가 너무 많은 파국적인 실망을 겪었기 때문이라는 것이 치료에서 분명하게 드러났다.

필립의 사례는 오스카 와일드의 시집, 독서 감옥의 발라드의 한 구절을 생각나게 한다.

> 하지만 사람은 누구나 자신이 사랑하는 것을 죽인다. (와일드, 1995, p7)

부모-자녀 관계가 어떻게 그토록 잘못될 수 있는가?

> 자녀의 [감정이] 몹시 거슬린다는 것을 알지만, 부모는 속수무책이라고 느껴진다. 무력감과 수치감을 느끼면서 … 그들은 그런 감정에 자신들을 노출시킨 자녀에 대해 분개한다. (포샤, 2000, p79)

아동을 사랑이 아닌 통제의 관계로 몰고 가는 이러한 비극적인 관계의 붕괴는, 부모 자신이 아동기에 겪었던 부당하거나 고통스러운 부모-자녀의 상호작용을 반복하는 것일 수 있다. 예를 들어, 그들의 부모는 자녀들이 주는 것에는 사랑이나 감사의 표시를 하지 않은 채, 끊임없이 비판하는 사람들이었을 수 있다. 최선을 다하려는 의도에도 불구하고, 부모노릇을 하는 사람들은 너무 쉽게 이런 패턴에 사로잡힌다. 연구에 의하면, 부모가 '나의 어린시절에는 모든 게 좋았지'라고 말하기보다는 아동기에 겪었던 아픔을 충분히 인식할 때, 그러한 부모의 역할을 반복하는 틀에서 벗어나는 경향이 있다(메인 & 솔로몬, 1990).

때로는 아이가 부모에게 너무 고통스럽고 무기력한 감정을 불러일으킬 수 있다. 엄마는 이것 때문에 아이를 미워할 수 있다. 그때 엄마는 아이를 위로하거나 통제할 수 없다고 느낀다. 또는 아이의 강렬한 감정 때문에 혼란스러울 수도 있다. 아이는 엄마의 마음속에서 좋음보다는 무능력이나 죄책감 또는 수치심과 연관되기 시작하고, 엄마는 시간이 갈수록 아이에게 다가가는 일이 줄어든다. 그녀는 더 이상 자발적으로 아이를 안아주거나 사랑한다고 말하고 싶은 욕구를 느끼지 않는다. 오히려 그녀는 아이를 피하거나 철수한다. 아이가 비명을 지르거나 소리를 치거나 분노하면, 그녀는 자신이 비난을 받는다고 느낀다. '네가 감히 나를 이렇게 난처하게 만들 수 있어?'라는 마음이 든다. 만약 **엄마** 자신이 아동기에 위로해주고 담아주는 엄마를 경험하지 못했고 그 후의 삶에서도 누군가의 정서적인 지원을 받지 못했다면, 이 모든 것은 치명적인 조합을 만들어낼 수 있다. 엄마의 눈에 아이는 기쁨을 주는 존재가 아니라 자신을 고갈시키는 존재로 보이기 시작한다. 그때 아이는 그것을 느끼고 엄마를 미워하기 시작한다. 그 결과, 그들의 관계는 하향 곡선을 그리기 시작한다. 아이는 갈수록 긍정적인 관심보다는 부정적인 관심을 더 추구하게 되고, 따라서 이해보다는 비판적이고 분노에 찬 반응을 얻게 된다.

게다가 어떤 부모들은 단순한 우울감이 아닌 임상적인 우울증을 앓게 된다. 우울증은 뇌에서 분비되는 모성관련 정서물질들을 전반적으로 저해한다. 코티솔이나 아드레날린과 같은 스트레스물질이 지나치게 많이 분비되면, 천연의 모성 화학물질인 옥시토신과 긍정적인 각성물질인 세로토닌과 도파민의 분비가 차단될 수 있다. 이러한 화학물질이 없이는, 엄마는 심리적으로는 물론 생화학적으로 자녀에게서 기쁨을 느낄 수 없다.

부모-자녀 관계가 그토록 잘못되는 또 다른 이유는, 부모 자신이 차단했던 무력함의 요소를 자녀들에게서 보는 것을 견디지 못하는 것에 있다. 아이의 무기력한 비명은 부모 자신이 유아였을 때 반응을 받지 못한 상태에서 차단해버린 고통스런 감정을 생각나게 하기 때문에, 부모는 그것을 견딜 수 없다. 이렇게 해서 심리적인 고통은 다음 세대로 전수된다.

> 자기(self)를 희생해서라도 또는 '다른 사람'의 인간성을 말살해서라도, 내면의 약함이나 고통을 생각나게 하는 것들은 모두 사라져야만 한다.
> (드 줄루에타, 1993, p276)

힘에 기초한 부모의 상호작용 때문에 생겨나는 증오

> 해터는 '애완용 쥐가 또 잠이 들었네' 하고 말한 뒤, 그 쥐의 코에다 뜨거운 홍차를 조금 부었다. (캐롤, 1994, p72)

어떤 가정에서는 사랑에 기초한 상호작용보다는 힘에 기초한 상호작용이 지배적이다. 이는 아동이 '이거 해. 그건 하지 마 …,' '그만 두지 못해,' '이 바보 멍청이,' '안 돼,' '뚝 그쳐! 안 그러면 더 울게 해줄 테다'와 같이 명령, 억압, 비난, 비판 등에 노출된다는 것을 의미한다. 애정 어린 상호작용의 긍정적인 효과는 힘에 기초한 상호작용의 집중

포화로 인해 끊임없이 훼손된다. 불행히도 이러한 관계의 주된 방식은 대개 부모가 자신의 부모와 똑같은 방식으로 부모노릇을 하는 것을 통해서 대물림된다.

힘에 기초한 상호작용에 의해 양육된 아동은 강력한 대안 모델이 될 수 있는 친절한 아줌마나 이해심 있는 교사를 만나지 못할 경우, 쉽게 '공격자와 동일시'하게 된다. 가혹한 엄마를 내재화하여 자신도 그녀처럼 된다. 이것은 마치 '이길 수 없다면, 같은 편이 되라'는 속담과도 같다.

드 줄루에타(1993, p66)는 아동기에 가정에서 경험한, 힘에 기초한 지배와 복종의 관계 방식이 어떻게 아동의 마음에 관계방식의 모형으로 확고하게 뿌리내리게 되는지에 대해 설명한다. 이것은 이런 아동의 관계 선택은 폭이 매우 좁으며, 소위 힘의 우위(지배)냐 열세(복종)냐의 삶을 살아가게 된다는 것을 뜻한다.

주로 '힘의 우위'를 추구하는 방식으로 상호작용하는 아동은 협동(다른 사람과 **함께하는** 힘)을 추구하는 방식으로 상호작용을 하는 모델을 갖고 있지 않다.

놀이터에서 지배와 복종의 관계 모델을 가진 아동을 알아내는 것은 어렵지 않다. 그들의 고착된 관계 패턴은 놀이에서 쉽게 드러나는데, 그들은 흔히 장난감 군인을 가지고 놀든지 아니면 주위의 아이들을 괴롭히거나 거느리면서 논다. 치료를 받지 않을 경우, 이들은 성인이 되었을 때 친밀한 성적관계 안에서, 길거리에서, 법정이나 감옥에서 같은 패턴을 행동화하기 쉽다.

프레드, 12세

프레드의 가족은 힘에 기초해서 상호작용을 했고 신체적인 폭력도 불사하는 가족이었다. 그의 아버지는 빈번히 분노해서 그를 때렸지만, 회복의 상호작용은 없었다. 프레드는 같은 반에 있는 한 소녀를 몹시 좋아했다. 그러나 슬프게도 그녀에게 애정을 표현하는 유일한 방식은 그녀에게 욕을 하는 것이었다. 그에게는 좋아하는 사람과 어떤 방식으로 작용해야 하는지를 가르쳐준 사람이 없었다. 즉, 부드럽고 협동적이며 애정을 주고받는 방식을 보여줄 모델이 없었다. 그 소녀는 당연히 그를 거절했다. 그리고 그 경험은 세상은 먹고 먹히는 곳이라는 그의 믿음을 더욱 강화시켰다.

잔인하고 학대적인 부모는 아동을 증오에 갇히게 한다

> 생의 초기에 사랑이 아닌 증오가 있다면, 세상은 매우 두려운 곳이 된다. 반대로 사랑이 있다면, 세상은 보다 안전한 곳이 된다 … 안전하다는 것은 우리가 집과 세상과 우리 자신 안에 있는 모든 이들과 함께 뛰놀 수 있다는 것을 의미한다. (헤르만, 1988, p146)

아동은 위험이나 고통을 만날 경우 보통 보호와 위안을 얻기 위해서 부모에게로 간다. 그러나 부모가 무자비하고 학대하는 위협의 원천이라면, 아동은 어디로 갈 수 있을까? 믿고 사랑하고 필요로 했던 엄마가 아이를 학대하거나 잔인하게 대할 때, 아이는 깊은 배신감을 느끼게 된다. 그리고 그 배신감은 쉽사리 증오로 변한다.

어떤 아동은 엄마의 잔인한 행동에도 불구하고 그녀에 대한 증오를 무의식으로 추방해 버린 채, 여전히 엄마를 사랑한다. 그러나 억압된 것은 항상 어떤 사람이나 사물에로 전치되기 때문에 이러한 방어는 결코 성공하지 못한다. (프로이드는 100여 년 전에 이것을 알고 있었다.) 이런 식으로 억압된 증오는 사라지지 않은 채 또 다른 목표물을 찾는다. 그렇게 해서 적이 만들어지고, 증오는 그 적에게로 전치되어 표현된다.

때때로 전치된 증오는 내면으로 방향을 돌려 강렬한 자기증오와 자기혐오의 감정을 만들어낸다. 예를 들면, '우리 아빠는 좋은 사람이야. 아빠가 나를 때린다면, 그건 내가 맞을만하기 때문이야'라고 생각하게 된다. 얼핏 이것은 이상하게 보일 수도 있다. 어째서 잔인한 아빠를 미워하지 않는가? 아빠가 분명히 잔인한데 왜 그를 좋은 사람이라고 말하는가? 기본적으로 아버지가 절실하게 필요한 동안에는 그를 증오할 여유가 없다. 페어베언은 이를 '사탄과의 동맹'(은유적으로)이라고 불렀다. 그는 이렇게 말한다.

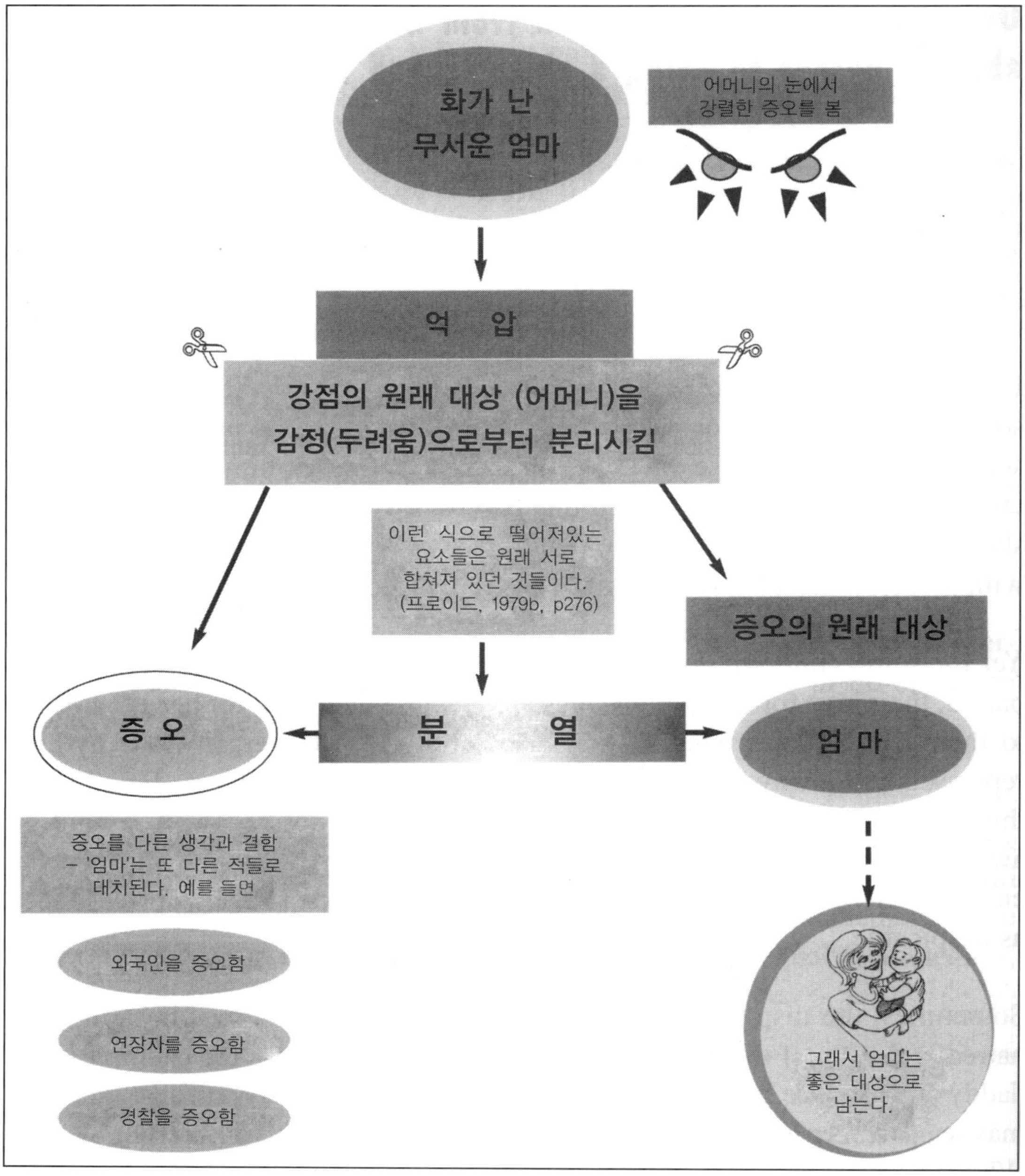

그림 27
정서적 경험의 원래 대상을 다른 대상으로 대치하는 과정

악마가 지배하는 세상에서 사는 것보다는 신이 지배하는 세상에서 죄인으로 사는 것이 낫다. 신이 지배하는 세상에서 죄인은 악할지 모르지만 그를 둘러싼 세계는 선하다는 사실에서 오는 확고한 안전감이 있다 - '하느님이 천국에 계시므로 이 세상은 아주 안전해!' 그리고 만일의 경우에도 거기에는 언제나 구원의 희망이 있다. 악마가 지배하는 세상에서는 개인이 죄인이라는 악함에서는 벗어날지 모르지만 그를 둘러싼 세상이 나쁘기 때문에 그도 나쁘다. 더구나 그는 안전감과 구원의 희망을 가질 수 없다. 가능한 것은 오직 죽음과 파괴뿐이다. (페어베언, 1943, p67)

토비, 11세

토비는 아버지를 아주 좋아했지만, 아버지는 그가 못되게 굴면 의자에 그를 묶어놓곤 했다. 토비는 매일 밤 거울을 보면서 자신에게 '나는 악마의 아들이야'라고 말했다. 또 그는 자신의 팔을 칼로 그었고, 상처에 압핀을 꽂았다. 한번은 목을 매려다가 사람들에게 발견된 적도 있었다. 아버지를 아주 좋아한 토비는 자신은 너무 나쁘기 때문에 이런 식으로 벌을 받아 마땅하다고 말했다: '우리 아버지는 좋은 사람이에요. 아버지가 나를 의자에 묶어놓는 것은 내가 그럴만하기 때문이에요.'

히틀러도 아동기 내내 자신의 아버지에게 반복해서 맞았다. 그러나 이미 본 것처럼, 그는 토비와는 달리 증오를 자신이 아닌 바깥세상으로 돌렸다. 그리고 죄 없는 사람들에게로 전치시켰다. 은유적으로 말하자면, 그는 자신이 아동기에 겪었던 고통의 비명을 성인이 되었을 때 세상을 향해서 내지른 것이다.

마지막으로, 아동의 부모가 친절함, 다른 사람의 신체에 대한 존중과 배려, 그리고 상처 입히지 말아야 한다는 생각 등에 가치를 두지 않는다면, 당연히 아동은 그러한 가치들을 자신의 것으로 만들지 못한다. 아동은 오로지 공감 받는 경험을 통해서만 다른 사람들에 대한 공감을 배운다. 그러므로 폭력적이거나 잔인한 가정환경에서 자란 아동은 바람직한 역할 모델을 가져보지 못한 채 무자비한 사람이 되고 자신이 다른 사람에게 준 고통에 대해 일말의 가책도 느끼지 않는 사람이 된다.

부모의 폭력을 목격한 아동은 증오에 갇히게 된다

> [겁에 질린 아동은] 종종 완전히 무기력하게 얼어붙은 채 도끼날이 떨어지기만을 기다린다. 대개 그런 순간에는 도끼를 집어 들고 적을 내리치는 것이 일반적으로 훨씬 더 나은 선택일 것이다. (Bar-Levav, 1988, p168)

부모의 폭력을 목격한 아동이 어떤 심리적 손상을 입는지에 대한 연구들은 많이 있다(앞서 논의한 분노에 갇힌 아동이 되는 과정들을 보라). 이런 아동은 대부분 그들이 처리하지 못한 외상 후 스트레스 상태(PTSD)에 머물러 있다. 이들의 행동은 심각하게 악화되는 경향이 있으며 그로 인해 그들은 다시금 처벌을 받는다.

부모의 폭력을 목격한 아동은 어떻게 증오로 옮겨가는가? 엄마를 때리는 아버지 혹은 그 반대의 모습을 볼 때 아동은 감당할 수 없는 무력감을 느낀다. '나는 그것을 멈추게 할 수가 없었어요.' '나는 아빠가 엄마를 때리는 걸 막을 수가 없었어요. 그냥 바라볼 수밖에 없었어요.' '아무도 엄마를 도와주지 않았고, 내가 엄마를 도울 수 있게 도와주지 않았어요. 나는 그냥 서있어야 했어요'와 같은 말들은 그 사건이 있은 지 몇 년이 지나서도 반복되는 경향이 있다.

민감한 성인이라면 그 장면을 무력하게 바라보는 아이의 고통을 쉽게 상상할 수 있을 것이다. 한쪽 부모 혹은 부모의 연인이 자신이 사랑하는 보호자를 눈앞에서 상처 입히고 있다고 가정해보자. 이때 아동이 다시는 그와 같은 무력감과 무능감을 느끼지 않겠다고 결심하는 것은 당연한 것이다. 증오는 목격에서 오는 고통뿐만 아니라 무력감에서 오는 고통 때문에 발생하는 당연한 반응이다. 달리 말하면, 증오에 찬 행동들은 대개 견디기 힘든 무력감으로 인해 고통을 받은 후, 어떤 힘의 느낌을 다시 얻으려는 절박한 시도인 것이다. 밀러는 이렇게 말한다.

> 다른 사람들에게 힘을 사용하거나 남용하는 것은 자신이 무기력하다는 감정을 완화시켜주는 기능이 있다. (1987, p278)

부모의 폭력을 목격한 후 증오에 찬 행동으로 옮겨 간 아동의 이야기와 놀이

무능한 도움이라는 주제

무엇보다 그들의 놀이에서는 전형적으로 보호해주는 역할을 맡고 있는 권위 있는 인물들이 무능한 모습으로 그려진다. 그리고 '경찰관, 소방관, 의사, 교통정리 아줌마가 모두 죽었어요. 그래서 청소부 아저씨만 그들을 치우려고 남아있어요'와 같은 말이 자주 등장한다.

아샤, 6세

☆ '너무 많은 것들이 부서졌어요.'
☆ '엄마가 부서졌어요.'
☆ '어떤 사람의 머리가 떨어졌어요.'

그림 28 6세인 아샤의 모래놀이 그림. 아샤는 부모의 폭력을 목격했다. '엄마가 부서졌어요. 어떤 사람의 머리가 떨어졌어요.'

사라, 10세

사라는 엄마가 그녀의 연인에게 맞는 장면을 반복해서 목격했다. 그녀는 매우 불안정한 상태가 되어 불을 지르고 동물을 괴롭혔다. 그녀는 외상 후 스트레스로 고통을 받고 있었다. 그녀는 치료에서 다음과 같은 이야기들을 지어냈다.

☆ '엄마는 또 파묻히는 집 안에 있어요.'
☆ '아빠를 죽여야 해요.'
☆ '한 남자가 여자를 죽였는데, 그 여자와 함께 있으려고 자신도 죽으려고 해요.'
☆ '여왕은 "아기가 태어날 거예요"라고 말했어요. 왕은 그 아기를 바로 죽여 버려요.
☆ '왕은 아기들을 불로 녹여버려요.'
☆ '불이 한 여자에게 옮겨 붙었어요. 불은 그녀를 폭발시켜 죽여 버려요.'
☆ '엄마가 집에 오자 경찰이 막 때려요. 경찰은 엄마의 입과 눈을 없애 버리려고 해요.'
☆ '난폭한 경찰이 엄마의 무덤을 파헤쳤어요.'

테리, 8세

테리는 아버지가 남동생을 발로 차는 것을 보았다. 그리고 엄마가 아버지에게 칼을 들이대는 것을 보았다. 치료에서 그는 이렇게 이야기했다. '용은 집에 살고 있고, 쥐는 마루 틈에 살고 있었어요. 그런데 어떤 사람이 "화를 내면, 죽여 버리겠어"라고 말했어요. 그래서 세상은 끝이 났죠.

테사, 11세

테사는 엄마와 아버지가 폭력적으로 싸운 후에 성관계하는 것을 보았다. 테사는 잔인한 행동으로 인해 학교에서 쫓겨났다. 다음은 그녀가 치료시간에 한 이야기이다.

☆ '큰 나무가 세게 쳐요.'
☆ '우리 엄마는 아주 작아요. 그녀는 아주 무서운 개가 되려고 하지만 짖는 소리가 너무 작아요.'
☆ '뱀이 괴물의 몸에 있는 구멍으로 들어가 속에 있는 벌레들을 잡아먹어요.'

메리, 8세

메리는 어린 아이들을 괴롭히고 못살게 굴었다. 치료에서 그녀는 이렇게 말했다.

☆ '화가 많이 난 들고양이들이 있었어요. 나는 아무것도 하지 못한 채, 피만 흘리고 있었어요.'

젬마, 6세

학교 선생님들은 젬마에 대해 몹시 걱정했다. 그녀는 욕설을 늘어놓은 편지와 메모를 아이들의 사물함에 넣는 등, 몇 차례나 냉정하고 계획적인 방법으로 다른 아이들을 괴롭히다가 발각되었다. 그녀는 치료시간에 이런 이야기들을 지어냈다.

☆ '고릴라는 손으로 자기 입을 막았어요. 그는 "왜 하필 나지?"라는 말이 나올까봐 말을 할 수가 없었어요.
☆ '개미구멍이에요. 개미들은 너무나 작고, 거인은 너무 커요. 그들은 이길 수 없어요. 이길 수 없다고요.'
☆ '마녀는 누군가를 두렵게 할 수 있어서 기분이 좋았어요.'

> 아동은 거인처럼 보이는 이 여인이 왜 어린 아이처럼 자기 남편을 두려워하는지, 그리고 어째서 그녀 자신의 아동기의 수치심을 자신도 모르는 사이에 어린 소년에게 물려주는지 이해하지 못한다. 아동은 이런 상황에서 고통을 당하는 수밖에 다른 도리가 없다. (밀러, 1987, p192)

외상 후 스트레스가 증오로 변하는 과정

> 케이티의 인생행로는 황량하고 메마른 땅을 가로지르는 것이었다. 그것은 공포 속에서 시작되었다. 소음과 차가움과 고통 속에 누워있는 아기 … 공포와 절망은 그녀를 울게 했고 그 울음은 그녀의 심장을 태우고 산산조각 냈다. 이제 그녀의 땅에서는 아무것도 자랄 수 없게 되었다. 그녀는 부모가 함께 있어줘도 달래지지 않았다 … 그래서 그녀는 생존을 위해 사랑이 아니라 조종과 분노와 통제가 필요한 고립된 여행길에 올랐다. 이 여행이 돌이킬 수 없는 것이 되었을 때, 그것은 영혼의 죽음을 의미했다. 케이티의 인생행로는 그녀가 2살 때 그 방향이 정해졌다. (휴즈, 1998, p22)

프로이드는 '반복 강박'이라는 용어를 만들어냈다. 그는 이것을 외상적인 과거를 현재에서 반복하려는 잠재적인 충동이라는 의미로 사용했다. 다시 말해서, 외상을 입은 아동이 공포나 분노 또는 애도하지 못한 상실과 같은 모든 고통스런 감정들을 느끼도록 도움을 받지 못하면, 그는 어떤 식으로든 자신의 외상을 반복한다는 것이다. 그의 과거는 현재에서 그를 괴롭히게 된다. 그가 입은 외상의 압도적인 성질은 그의 마음속에 처리되지 않은 상태로 머무르게 되고, 그 결과 그의 내면세계는 '위협'이 가득한 곳이 된다. 죠지 산타야나는 다음과 같이 말한다.과거를 기억할 수 없는 사람들은 그것을 반복해야 하는 저주를 받는다. (1905)

> 과거를 기억할 수 없는 사람들은 그것을 반복해야 하는 저주를 받는다. (1905)

반사회적인 행동으로 옮겨 간 증오에 갇힌 아동의 대부분은 외상 후 스트레스에 시달리고 있다. 문제는 그들이 과거의 어떤 것을 반복하고 있다는 것을 깨닫지 못한 채 파괴적인 행동으로 옮겨간다는 데 있다. 외상 후 스트레스 증후의 경우, 아동은 흔히 외상을 반복하는데, 이번에는 희생자가 아니라 박해자가 된다. 마찬가지로 주위의 어른들 또한 종종 아동의 현재 행동과 과거의 외상 사이에 연관성을 보지 못한 채 아동을 처벌하게 되고, 그 결과 그의 외상 후 스트레스는 극복되지 못한다.

'반복 강박'(프로이드, 1979)의 전형적인 예로서, 생애 초기에 비참한 학대와 차가운 거절을 겪은 후에 따뜻한 가정에 입양된 아동을 들 수 있다. 얼마 후에, 그는 고양이를 발로 차고, 가구를 때려 부수고, 아기에게 상처를 입히고, 다른 아이들의 장난감을 부수기 시작했다. 그러자 그 가족은 더 이상 그를 감당할 수가 없다고 말했다. 이처럼 그는 무의식적으로 자신이 과거에 겪었던 차갑게 거절하는 반응을 양부모에게서 이끌어 내고 있었다.

또 하나의 좋은 예는 기타 세레니의 **아무도 듣지 않는 외침**(1998)이라는 책에 나오는 메리 벨의 상황이다. 메리의 엄마는 여러 번 메리를 죽이려고 했다. 심각한 외상 후 스트레스장애의 전형적인 반응으로, 메리는 열 살 때 한 아이를 죽였다. 그녀는 자신에게 일어났던 일을 재연했는데, 이번에는 희생자가 아니라 가해자였다. 그녀는 기타 세레니가 자신에 관해 쓴 책을 읽고난 후에 이렇게 말했다.

> 나에게 따스한 마음을 느끼는 사람이 있다는 걸 믿을 수가 없었어요. 엄마는 항상 내가 너무 나쁘기 때문에 아무도 내게 따스한 마음을 가진 적이 없고 또 가질 수 없다고 말했거든요. (Sereny, 1998, p15) ·

심각한 범죄를 저지른 모든 아동이 외상 후 스트레스를 앓고 있다는 것을 알 수 있다. 즉, 그들은 자신들에게 있었던 일을 어떤 형태로든 실연한다는 것을 알 수 있다. 여러 해 동안 살인자들와 작업해온 정신분석가인 하이얏-윌리암스는 살인은 항상 아이에 대한 일종의 살인(살해의 위협이든, 정서적 학대의 형태를 띤 '영혼의 살해'이든)과 관련되어 있다고 말한다. 세 살난 제이미 벌저를 살해한 열한 살짜리 두 소년들의 내력은 이 모든 것을 명료하게 보여준다(셜리 린 스캇의 설명을 보라, 2001).

그러므로 만일 아동이 반복해서 다른 사람에게 무력감, 모욕감, 굴욕감, 두려움 등을 느끼도록 행동한다면, 그리고 그렇게 하는 것을 즐긴다면, 비록 그 기억이 오래전에 무의식으로 추방되었을지라도, 그는 과거에 그런 것들을 경험했을 가능성이 크다. 프로이드에 의하면, 원래 외상이 일어났을 때는 수동적으로 경험했던 것을 그는 지금 능동적으로 증오에 찬 행동을 통해서 스스로 가해자가 되고 다른 사람을 피해자로 만든다. 이때 그의 마음은 외상 사건에 의해 지배되지만, 처음에 느꼈던 것과 같은 무력감의 고통은 거기에 없다.

> 수동적으로 외상을 경험했던 사람은 그것의 방향을 돌릴 수 있다는 희망으로 … 그 사건을 능동적으로 되풀이한다. 아동은 자신이 겪었던 모든 고통스런 감정들과 사건들을 놀이에서 다시 드러낸다. 수동성에서 능동성으로 옮겨감으로써 그들은 자신의 경험들을 심리적으로 극복하려고 한다.
> (프로이드, 1979, p327)

불행하게도 증오에 갇히거나 외상 후 스트레스로 고통을 받는 많은 아동이 감정들이 표현되고 극복되는 놀이치료의 혜택을 받지 못하고 있다. 그들은 그저 실제의 삶에서 외상을 실연하거나 반복하고 있다. 프로이드는 이렇고 말한다.

> 마치 무자비한 운명에 의해 휘둘리듯이, 삶에서 자신이나 타인들에게 손상을 주는 행동들을 수정하지 못한 채 영구적으로 반복하는 사람들이 있는 것처럼 보인다. 그러나 좀 더 면밀히 조사해본다면, 그들은 자신도 모르는 사이에 그러한 운명을 자초하고 있음이 드러날 것이다. (프로이드, 1991, p140)

외상 후 스트레스로 고통을 받는 증오에 갇힌 아동이 놀이치료에서 만들어낸 이야기

증오에 갇힌 아동이 어떻게 그들의 외상을 치료적 관계 안에서와 상상적 놀이에서 재연할 필요가 있는지를 주목하라. 외상에 대해 생각하고 느끼고 극복할 수 있도록 도와주는 치료자가 없다면, 그들은 실제 삶에서 약하고 애꿎은 사람을 표적으로 삼아 스스로 박해자가 되거나, 다른 박해자를 끌어들여 스스로 외상을 입은 희생자가 되어 자신의 외상을 재연할 것이다.

수지, 6세

수지는 술에 취해 집에 돌아온 엄마에게 반복해서 맞는 문제로 보호소로 오게 되었다. 그곳에서 수지는 계속해서 사람들을 때렸다. 다음은 치료에서 그녀가 한 이야기들이다.

☆ 치료사에게: '당신을 감옥에 처넣겠어요. 나를 벌주어야 해요.'
☆ '나한테 소리를 지르세요. 그게 나를 기분 좋게 해요.'
☆ '나는 마녀가 되어 사람들을 괴롭힐 거예요. 그리고 당신도요.'

스텔라, 9세

스텔라는 아버지의 무자비한 행동 때문에 보호소에 위탁되었다. 그녀는 동물들에게 잔인하게 행동했고, 도벽과 거짓말이 몹시 심했으며, 가학적이었다. 그녀는 연필로 아이들의 눈을 찌르려고 했다. 다음은 그녀의 이야기들이다.

☆ '좋은 것은 못쓰게 되어버려요. 언제나 그런 식이예요.'
☆ '해님이 비를 퍼부어요.'
☆ '다이애나 왕세자비가 터널 속에서 계속 죽임을 당하고 있어요.'
☆ '누군가가 저 인형들의 목을 꺾어버릴 거예요. 두고 보세요.'

조나단, 7세

조나단은 아버지에게 매질을 당했지만 약물 중독인 엄마가 제대로 돌보지 못하고 역시 학대 했기 때문에 결국 입양되었다. 조나단은 새로 입양된 가정에서 몇 번이나 고양이의 목을 조르려고 했던 일로 치료를 시작하게 되었다. 조나단은 자기는 '좋아하는 사람이면 누구와도 섹스를 할 수 있다'고 말했다. 그는 매우 심하게 팔을 칼로 긋기도 했다. 사람들이 부드럽게 대하면 그는 '꺼져'라고 말했다. 다음은 그가 치료에서 한 이야기들이다.

☆ '죽은 선생님의 시체 위로 쥐가 기어 다녀요.'
☆ '피라미드 안에는 미라가 있어요. 미라는 사람들에게 겁을 주기 시작했어요. 미라 몸 속에는 아무것도 없어요.'
☆ '나는 따뜻한 저녁식사보다는 벌을 더 많이 받았죠.'

우리는 과거의 경험이 오늘의 현실에 미치는 영향력을 알지 못한 채, 행동하고 느끼고 상상한다. (시걸, 1999, p29)

수치심을 억압하는 데 사용되는 증오

수치심의 심리에 관해서는 앞에서 이미 논의한 바 있다. 우리는 수치심이 아동에게 주된 심리적 공격으로 경험될 수 있다는 것을 보았다. 다시 말하건대, 문제는 수치심을 교육과 훈육의 기술로 사용하는 어른들이 회복의 상호작용을 제공하지 않는 경향이 있다는 데 있다. 아동을 증오의 감정으로 내모는 것도 바로 이것이다.

심각하게 수치심을 느낀 아동은 참기 힘든 고통에 대처하기 위해 수치심을 억압한다. 이들은 온갖 파괴적이고 반사회적인 행동들을 저지르지만, 수치심의 고통을 억압하고 있기 때문에 어떠한 질책이나 처벌도 소용이 없다. 질책하는 사람은 무슨 수를 써도 통하지 않는다고 느낀다. 실제로 그렇다. 아동의 얼굴에는 아무런 불편한 기색을 찾을 수 없다. 그는 꾸짖는 어른에게 증오와 힘을 느낄지언정 결코 수치심을 느끼지 않는다. 이런 아동은 그럴듯한 거짓말을 한다. 그들은 자신이 해놓고도 하지 않았다고 시치미를 뗀다. 극도로 방어적인 이런 아동으로 하여금 수치심의 고통을 다시 한 번 느끼게 하기 위해서는 충분한 안전감을 제공하는 치료적 개입이 필요하다.

빌리, 6세

빌리는 깨진 유리로 사람들의 차를 긁어놓곤 했다. 그는 수 백 만원 상당의 손해를 입혔다. 그는 거리에서 떠돌곤 했다. 학교는 그를 통제하기 위해 빌리만을 전담하는 지도교사를 배정했다. 그는 자신을 꾸중하는 어른들을 끊임없이 무능하게 만들고 있다는 사실이 즐거웠다. 야단을 치면 그는 싱긋 웃으면서, '헛소리'라고 말했다. 그들에 대한 그의 증오는 그들의 분노를 자극했다. 사람들은 빌리를 포기했고, 본성이 사악한 아이는 영원히 격리시켜야 한다고 생각했다.

빌리의 험악한 삶은 헤로인에 중독 된 부모로 인해 시작되었다. 게다가 그의 아버지는 빌리를 무자비하게 수치스럽게 했다. 운 좋게도 빌리는 매우 재능 있는 치료사의 도움을 받았다. 점차 그녀의 관심과 담아주기와 공감과 애정은 빌리의 방어들을 녹이기 시작했고, 그는 그녀와 사랑에 빠졌다. (수치심이 억압될 때 대개 사랑과 같이 취약한 다른 많은 감정들이 함께 억압된다.) 치료를 시작한지 몇 달이 지나서, 빌리는 강림절 달력에 있는 작은 창 하나를 날짜가 되기 전에 열었다는 이유로 교사에게 야단을 맞았다. 빌리는 눈물을 터뜨렸고, 교사는 그를 껴안아 주어야했다. 이 사건은 빌리가 치료를 통해 수치심을 억압하지 않게 되었음을 분명히 보여주는 것이었다. 이렇게 빌리는 공격에 취약하지만 다시 누군가를 사랑할 수 있는, 감정을 느끼는 소년으로 변하게 되었다. 세상은 그에게 다르게 반응했고, 마침내 빌리는 증오에서 해방되었다.

증오에 갇힌 아동과 범죄를 일삼는 성인은 발달이 정지된 사람이다

> 지하철을 기다리면서 나는 몹시 짜증이 났다. 이 모든 허접한 것들에 내가 '신경'을 써야하다니. (Dinnage, 1990. p57)

삶에 대해서 증오스럽고 냉혹한 태도를 취하는 아동은 정서적인 측면에서 발달이 정지된 아동이다. 그는 다른 사람에 대해 관심을 갖는 능력이라는 필수적인 발달 과제를 성취하지 못한 것이다. 이런 아동은 도움이 없이는 친절, 공감, 관심, 사랑 등의 능력을 획득하지 못한다. 건트립은 이렇게 말한다.

> 성숙한 사랑은 유아적인 욕구로부터 고도로 발달해온 성취물이다. (1969, p31)

유감스럽게도, 증오에 갇힌 일부 아동들은 결코 사랑의 능력을 발달시키지 못한다. 아동이 학대와 방치만을 경험한다면, 그도 다른 사람들을 계속해서 비인간적으로 대할 것이다. 이것은 놀랄 일이 아니다. 이들은 자신이 받은 대로 다른 사람들에게 돌려주고 있는 것이기 때문이다. 아동기에 물건취급을 받은 극단적인 경우, 성인이 되었을 때 정신병적인 성향을 발달시킬 수도 있다. 친절과 공감은 타고난 어떤 것이 아니다. 그것들을 소유하기 위해서는 먼저 그것들을 경험할 필요가 있다.

증오에 갇힌 아동을 어떻게 도울 것인가?

단 한 명의 친절한 어른이라도 증오 아래 숨어 있는 상처 입은 아동을 발견할 수 있다면

> 학대를 경험한 아이들 다섯 명 중에 한 명만이 다른 사람을 학대하는 행동으로 옮겨간다는 매우 희망적인 통계가 있다. (브라운과 허버트, 1977, p242)

그렇다면 학대를 당한 모든 아동이 학대하는 사람이 되지는 않는 이유는 무엇일까? 대답은 단순하다. 그렇게 되지 않는 80퍼센트의 아동은 인간의 친절함을 충분히 경험했기 때문이다.

해롤드, 7세

오랫동안 해롤드는 사람들에게 골칫거리였다. 그는 훔치고 망치고 부수고 다른 아이들을 울리는 것을 즐기는 것 같았다. 그는 아버지가 여러 차례 엄마를 때리는 것을 목격한 데 따른 외상 후 스트레스로 고통 받고 있었다. 그의 아버지는 그에게도 끊임없이 소리를 지르고 야단을 쳤다. 그것을 견딜 수 없었던 그는 수치심을 억압했다. 그 후로 사람들이 꾸짖으면 그는 능글맞게 웃기만 했다. 안타깝게도, 이러한 모습을 보면서 '이 아이에게 뭔가 참담한 일이 일어났구나' 라고 생각한 사람은 아무도 없었다.

그러던 어느 날 누군가가 나타났다. 그는 해롤드의 교사였다. 해롤드가 문제를 일으킬 때마다 그 교사는 단단한 경계를 세워주면서도 결코 그에게 소리를 지르지 않았다. 그녀는 또한 무엇이 그토록 그를 못되게 만들었는지 이해하려고 애썼다. 그녀는 자신이 이해하고 있는 것을 말로 표현하였는데, 그것은 대개 정확했다. 그녀의 이런 시도는 해롤드를 변하게 했다. 시간이 지나면서 그는 미워하기보다는 호감을 사려고 노력했고 파괴행동으로부터 창조적인 행동으로 이동했다. 그는 속이 상할 때 선생님의 팔에 안겨서 울었고, 그녀는 그를 위로해주었다.

증오라는 방어를 녹이는 것은 친절과 관심이지 현명한 말이나 처벌이나 제재가 아니다. 그것들은 해롤드와 같은 아동의 증오를 슬픔으로 바꾸는 데 전혀 도움이 되지 않는다.

증오에 갇힌 아동의 관계에 대한 욕구

해롤드처럼 증오에 갇힌 아동을 돕기 위해서는 다음과 같은 관계적 욕구가 충족되어야 한다. 아래 제시된 내용들이 너무 어려운 주문처럼 보일지 모르지만, 자신의 슬픔과 상실과 공포와 분노의 감정을 차단하지 않고 있는 어른이라면, 그리고 이런 아동에게 귀중한 시간을 쓸 준비가 되어 있는 따뜻한 어른이라면, 자연스럽게 할 수 있을 것이다.

'증오에 갇힌 아동이 필요로 하는 사람'

☆ 고통스런 관계만이 아니라 즐거움을 주는 관계도 있음을 깨닫도록 도와주는 사람

☆ 힘이나 조종 혹은 통제에 의한 관계가 아닌 협력에 의한 관계 안에서 즐거울 수 있음을 알도록 도와주는 사람

☆ 감정과 사고를 통합하고 그것을 말로 표현할 수 있게 도와주는 사람

☆ 아동의 감정이 어떤 것인지 '상상할 수 있고' 공감해줄 수 있는 사람

☆ 너무 심한 상처로 인해 자신의 경험을 표현할 말을 찾지 못할 때, 그 말을 찾아주는 사람

☆ 아동의 삶이 매우 고통스러웠고 많은 고난과 고초를 겪었음을 알아주는 사람

☆ 지극히 힘들었던 아동의 삶과 아동이 고통을 주고 손상시킨 것들에 대해 두려움 없이 말할 수 있고, 그 둘 사이를 연결시켜줄 수 있는 사람, 즉 아동에게 수치심을 주지 않으면서 그렇게 해줄 수 있는 사람

☆ 아동 자신이 왜 그렇게 고통을 주고 파괴적이고 냉혹해야만 하는지 이해할 수 있도록 도와주고 공감해줌으로써 아동으로 하여금 자신이 아주 나쁘다고 느끼지 않게 해주는 사람

☆ 다른 사람 앞에서 슬픔을 느낄 수 있도록 도와주는 사람

☆ 다른 사람 앞에서 두려움을 느낄 수 있도록 도와주는 사람

☆ 두렵고 슬픈 아동 자신의 일부분을 단절시키지 않고 통합하도록 도와주는 사람

☆ 아동이 때로는 마음의 벽을 쌓을 필요가 있다는 것을 이해해주고 그 이유를 말해주는 사람

☆ 사람들이 아동 자신과 함께 있는 것과 친구가 되는 것을 즐길 수 있다는 것을 깨닫게 해주는 사람

☆ 방어하지 않고 감히 취약함을 드러내는 것이 아동에게는 엄청난 용기를 필요로 하는 일이며 매우 위험하게 느껴지는 일임을 진정으로 이해하는 사람

☆ 증오, 비탄, 공포, 혹은 배신감 밑에 있는 상처를 감히 느낀다는 것이 엄청난 용기를 필요로 하는 일이며 매우 위험하게 느껴지는 일임을 진정으로 이해하는 사람

표현할 말을 찾아주기: 외상을 잔인한 행동으로 표출하기보다 외상의 감정을 느끼고 표현할 수 있게 하려면

삶의 외상적인 사건(들)에 대한 힘든 감정들을 처리하는 데 도움을 받아본 적이 없는 아동은 대개 자신들에게 일어난 일에 대해 차분하게 생각해 본적이 없다. 그들은 감정을 언어적 표현으로 연결시켜내지 못하기 때문에 그것이 어떤 것인지 분명히 알지 못한다.

그들은 언어표현 없이는 여러 가지 두려운 느낌들과 함께 모호한 상태에 머무르면서 공포, 신체적 증상, 악몽, 외상의 실연 등에 의해 고통을 겪는다. 이때 그들은 역할을 바꾸어 스스로 박해자가 되고, 다른 죄 없는 희생자를 만들어낸다. 그러면서도 그들은 표현할 수 있는 말과 생각과 분명한 감정을 가지고 있지 않기 때문에, 자신이 왜 그런 잔인하고 폭력적인 행동을 하는지 깨닫지 못한다. 언어로 표현된 적이 없거나 처리되고 생각되고 느껴지지 않은 외상은 행동화된다는 점에서, 그것은 매우 위험한 것이다.

언어 표현이 실패할 때 예술 표현은 성공할 수 있다

외상을 입은 아동에게 '네게 일어난 일을 어떻게 느끼는지 말해 보렴' 하고 말하는 것은 적절치 못하다. 왜냐하면 아동은 자신이 겪은 일에 대한 조리 있는 생각과 느낌을 갖고 있는 것이 아니라 두려운 이미지들의 파편들을 갖고 있기 때문이다. 예술매체의 활용은 아동으로 하여금 자신의 외상에 대한 감정과 사고를 발견할 수 있게 하는 좋은 방법이다. 외상으로 인해 증오에 갇힌 아동을 위한 치료에서 치료자는 미술재료들을 제공할 필요가 있다. 다음은 외상에 관한 사고와 감정을 처리하는 데 필요한 이미지와 예술매체를 발견한 아동의 경우이다.

토마스, 9세

토마스는 분노와 증오에 갇혀있었다. 동생이 태어난 뒤에 버림을 받았다는 느낌 때문에 외상을 입었던 그는 자신보다 어린 아이들을 괴롭혔다. 토마스는 '난 정말 상처받았어요. 엄마는 나보다 동생을 훨씬 더 좋아하는 것 같아요'라는 말을 하지 못했다. 그는 이런 말들을 알지 못했기 때문에 그의 감정들을 파괴적인 방식으로 표출하였고 이해 대신에 벌을 받았다.

다음은 토마스가 치료에서 그림과 모래놀이로 만들어낸 이야기이다.

☆ '거미와 뱀이 보석을 두고 싸우고 있어요. 거미는 보석을 가지려고 뱀을 죽였어요. 그러고 나서 거미는 겁이 나서 괴물거미로 변했어요. 그랬더니 더 이상 무섭지가 않았어요. 거미는 그저 세상을 파괴하는 걸 즐겼어요. 그런데 밤에 크고 검은 하늘이 거미를 잡아먹을지 몰라요.'

이 이야기를 통해서 아동치료사는 토마스가 겪는 마음의 고통이 동생을 죽이고 싶은 생각으로 옮겨갔고, 그 때문에 심한 죄책감을 느꼈으며, 그가 자신의 파괴적인 힘에 대한 공포를 더 큰 폭력으로 방어하고 있다는 것을 공감해줄 수 있었다. 이 이야기가 아니었다면 치료사는 토마스의 고통이 폭력으로 변했다는 것을 이해할 수 없었을 것이고, 그것을 이해하도록 그를 돕지도 못했을 것이다.

다른 아이

난 네가 알기를 너무나 원했어
얼마나 내가 너를 갈망했는지
얼마나 내가 그저 말이 아닌 살을 맞대고 싶었는지
낡아빠진 수도에서 떨어지는 미지근한 물처럼
말이 나를 얼마나 공허하게 했는지
넌 그걸 결코 알 수가 없었지
그리고 혼란스럽게 사랑을 갈구하는 동안
네가 비명을 지르고 있다는 것을 알았어
그리고 목매어 매달리고 조르는 동안
네가 죽어있는 것을 알았어

마곳 선더랜드

증오에 갇힌 아동을 돕기 위해서는 그들의 '잃어버린' 감정들을 그들 자신이 공감할 수 있는 이미지들을 통해서 다시 연결시켜주어야 한다. 교사나 아동전문가는 아동이 자신의 감정을 이미지와 은유와 이야기를 통해서 보여줄 때 그들에게 공감해주어야 한다.

어떤 아동에게는 예술이 파괴적인 에너지를 창조적인 에너지로 돌리게 하는 수단이 된다. 팬크셉은 '인격이 충분한 깊이를 갖게 되면, 인간의 심리적 에너지는 놀랄 만큼 창조적이고 건설적인 노력에 사용될 수 있다'고 말한다. (팬크셉, 1984, p205)

보복 환상을 극복하기 위해 이미지와 은유를 사용하기

아동이 보복 환상을 갖는 것은 매우 정상적이다. 이들 환상 중에서 어떤 것은 소름끼치도록 끔찍스러운가 하면 어떤 것은 꽤나 매력적이다. 눈에 띄게 창조적인 것들도 있다. 놀이치료에서 아동은 그들이 분노를 느끼는 사람들에게 온갖 기발한 보복을 실연한다. 아동은 그들의 목을 자르고 변기에 처넣고 야수와 무시무시한 벌레들이 가득한 지옥에 보내거나 머리를 잘라 축구공으로 사용하기도 한다. 한 소년은 그를 학대한 사람의 이미지를 '죽이고 나서' 그의 무덤에 괴물들을 세워두었다. 한 네 살짜리 소녀는 동물원에 데리고 가기로 한 약속을 어긴 아버지를 '막강한 밤의 하마'가 잡아먹게 했다. '제이크가 청소를 한 날'(제임스, 1990)이라는 소설에서 제이크는 자신을 괴롭히는 가족을 몽땅 청소기로 빨아들였다.

아동의 분노와 상처의 감정들 그리고 그들의 살인적인 혹은 폭력적인 환상들이 이런 식으로 놀이가 되어 나올 때, 그리고 시간이 지나면서 치료사가 그것들을 목격하고 듣고 이해해줄 때 아동의 상처받은 감정들은 극복되고 변화된다. 비극적인 사실은 이처럼 들어주고 이해해주고 공감해주는 사람을 가져보지 못한 아동은 성인이 되어 보복 환상을 현실에서 실행에 옮기게 되고 결국 감옥에 가게 된다는 것이다. 그들은 마음 깊은 곳에 숨어있는 상처와 상실 그리고 실망과 수치심을 다룰 수 있도록 도움을 받지 못한 사람들이다.

외상으로 증오에 갇힌 아동을 위해 '상상 기법'을 사용하기

이 기법(휴즈, 1998)은 외상으로 인해 증오에 갇힌 아동이 흔히 자신들의 정서적인 고통을 말로 나타내지 못한다는 사실에 기초해 만들어졌다. 말로 표현할 수 있었다면, 그들은 감정을 행동화하거나 온 사방에 분출하지 않고 상징화할 수 있었을 것이다.

외상은 사건에 대한 감정들과 이미지들을 파편화하기 때문에 그 아동의 마음속에서는 뚜렷하고 일관된 사고를 가진 분명하고 통합적인 기억이 형성될 수 없다. 사고는 행동하려는 거친 충동을 감소시키는 데 강력한 영향을 미친다. 따라서 자신의 감정에 대해서 생각하도록 도움을 받아본 적이 없는 아동은 감정과 언어의 연결이 원활하지 않기 때문에 자신의 감정을 말로 표현하지 못한다.

댄 휴즈(1988)가 창안한 이 기법은 치료자가 아동에게 잠시 그가 되어도 괜찮은지를 물어본 다음, 그 아동인 것처럼 말하고 공감하는 것을 포함하고 있다. 치료자는 아동이 겪은 모든 것을 자신이 겪었다면 어떤 느낌일지 상상해보고, 자신이 마치 그 아동인 것처럼 말해야 한다.

찰리, 8세
어른이 아동과 연결하는 데 실패한 사례 ('상상기법'을 사용하지 않음)

게임기를 압수한 선생님을 발로 찬 찰리와 교장 선생님의 대화

교장: '왜 그런 짓을 했지?'
찰리: (어깨를 으쓱한다.)
교장: '얘야, 그렇게 건방지게 굴지 말고 어서 말해봐!'
찰리: '왜 그랬는지 나도 몰라요.'
교장: '좋아, 알 때까지 여기 교실 바깥에 나와 앉아있어.' (몹시 화를 낸다.)

이 교장 선생님은 찰리가 세 살 때 아버지가 엄마를 때리는 장면을 목격했다는 사실을 알지 못하고 있다. 외상이 아주 심해서 그는 그것에 대해 뚜렷이 생각하거나 생각을 통해 그것을 처리할 수 없었다. 그는 다만 그 감정에 압도되었다. 따라서 그가 선생님을 발로 찬 것은 그의 외상이 실연된 것으로 볼 수 있다. 더구나 찰리의 엄마는 작년에 약물 과다복용으로 갑자기 죽었다.

'상상 기법'을 사용하여 아동에게 접근한 사례
게임기를 압수한 선생님을 발로 찬 찰리와 교장 선생님의 대화

교장: '그래 왜 그런 짓을 했지?'
찰리: (어깨를 으쓱한다.)
교장: '찰리야, 잠시 내가 너라고 가정해도 되겠니? 너의 느낌과 생각이 이런 것이 아닐까 궁금하거든? 내 말이 맞으면 엄지를 올리고, 틀리면 엄지를 내려주겠니?' "저 선생님, 그 게임기는 나에게는 아주 특별하고 중요한 거예요. 그래서 그걸 빼앗겼을 때 난 견딜 수가 없었고 어쩔 줄 몰랐어요. 그리고 너무 힘들었어요. 그걸 가져가게 둘 수가 없었어요. 이런 얘기하는 건 너무 힘들어서 하기 싫어요. 선생님을 찼다고 해서 내가 나쁜 아이가 아니라는 걸 알아주셨으면 해요. 난 그저 절망적이었다고요."

교장 선생님은 다른 정보를 사용하고 있는데, 그것은 '상상 기법'의 핵심적인 측면이다. 그녀는 작년에 찰리의 엄마가 약물과다로 갑자기 죽었다는 사실을 기억했다. 게임기를 압수당한 것이 엄마와의 고통스러운 이별의 아픔을 자극한 것임을 그녀는 알 수 있었다.

찰리는 엄마가 죽은 후 처음으로 하염없이 울었다.

잔인하거나 반사회적인 행동으로 삶을 파멸시켜가는 아동에게 말해주어야 할 것들

아버지에게 심하게 맞고 보호시설에 맡겨진 12살의 테리와 같은 아동의 경우, 다음과 같은 말들을 들려주는 것이 유용할 것이다. 시설에서 생활하고 있는 테리는 차츰 폭력적인 범죄행동을 시작하고 있었다.

☆ **그가 매우 힘든 삶을 살았다는 사실을 인정해주라.**

☆ '네가 겪은 고통은 어떤 아이도 겪어서는 안 되는 건데.'

☆ '문제는 어떻게 너의 성인기가 너의 아동기보다 더 나은 것이 될 수 있느냐는 거야. 너는 다른 사람을 너처럼 비참하고 고통스럽게 만들고 싶은 충동에 끌려갈 수도 있어. 하지만 이러한 고리를 끊을 수 있는 방법을 찾아야 해. 그렇게 할 수 있도록 내가 도와줄까?'

☆ '우리는 어째서 네 일이 계속해서 꼬이는지 생각해봐야 해.'

☆ '우리는 너의 힘든 삶을 행복한 삶으로 바꿀 수 있는 방법을 찾아야 해.'

☆ '네가 계속해서 이런 식으로 가시 돋친 삶을 산다면, 네 삶은 아주 힘들어질 거야.'

☆ '너처럼 삶을 어렵게 시작한 아이는 소위 숲에서 길을 잘못 들 수 있다는 게 문제야. 언제부터 길을 잘못 들기 시작했는지 기억할 수 있겠니? 네가 다시 돌아가서 바른 길을 찾으려면 어떤 도움을 필요로 할까?' (이 책의 연습 부분에 나오는 '잘못된 갈래길'을 보라.)

☆ '마음을 증오로 채운 사람들은 대체로 비참하게 삶을 마감한단다. 어떤 사람들은 감옥에서 끝을 내기도 하지.'

☆ '누구나 파괴적일 수 있지. 그건 아주 쉽단다. 하지만 그러기에는 네가 너무 소중해. 현명한 것은 과거로부터 떠나 창의적이 되는 거란다.'

☆ '너는 너의 아버지처럼 될 수도 있고, 그렇지 않을 수도 있단다.'

필요한 제재를 가한 후에 잔인한 행동에 대해 이야기하기

사례: 8세인 테사는 얼마 전 토끼의 꼬리에 불을 질렀다. 당신은 상담자로서 어떤 말을 해줄 것인가?

그 일에 대해 언급하지 않으려는 유혹을 받을 것이다. 당신은 테사를 만나볼 필요가 있다. 당신은 테사가 토끼에게 무슨 짓을 했는지 알고 있다. 테사에게 그것을 알고 있다고 말한다면 그녀가 당신을 증오할 것이고 심한 수치심을 느낄 거라는 생각 때문에, 말하고 싶지 않을 수 있다. 어떻게 그 주제를 꺼내서 그녀를 고통스럽게 할 수 있단 말인가? 이것은 틀린 생각이다. 당신이 보복하고 증오하기 시작한다면 그것은 잔인한 것이겠지만, 당신이 이해하려는 마음을 갖고 있다면 그리고 그녀가 이해받는다고 느끼게 할 수만 있다면, 그것은 잔인한 것이 아니다. 당신은 이런 말을 해줄 수 있을 것이다.

'사람들은 자신이 상처를 입었을 때에만 사물이나 사람들에게 잔인한 짓을 한다고 생각해. 그래서 나는 너에게 있었던 어떤 일 때문에 토끼를 해치게 되었는지 이해하고 싶단다.' 혹은 '내 생각에 너는 "오, 안 돼! 이걸 얘기하면 난 다시 나쁜 애가 될 거야" 라고 생각할 것 같아. 내가 할 일은 네가 나쁜 애가 아니라는 것을 너에게 이야기해줄 방법을 찾는 거란다.'

아동의 나이에 맞는 어휘를 사용하여 다음과 같이 말해주라.

☆ 죄책감이나 수치심을 불러일으키지 않는 목소리로 아동이 한 행동을 언급하라. 있는 그대로의 사실만을 이야기하라.

☆ 아동이 그것에 대해 말하고 싶어 하지 않는다는 것을 공감해주라.

☆ 냉혹한 세상에서 살아남기 위해 아동이 사용하는 방어들을 공감해주라.

☆ '물론 이런 짓을 해서는 안 되지만 우리는 무엇이 그렇게 하도록 너를 몰고 갔는지 이해할 필요가 있어. 그것을 이해한다면, 너는 그런 행동을 다시 하지 않아도 될 거야. 나는 네가 왜 그렇게 했는지 조금은 알 것 같아.'

☆ 어떤 아동도 태어날 때부터 나쁘거나 잔인하지 않다는 사실을 깨닫도록 도와주라. 사람들은 삶이 너무 힘들고 고통스러울 때, 혹은 잔인함을 경험했을 때, 그리고 친절과 관심을 충분히 받지 못했을 때 잔인해진단다. '네가 다른 사람에게 상처를 입힌 것은 네가 너무 상처를 받았기 때문이야,' '너는 맞았다는 느낌 때문에 그것을 때려 부순거야,' '너는 자신이 파괴되었다는 느낌을 갖고 있기 때문에 파괴하고 싶어지는 거야.'

일어난 일을 자세히 살펴보라.

☆ 앞에서 보았듯이, 아동은 다양한 형태로 자신이 겪었던 잔인함을 반복한다. 그것은 사고되지 아니하고 행동화로 나타난다. 그러므로 일어났던 일을 자세히 살펴보는 것이 필요하다.

☆ 과거의 어떤 것이 자극되어 현재에서 나타나고 있는가? 예를 들어, '너는 너의 엄마가 TV를 끄고 방을 정리하라고 하니까 엄마가 아끼는 꽃병을 깨버렸는데, 엄마 목소리의 어떤 점이 너를 그렇게 화나게 했을까?'

☆ 그 사건은 사람들이 그의 요구를 들어주지 않았던 어린 시절의 기억을 자극했을 수도 있고, 어떤 끔찍스런 힘 싸움을 생각나게 했을 수도 있다. 그때 그는 마치 덫에 걸린 동물처럼 느꼈을 수 있다.

☆ 그에게는 이렇게 말해줄 수 있을 것이다.

☆ '과거에 어른들이 네게 무얼 하라고 요구한 것이 문제가 된 것 같다. 어른들이 너에게 뭔가 하라고 시켰을 때 어떤 일이 있었는지 그림으로 그려볼 수 있겠니?'

☆ 또는 '상상 기법'을 시도해볼 수 있을 것이다. '그래, 내가 잠시 네가 되어볼게. 내가 하는 말이 맞으면 그렇다고 말해주렴. "엄마, 난 엄마가 내게 뭘 하라고 요구할 때가 제일 싫어요. 그때 나는 보잘것없고 엄마는 크다고 느껴져요. 나는 모든 힘을 어른들이 가지고 있는 것이 싫어요. 이건 불공평해요. 아이들에게 명령을 내리지 않아도 어른들은 충분히 힘이 세지 않나요?"

아동의 배경에 대해 알면 알수록 당신은 더 세심하고 정확하게 공감해줄 수 있을 것이다.

증오에 갇힌 아동에게 그 이유를 이해시키기

휴즈(1998)는 유아기에 극도로 무자비한 취급을 당했던, 보호에 맡겨진 한 아동에게 다음과 같이 말해주었다.

> (그림을 그리면서) 이 첫 번째 그림에서 너는 행복하고 사랑스러운 아기였어. 봐, 여기 너의 하트가 있지 (그의 하트를 그린다). 너의 하트는 잘 작동하고 있었어. 사랑하는 데 아무 문제가 없었지. 그런데 이 그림에서 너의 하트는 금이 가기

> 시작했어 (또 다른 그림을 그리면서). 하트는 사랑을 했지만 사랑을 돌려받지 못했기 때문에 마음이 아팠어. 이 세 번째 그림에서(세 번째 그림을 그리면서), 너는 나이가 들고 자랐어. 여기에 더 이상 상처를 받지 않기 위해 하트 주위에 벽을 쌓은 것이 보이지? 봐, 어떤 고통도 그 벽을 뚫고 들어가지 못해. 이것은 너의 하트를 보호하고 너를 안전하게 지키기 위한 방법이었던 거야.
> (휴즈, 1998, p170)

외상이 무자비함으로 옮겨가는 과정을 설명해주라.

어른: '내 생각엔 네가 그토록 무자비하게 행동하는 것은 그렇게 하면 두렵거나 슬퍼하거나 그런 감정들을 갖지 않아도 되기 때문인 것 같아. 그러니까 무자비함은 네가 감추고 싶은 것을 볼 수 없게 막아주는 벽과 같은 거지.'

보복하고 싶은 소망에 대해 해줄 수 있는 말

☆ '이건 불공평해'라는 아동의 감정에 공감해주기

☆ 모든 사람에게 빚을 갚아준다는 생각에 공감해주기
(즉, 먹고 먹히는 세상에서 생존하기 위한 방어에 공감해주기)

☆ '너는 얻어맞았다고 느꼈기 때문에 물건들을 때려 부쉈구나.'

☆ '너는 파괴되었다고 느꼈기 때문에 파괴하고 싶었구나.'

어째서 아동은 공감을 증오하는가? 그럴 때는 어떻게 할 것인가?

증오에 갇힌 일부 아동은 공감을 적극적으로 증오한다. 어쩌면 당신의 정확하고 친절한 이해가 마치 '마음속으로 뚫고 들어오는 것'처럼 느껴졌을 수도 있다. 이것은 침범하는 부모를 경험했던 아동에게는 특별한 위협이 된다. 로널드 렝은 이런 아동에 대해 다음과 같이 말한다.

> 정확한 이해를 받는다는 것은 모든 것을 포함하는 다른 사람의 포용력에 의해 함입되고 포위되고 삼켜지고 익사당하고 잡아먹히고 숨이 막히고 질식당하는 것일 수 있다. (1990, p45)

이런 아동에게는 은유를 통해서 공감을 전달할 필요가 있다. 즉, 다른 아동이나 동물에 관한 이야기를 들려주거나 모래놀이를 사용하는 것이 좋을 것이다. 이야기를 통해서 모진 취급을 받는 동물이나 사람의 느낌을 아동의 삶과 연결시켜 표현할 때, 아동은 좀 더 쉽게 공감을 받아들일 수 있다. 다음과 같은 격언이 있다.

> 문에다 속삭이면 벽이 알아듣는다. (Rowshan, 1997, p50)

공감에 저항을 느끼는 아동에게는 말을 길게 하지 마라. 즐거운 놀이와 같은 분위기에서 차츰 공감으로 가고, 그 다음에 다시 놀이로 돌아오라.

증오에 갇힌 아동의 사회화를 위해서는 친절과 사랑이 중요하다

부모들이 자녀에게 주기적으로 '안 돼'라고 말하는 것은 두 살 경부터 시작되는 사회화 시기의 한 부분이 된다. 그러나 증오에 갇힌 아동에게 어떻게 수치심을 유발하지 않으면서 (그리하여 더 큰 증오나 모멸감 혹은 계획적인 보복을 유도하지 않으면서) '안 돼' 라고 말할 수 있는가?

증오에 갇힌 아동은 종종 훈육에 심한 분노로 반응한다. 그것은 그의 마음속에서 자기-가치감, 힘과 무능 또는 지배와 복종의 문제들과 복잡하게 혼합된다. 증오에 갇힌 아동에게 화를 내며 꾸짖는 것은 그와의 연결을 끊는 일이다. 실제로 증오에 갇힌 아동은 연결이 끊어지는 것을 자주 경험했고 그로 인해 심한 고통을 받아온 아이들이기 때문에 이런 것들에 고도로 민감하다. 그러므로 증오에 갇힌 아동에게는 화를 **어떻게** 내는가가 중요하다.

미국의 임상심리학자 댄 휴즈(1998)는 깊이 상처 입은 아동과 분노 및 증오에 갇힌 아동과 함께 오랫동안 작업을 해오면서, 이들에게 더 큰 증오나 분노 또는 더 큰 수치심을 불러일으키지 않으면서 (따라서 보복 욕구를 자극하지 않으면서) 사회화시키는 방법을 발견하였다. '선택과 결과'라고 불리는 아래의 기법들은 그의 기법들을 개조한 것이다. (그의 저서인 **애착관계의 형성: 깊이 상처 받은 아동에게 사랑을 일깨우기**(1998)를 참조하라.)

증오에 갇힌 아동에게 어떻게 화를 낼 것인가: 핵심 요점

☆ 증오에 갇힌 아동이 고함소리를 듣는다면, 그는 30초 후에 그 경험을 해리시킬 것이다. (휴즈, 1998)

☆ 다정한 관심은 훈육보다 훨씬 더 효과적으로 아동의 방어를 무너뜨린다.

☆ 아동의 행동에 대해 애석해하는 것이 화를 내는 것보다 아동에게 훨씬 더 강한 영향을 줄 수 있다. 예를 들어, '네가 온 방안에 우유를 뿌려놓는 바람에 그걸 치우느라고 수영장에 갈 수 없어서 안 됐다. 그건 나쁜 선택이었던 것 같다. 다음번에는 더 나은 선택을 해서 더 좋을 일들을 할 수 있었으면 좋겠다'라고 말할 수 있을 것이다.

☆ 아동이 공포나 분노에 말려들지 않고 사고하고 반성할 수 있도록 성인이 적절한 어조로 말하는 것에 모든 것이 달려있다.

☆ 협박하거나 잔소리를 하지 말라. 예를 들어, '어서 와서 방을 치우라니까', '지금 당장! 농담이 아냐', '봐, 너 아직도 … ', '정말 짜증나네. 2시까지 방을 치워놓지 않으면 영화 보러 안 갈 거야'라고 말하지 말라.

소리 지르지 말 것

증오에 갇힌 아동에게 소리를 지르는 것은 아동의 하부 뇌에 있는 분노회로를 활성화시킨다. 성인은 하부 뇌가 아니라 전두엽이 활성화되도록 아동에게 차분하게 말해야 한다. 이런 아동에게는 항상 하부 뇌가 아니라 상부 뇌의 작용에 초점을 맞추라. 그러므로 무슨 일이 있어도 분노를 표명하되 언성을 높이면 안 된다. '나는 네가 … 할 때 무척 화가 난단다'라고 아주 차분한 목소리로 말하라.

아동의 하부 뇌를 활성화시키는 사회화의 예

장면: 뜨거운 태양이 내리쬐는 스페인 남부지방

토비: (6세, 늘 화를 내는 아동) '난 선탠로션 안 바를 거야. 절대로.' (로션을 마루바닥에 던진다.)
어른: '버르장머리 없이! 당장 발라. 아니면 맞을 줄 알아.'
토비: (소리와 비명을 지른다.) '싫어, 싫어! 뚱땡아, 꺼져버려.'
어른: '좋아, 네가 그렇게 나온다 이거지 – 네 방으로 가!' (소리를 지른다. 그녀는 토비를 방에다 가두고 가구를 내리친다. 유리가 깨지는 소리가 난다.)

아동의 상부 뇌를 활성화시키는 사회화의 예

토비: '난 선탠로션 안 바를 거야. 절대로.' (로션을 마루바닥에 던진다.)
어른: '자, 토비! 선택해. 선탠로션을 바르지 않을 수도 있지만 그러면 너는 해변에 갈 수 없어. 왜냐하면 넌 화상을 입을 것이고 그건 안전하지가 않기 때문이야. 자, 네 마음이 정해지면 내게 말해주기 바란다.'

(여기에서는 직접적인 싸움이 필요 없다. 어른은 자신이 하던 일을 계속할 수 있다. 당신은 토비의 상부 뇌가 바쁘게 돌아가고 있는 것을 볼 수 있을 것이다!) 잠시 혼란스러운 침묵 뒤에 토비는 '선탠로션을 바르겠다'고 말한다. (피질하부가 피질하부에게 말하는 것이 아니라 전두엽이 전두엽에게 말한다.)

분명한 결과를 알려주는 것이 중요하다

사례 A

방금 양 엄마의 새 드레스에 일부러 볼펜으로 그림을 그린 증오에 갇힌 아동:
'친구들과 놀이터에서 놀 거예요.'

부모: '그럴 수 있으면 얼마나 좋겠니. 하지만 네가 내 드레스처럼 어떤 것을 망쳐놨을 때에는 그만한 대가를 치러야 한단다.

사례 B

아동은 방금 자기 여동생이 좋아하는 장난감을 내려쳤다.

부모: '네가 동생한테 못된 짓을 했기 때문에 이번에는 용돈을 받을 수 없단다. 유감이구나. 앞으로 네가 동생한테 나쁘게 하지 않고 그래서 네 용돈을 계속 받았으면 좋겠는데, 내가 도울 일은 없겠니?

사례 C

엄마가 방을 치우라고 하자 아동은 엄마에게 욕을 했다.

부모: '네가 방을 치우지 않기로 하고 또 그런 나쁜 행동을 하다니 안 됐다. 그 대가는 네가 비디오를 볼 수 없는 거란다.'

이때 당신의 결정과 결과에 관해 이야기하는 것을 거절하라. 그렇지 않으면 긴 논쟁이 이어질 것이며, 그것은 당신의 위치를 약화시키고 아동을 혼란스럽게 할 것이다.

그러나 만일 아동이 그 결과를 받아들이지 않는다면 어떻게 할 것인가?
아동이 아직 어리다면 그를 안아주라. 여기 사례가 있다.

부모: '얘야, 만일 우리들 중 누군가가 마루를 어지럽혔을 때는 그 사람이 그걸 치워야 한단다.'
아동: (마루에 계속 우유를 쏟는다.)
부모: '너 지금 정말로 화가 났구나. 그리고 아직 엎지른 우유를 치울 준비가 안 된 것 같네. 치우기 전에 잠시 의자에 앉아 있는 게 좋겠다. 하지만 지금 돌아다니게 내버려둘 수는 없단다. 네가 계속 물건들을 어지르고 부수다가 너 자신이 다칠 것 같아.' (휴즈, 1998, pp101-2).
만일 아동이 의자에 앉지 않는다면 그를 무릎에 앉히라.

아동이 고의적으로 다른 아동의 머리빗을 망가뜨렸다.
교사: '이런 짓을 하다니 부끄럽네. 왜냐하면 그걸 보상해 주어야 하거든. 그건 나쁜 선택이었어, 이제 너는 우리와 같이 수영장에 갈 수가 없어. 하지만 네가 왜 그랬는지 정말 알고 싶어. 그 이유를 말해주겠니? 네가 그렇게 하기 바로 전에 네 마음속에서 어떤 일이 일어났는지 그림으로 그려 보겠니? 그런 다음 그것에 대해 이야기해보자. 그러면 우리는 네가 일을 저지르지 않고도 네 감정을 다루는 방법을 찾아낼 수 있을 거야.'

아동의 자유를 제한하는 당신에 대한 그의 분노에 공감해주라.

네가 원하는 것을 내가 주지 않을 때 넌 정말 힘들거야. (휴즈, 1998, p157)

소년은 마루에 고의적으로 우유를 쏟는다.
부모: '테리, 그렇게 하면 자전거를 탈 수 없기 때문에 좋지 않은 선택인데.'
아동: (계속 소리를 지른다.)
부모: (강한 어조로) '너 자전거를 타지 못하게 되면 정말 싫을텐데.'
(그의 감정의 강도에 알맞게 공감해주라. 휴즈는 이것을 '큰 소리 공감'이라고 불렀다.)

그러나 만일 당신이 화가 나있는 상태라면 공감하는 척하지 마라.

아동이 엄마의 휴대폰을 짓밟았다.

(그날 저녁)
아동 '엄마, 나 손가락을 다쳤어요.'
어른: '지금은 네게 대답해줄 수가 없어. 난 네가 한 짓에 여전히 화가 나 있거든. 그러니까 나중에 이야기하자.'

아동의 힘겨루기 시도를 다루는 방법 - 직접적인 싸움을 피하라

죠지, 5세

피해야 할 것

죠지: '이 가게에 있는 포켓몬 카드를 몽땅 다 살 거야. 엄마는 날 말릴 수 없어.'
어른: '그렇게 버릇없이 말하다니. 당장 그걸 내려 놔.'
(어른이 팔을 꽉 잡고 상점 밖으로 끌고 나가자 아이는 악을 쓰고 소리를 지른다.)

이렇게 하라

죠지: '이 가게에 있는 포켓몬 카드를 몽땅 다 살 거야. 엄마는 날 말릴 수 없어.'
어른: '그러면 좋겠지? 내가 마술 지팡이를 휘둘러서 "죠지에게 포켓몬 카드를 산더미같이 주어라"하고 말할까? 정말 신이 날거야, 그렇지? 그런데 현실은 그렇지 못해서 유감이다. 네가 그걸 얼마나 갖고 싶어 하는지 잘 알겠지만, 그냥 거기에 두어야 해. 꼭 갖고 싶은 걸 가질 수 없다는 건 정말 속이 상하는 일이지.'
(죠지가 계속 고집을 부린다면 그를 그냥 들어 올려서 상점 밖으로 천천히 데리고 나온다.)

아동의 힘겨루기 욕구를 애정 어린 방식으로 바꾸려면 놀이적인 요소와 유머가 중요하다

힘겨루기로의 초대를 거절하라.

방으로 들어온 5살 제시는 엄마의 얼굴을 바라보고는 온 마루에 콘플레이크를 뿌리려고 했다. 이때 제시는 어른(거인)을 폭발하게 만들 힘에 대한 기대로 의기양양하게 웃고 있었다. 그때 제시의 엄마는 (콘플레이크가 뿌려지기 전에) 그녀를 들어올렸다.

엄마: '너 나를 화나게 하고 싶구나. (그녀를 들어 올려 껴안는다) 그러니까 널 잡아먹어야겠는걸! 어디 발부터 먹어볼까. (먹는 시늉을 한다.) 음, 아주 맛있는데!'

이와 같이 놀이적인 방식으로 접근하라. 그러나 아동이 싸움을 원하고 있다는 사실을 반드시 언급하라. 그리고는 '아하, 지금 나랑 싸우고 싶단 말이지!'와 같은 말로 이 싸움을 험악한 것이 아닌 재미있고 즐거운 것으로 만들어라. 또는 그것을 베개 싸움으로 바꾸라.

아동과의 힘겨루기 상황을 거절하는 또 다른 예

휴즈는 부모를 날마다 새벽 4시에 깨우는 것을 즐기는 한 아동의 예를 들고 있다. 그녀는 그들의 기분을 망칠 수 있다는 데서 자신이 매우 힘센 존재라고 느꼈다. 그들은 어느 날 방침을 바꿨다. 그들은 '고맙다, 오히려 잘됐어. 왜냐면 우리가 운동을 해야 하는데 낮에는 시간이 없거든. 하지만 너도 가야 해'라고 말했다.

또는 힘을 겨루고 있다는 것을 언급하면서 인식시켜라

☆ '나하고 사사건건 싸워야 하다니 안됐구나. 너는 나하고 즐겁게 지내는 게 어려운가 봐. 우리는 같이 아주 재미있는 시간을 보낼 수도 있을 텐데, 정말 유감이구나.'

☆ '내가 안 된다고 말하는 게 너를 너무 힘들게 하지 않았으면 좋겠다. 네가 싫어하는 건 알지만 그래도 안 된다는 말밖에는 할 수가 없구나.'

자신이 한 행동에 대해 거짓말을 할 때 어떤 말을 할 것인가?

아동: '나는 그 아이 지갑에서 돈을 훔치지 않았어요.'
(그는 돈을 훔치는 현장에서 발각되었다.)

아동의 사고과정 (그가 성인 수준의 세련된 자기인식을 가졌다면):
'이건 내가 나쁘다는 증거야. 그러니까 나의 나쁜 자기를 없애버려야겠어. 그래서 내가 그런 짓을 했다는 걸 나 자신도 모르게 만들겠어. 그러면 내가 정말로 하지 않은 게 될 거야. 왜냐하면 난 그 수치심을 견딜 수가 없어. 내가 한 짓을 알고 싶지 않아.'

교사: '결국 너는 네가 돈을 가져갔다는 걸 알게 될 거야. 지금 인정하지 못한다는 건 유감이야. 하지만 그런 너를 이해할만해. 왜냐하면 네가 돈을 가져갔다고 말한다는 건 너무 창피한 일이고, 또 우리가 널 더 이상 좋아하지 않을 수도 있기 때문이지.' (휴즈에서 인용, 2002)

수치심으로 인한 극심한 고통을 아동이 인식하고 있다면, 그는 점차 나아질 것이다. 문제가 되는 사람들은 자신의 수치심을 억압하고 있는 사람들이다!

증오에 갇힌 아동을 다룰 때는 성인-아동 간의 상호적인 놀이가 중요하다

이런 아동의 대부분은 사랑이 깃든 따뜻한 관계를 이미 포기해버린 상태다. 이들에게 있어서 관계란 죽은 것이거나 힘으로 통제하고 조종하는 것에 지나지 않는다. 상호적 놀이는 아동이 관계가 지닌 잠재력을 발견하고 사람과 더불어 사는 즐거움을 발견하도록 돕는 매우 효과적인 수단이다.

런던 모슬리 병원의 수 제너는 '부모-아동 게임'이라는 아주 혁신적이고 효과적인 치료법을 개발하였다(제너, 1999). 이는 특히 반사회적인 행동을 보이는 초등학생에게 효과적이다. 부모가 반사회적인 자녀와 놀이하는 것을 관찰한 제너는 그 부모가 정말로 즐기고 있다거나 긍정적인 반응을 일으키지 않는다는 사실을 발견했다. 또한 부모가 실제로 보람 있고 가치 있는 어떤 것도 만들어내지 않는다는 사실을 발견했다. (대개 이것은 부모 자신들이 그들의 부모로부터 따뜻하고 긍정적인 반응과 높은 수준의 즐거운 상호작용을 경험하지 못했기 때문이다.) 이런 부모들은 아동의 놀이를 따라가고 주목하고 아동이 하고 있는 것에 관심어린 말을 건네기 보다는, '이거 해. 그건 거기 놔. 아니, 그게 아니야'와 같은 방식으로 강요하고 비판한다. 아니면 그저 조용히 앉아서 아동이 하는 놀이에 관심을 보이지 않는다. 이들은 '와, 멋지구나!' 하면서 아동을 북돋워주거나 칭찬해주지 않는다. 오히려 비판을 하면서 아동이 한 것이 모자라거나 틀렸다고 말한다.

이런 부모들이 심리학자의 도움을 받아서 아동이 놀이를 이끌어가는 방식으로 놀이할 수 있게 되었을 때, 이들은 아동이 하는 것에 진정한 관심을 보일 수 있었다. 이는 보다 넓은 행동수정 프로그램의 일부가 되었으며, 그 결과 아동은 나쁜 행동은 멈추었다. 실제로 한 연구는 부모-아동 게임을 경험한 비행 아동이 청소년기에 이르렀을 때 75%나 비행이 감소한 것을 보여주었다.

제너의 회기

나는 양방향 거울 뒤에서 제너의 치료 회기를 지켜보고 있었다. 반응 없는 엄마로 인한 고통 때문에 마음을 단단하게 만든 6세 소년은 증오와 비탄의 징후를 보이기 시작했다. 그의 행동은 점점 더 반사회적으로 되어갔다. 처음에 그는 그저 방에서 엄마와 장난감을 가지고 놀았다. 그는 엄마를 바라보거나 말을 걸지 않았다. 그녀도 그를 바라보거나 말을 걸지 않았다. 그들의 행동은 매우 우울한 두 성인을 연상시켰다. 그러나 그는 이제 여섯 살이었고 그의 마음속 방어벽의 시멘트는 아직 굳지 않았다. 제너는 작은 이어폰을 통해서 엄마에게 점토로 뭔가를 만들고 있는 아이에게 말을 해보라고 제안했다. 그를 사랑하고 있지만 표현방법을 모르는 그의 엄마가 '와, 굉장한 점토 파이구나!' 라고 말했을 때, 그는 깜짝 놀라며 입을 크게 벌리고 활짝 웃었다. 그리고 나중 회기에서 그녀가 '난 너와 노는 게 정말 좋아'라고 말했을 때, 그는 엄마에게로 돌아서서 그녀를 껴안으며 '엄마, 사랑해'라고 말했다.

양방향 거울 뒤에서 우리는 모두 눈물이 글썽거렸다. 너무 모질고 거친 행동 때문에 치료에 의뢰되었던 이 작은 소년의 얼어붙은 마음이 바로 우리 눈앞에서 녹고 있었다. 나는 그 장면을 결코 잊을 수 없을 것이다! 이와 같은 노력이 거듭되면서 그는 돌이키기 힘든 상처와 증오로 가지 않고 구원받을 수 있었다.

자신이 학대받을 만하다고 생각하는 아동의 오해와 혼란을 바로잡아주기

어른은 절대로 아동을 다치게 하거나 학대해서는 안 된다는 것을 명확히 말해준다. 그러나 그러한 행동을 하는 어른들을 비난하는 식으로 이야기하지 말라.

> '때로 어른들은 너의 감정을 잘 돌보지 못한단다. 그들 역시 매우 다루기 어려운 감정들을 갖고 있기 때문이야.'

폭발하는 부모를 가진 아동

> '때로 어른들은 아이들에게 몹시 화를 내는데, 그건 아이들이 나쁘기 때문이 아니라 어른들이 어린 시절의 누군가에게 아직도 화가 나있기 때문이야.'

> '어른이 아이를 학대하면 아이는 자기가 나쁘기 때문에 벌을 받는다고 생각할 수 있단다. 아이들은 이처럼 심하게 혼동할 수가 있어. 횡단보도를 건너가는 아이를 생각해보자(작은 인형을 가지고 보여준다). 어떤 차가 아이를 치었어. 차에 탄 남자는 자기가 상처 입힌 아이에게 소리를 질렀어. 그때 아이는 그게 자기 잘못이라고 생각하지. 하지만 이건 그 남자의 잘못이고 아이는 전혀 잘못한 게 없다는 걸 알 수 있겠지? 자, 어른이 학대하면 이런 식이 된단다.

증오에 갇힌 아동에게 일관된 호감을 갖고 대하라

모든 공격과 거친 말들 뒤에는 항상 취약한 어린 아이가 있다. 이것은 상처 입은 아기를 찾아내기 위해 독이 있는 괴물의 촉수를 헤쳐 나가는 것과도 같다.

아동의 분노가 과거의 상처로부터 온 것이라는 것을 인식하는 방법
(유아에게는 적용되지 않음)

☆ 분노가 강렬하고 대대적이라면 그것은 원시적인 분노라는 뜻이다 – 오래된 분노나 증오가 유사한 상황이나 문제 또는 상호작용에 의해 다시 자극된 것이다.

☆ 보복에 대한 생각에 몰두해 있다 – 상처를 주고 내려치고 망가뜨리고 무력화하고 완전히 파괴시키는 환상에 사로잡혀 있다.

☆ 파괴하거나 손상을 입히고 싶다는 소망이나 실제 행동

☆ 정말로 상처가 되는 말이나 행동을 찾으려는 욕구

☆ 분노와 적개심 혹은 증오에 찬 생각들이 계속 머리에서 맴돌고 있음

☆ 타인에게 승리하는 것으로 보복하고 싶은 소망

아동의 분노가 건강한 것이고 지금–여기 상황에 맞는 것인지를 아는 방법

☆ 건강한 분노는 상대를 손상시키거나 파괴하기 보다는 문제해결에 집중한다.

☆ 건강한 분노나 증오는 생생하고 활기차며 오래 가지 않는다. 요란하고 열정적일지라도 (어떤 사람은 이것을 '온건한 분노'라고 부른다), 뒤끝이 개운하다. '엄마가 미워. 초콜릿도 못 먹게 하고'와 같은 분노가 이런 것이다.

☆ 복수심이나 가학성 또는 은밀한 보복적 의도가 거의(또는 전혀) 없다.

☆ 건강한 분노는 끝이 있다. 표현이 지속되거나 만성적이 되지 않는다.

☆ 분노가 소통되면, 정체된 노여움이나 비통함으로 옮겨가지 않는다.

☆ 사건이 있은 후 며칠이고 그 일에 대해 생각하지 않으며, 보복할 궁리로 시간을 보내지 않는다.

☆ 건강한 분노의 경우, 아동은 곧 자신과 다른 사람에 대해 긍정적인 느낌을 갖는다.

☆ 분노가 건강한 것인지를 구별하기 위해서는 특히 이후의 정서적인 영향을 눈여겨보라.

증오에 갇힌 아동을 위해서는 일찍 치료를 시작하라

증오에 갇힌 아동은 20대가 될 때까지 기다리지 말고 열 살 이전에 도움을 받는 것이 필수적이다. 이를 위해서는 교사가 아동을, 특히 놀이터의 아동을 관찰하는 것이 중요하다.

놀이터에 대한 연구들은(Troy & Sroufe, 1987; Main & George, 1985) 폭력과 학대를 겪은 아동이 곤경에 처해 울고 있는 다른 아동에 대해 아무런 공감을 보이지 않는다는 것을 보여주었다. 실제로 자신들의 슬픈 감정을 수용하지 못하는 아동은 놀이터에서 슬퍼하는 아동을 언어적으로나 신체적으로 공격하면서 '입을 다물게' 만들려는 경향을 보였다. 반대로 따뜻하고 친절한 상호작용을 경험한 아동은 슬퍼하는 다른 아동에게 관심을 보였다. 이런 아동은 심지어 한 살 때부터 다른 사람의 고통에 따뜻한 반응을 보였다.

상상적인 놀이와 관련해서 연구자들은 다음과 같은 결론에 도달했다.

> 네 살 때 정서적으로나 신체적으로 학대를 받은 아동은 게임에서 피해자 혹은 박해자의 역할을 하는 것으로 드러난 반면, 학대를 받지 않은 아동은 친절하고 협동적인 태도로 놀이를 즐기는 것으로 나타났다(Troy & Sroufe, 1987).

아동이 증오의 감정을 표현하고 극복하도록 도와주는 실제적인 방법들

☆ 증오의 화랑

증오의 화랑에서 여러분이 무엇을 또는 누구를 미워하는지를 말해 보고, 가장 많이 미워하는 것에서부터 가장 조금 미워하는 것까지 모두 나타내보세요.

여러분이 어떤 것 혹은 누군가를 많이 미워한다면 큰 기둥에, 조금만 미워한다면 작은 기둥에 글이나 그림으로 표현해보세요. 여러분이 미워하는 것이나 미워하는 사람에게 무엇을 하고 싶은지 혹은 실제로 어떻게 했는지 그림으로 그려보세요.

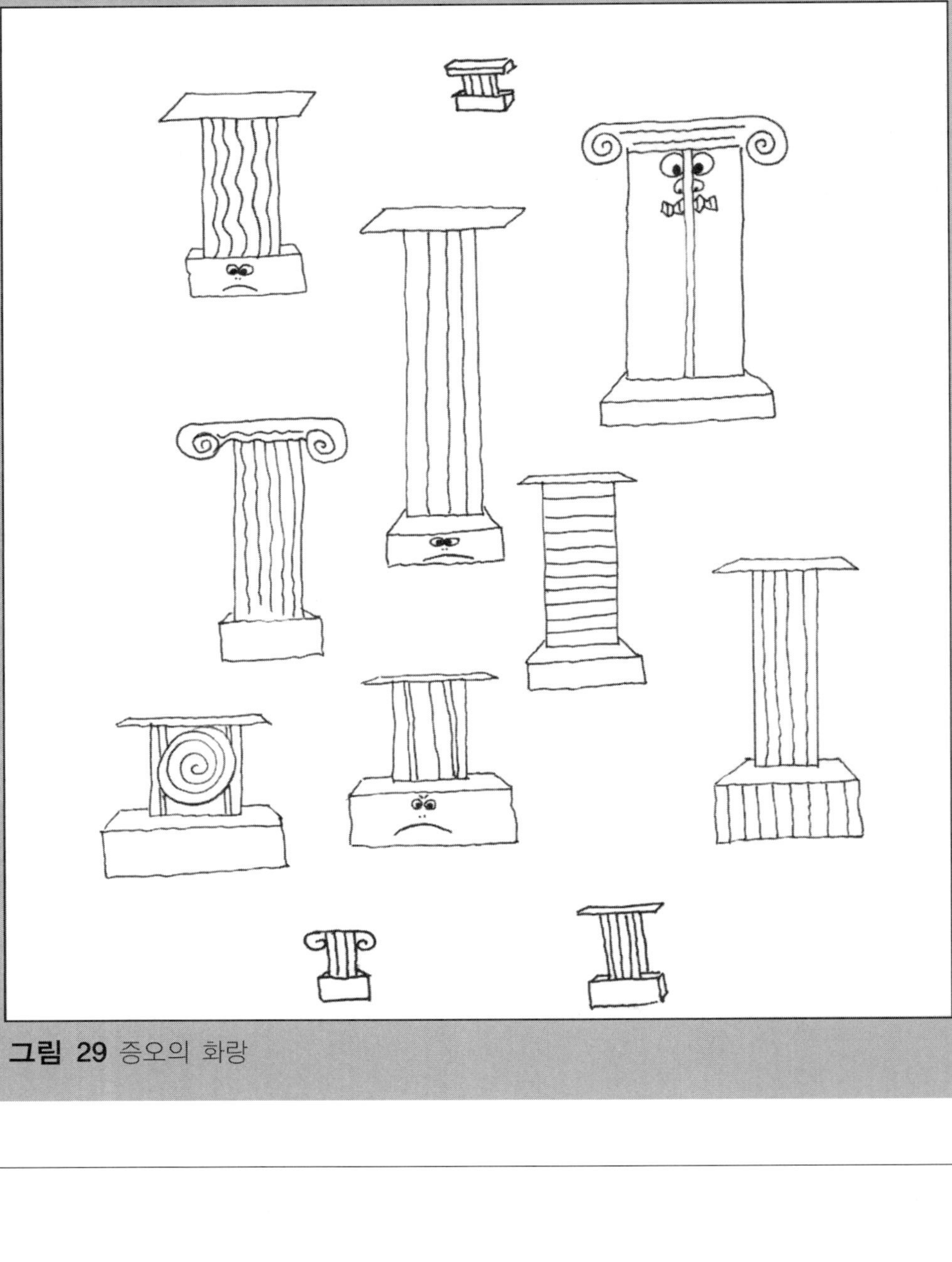

그림 29 증오의 화랑

☆ 전사, 레슬링 선수 아니면 아이?

사람들이 여러분을 자주 두렵게 했거나 상처를 주었다면 여러분의 마음은 당연히 굳어지게 되고 아주 심술 맞게 될 것입니다. 사는 게 너무나 힘들고 고통스러웠기 때문에 때로 여러분은 더 이상 어린애가 아닌 전사나 군인, 혹은 그처럼 크고 힘센 인물처럼 느끼고 싶어집니다.

다음 그림 중에서 되고 싶은 것이 있다면, 색칠해보세요. 여기에 없다면 그것을 빈 칸에 그려보세요.

그림 30
전사, 레슬링 선수, 아니면 아이

☆ 자기-방어

여러분이 때때로 느끼는 감정에 표시해보세요.

◎ 나는 사랑을 미워하고 미움을 사랑한다. ☐

◎ 사람들이 나를 알게 되면 그들은 나에게 상처를 줄 것이다. ☐

◎ 사람들이 내게 가까이 오면 그들은 나를 통제할 것이다. ☐

◎ 나는 혼자서 잘 해나갈 수 있으며 아무도 필요하지 않다. ☐

◎ 나는 누군가가 어떤 식으로든 공격할 경우를 대비해서 나를 보호해야 한다. ☐

◎ 싸우지 않고서 얻을 수 있는 것은 이 세상에 아무것도 없다. ☐

글이나 그림으로 다음 문장을 완성해 보세요.

◎ 세상은 ...

◎ 사람들은 ...

◎ 나는 ...

☆ 마술적인 힘

아래 그림들 중에 사람들이 여러분을 괴롭히거나 해치지 못하게 하기 위해 가장 갖고 싶은 것은 어느 것인가요?

여러분이 원하는 것에 색칠하거나 표시해보세요.

이 중에 없다면 무엇을 갖고 싶은지 빈 칸에 그것을 그려보세요.

그림 31 마술적인 힘

☆ 가시 돋친 공

누군가가 어떤 사람을 너무 자주 혹은 너무 심하게 상처를 입혔을 때, 그리고 그의 아픔을 이해해주는 친절한 사람이 아무도 없을 때, 상처를 입은 사람은 다른 사람을 위협하기가 쉬워요. 이것은 마치 한 사람이 다른 사람에게 가치 돋친 공을 던지는 것과도 같답니다. 예를 들면,

> 토비는 선생님이 일 년 내내 자신를 두렵게 했기 때문에 누이동생 젬마를 두렵게 했어요. 토비에 의해 고통을 받은 젬마는 다시 학교에서 어린 아이들을 괴롭히기 시작했고요. 이것이 가시 돋친 공을 서로에게 던져주는 방식이랍니다.

◎ 여러분은 가시 돋친 공을 받아본 적이 있나요?

◎ 여러분은 너무 아파서 그 공을 다른 사람에게 던진 적이 있나요?

◎ 누가 그 공을 여러분에게 던졌나요?

◎ 그 공을 여러분에게 던진 사람은 누구에게서 그 공을 받았을까요?

◎ 가시 돋친 공이 어떻게 전달되었는지 아래의 그림들에 이름을 써보세요.

◎ 먼저 어떤 그림이 여러분인지 정하고 나서 시작하세요.

그림 32
가시 돋친 공

☆ 작고 약한 것을 짓밟기

그림에서 화가 난 곰은 누군가에게 몹시 상처를 입었습니다. 그들은 그의 몸이 아니라 마음을 아프게 했습니다. 그래서 이제 곰은 작은 동물들, 토끼, 개미, 생쥐, 새, 꽃 등을 짓밟는 것을 아무렇지도 않게 여깁니다. 사실은 사람들이 곰을 그런 식으로 대했기 때문에 곰은 오히려 그걸 즐기고 있습니다. 여러분은 작고 연약한 것들을 학대하고 싶은 적이 있었나요? 그것은 여러분이 어렸을 때 누군가가 그런 식으로 여러분을 대했기 때문일까요? 혹시 어떤 때는 곰과 약한 동물, 양쪽 모두인 것처럼 느껴지지는 않나요? 지금 여러분이라고 느끼는 것에 색칠하세요. 양쪽 모두라면 모두 다 색칠하세요.

그림 33 작고 약한 것을 짓밟기

☆ 여러분은 피라니아 또는 상어인가요?

> 바다괴물 레비아탄은 사람들을 바라보는 것만으로도 그들을 쓰러뜨릴 만큼 무시무시했고 막강한 힘을 가졌다. 그것은 이중으로 된 갑옷을 입었으며 등에는 공기조차 새나갈 수 없는 촘촘한 방패가 덮여 있었다. (Comte, 1994, p124)

어떤 아동은 공포물이나 괴기 영화를 볼 때 자신들이 희생자가 아닌 공격자(상어, 범고래, 외계인, 피라니아 혹은 사람들을 산산이 날려버리는 사람)와 동일시하고 있다는 사실을 깨닫는다. 그들은 상어 '죠스'처럼 사람들의 머리를 물어뜯거나 초인적인 힘으로 사람들을 무력화시키는 '다스 베다'가 되기를 원한다. 이처럼 공격자가 되어보는 상상은 어떤 아동에게는 유용한 것일 수 있는데, 그들은 놀이터에서 무자비하게 공격을 가하면서도 자신들이 위협을 받고 있다고 여기는 아동이다. 그러므로 이런 상상은 그들이 자신과 다른 사람을 어떤 관점에서 바라보는지에 관한 중요한 정보를 제공한다. 이는 또한 아동의 공격이 어느 정도 두려움에 의해 발생하는 것인지 아니면 해를 입히려는 적극적이고 계획적인 소망에 의해서 발생하는 것인지를 보여준다. 또한 자신이 공격적이거나 잔인할 수 있다는 것을 아동이 받아들이는지 아니면 부인하는지를 보여준다.

삶에서 두려운 일을 당해 증오나 분노가 가득 할 때, 여러분은 다음 중 어떤 것처럼 느끼나요? 해당 되는 것에 표시하세요.

◎ **죠스**에 나오는 상어 ☐

◎ **죠스**에게 쫓기는 사람 ☐

◎ **스타워즈**에 나오는 다스 베다 ☐

◎ 스파이더 맨 ☐

◎ 스파이더 맨을 쫓는 사람 ☐

이들 외에 영화나 책에서 마치 자신처럼 느껴졌던 다른 인물이나 동물이 있나요? 있다면 그림으로 그리거나 글로 써보세요.

☆ '결코 미안하다고 말하지 않는' 사람들

이 중요한 연습은 아동의 상처가 어떻게 증오가 되었는지를 이해할 수 있게 해준다. 아동 자신에게 깊은 상처를 주었던 사람들에게서 과거에 결코 받지 못했던 사과를 받는다고 상상하는 것은 그리고 어떻게 그들을 사과하게 만들지를 생각해보는 것은 아동에게 위안과 일종의 해결의 느낌을 동시에 줄 수 있다.

때로 우리는 누군가를 미워하는데, 그것은 그들이 우리에게 상처를 주는 말이나 행동을 하고도 미안하다는 말을 결코 하지 않았기 때문이에요. 사실 그들은 우리에게 상처 입혔다는 것을 깨닫지 못할 수도 있어요. 그림 속의 인물이 여러분의 삶에서 '결코 미안하다고 말하지 않았던' 사람이라고 상상해보세요. 그들은 여러분에게 상처를 준 것, 전적으로 오해한 것, 여러분의 감정을 이해하지 못한 것, 그리고 여러분의 소망이나 욕구를 이해하지 못한 것에 대해 한 번도 미안하다고 말한 적이 없기 때문에 여러분은 그들을 미워하고 있어요.

그림에 그들의 이름을 쓰고 그들이 미안하다고 말한다면 어떤 말을 해야 할지 말풍선 안에 써보세요. (만일 그들이 실제로 이런 말을 해준다면, 여러분은 더 이상 그들을 미워하지 않을 거예요.) 표정 없는 사람들과 표정 있는 사람들 중에 하나를 선택할 수 있어요.

그림 34a '결코 미안하다고 말하지 않는' 사람들

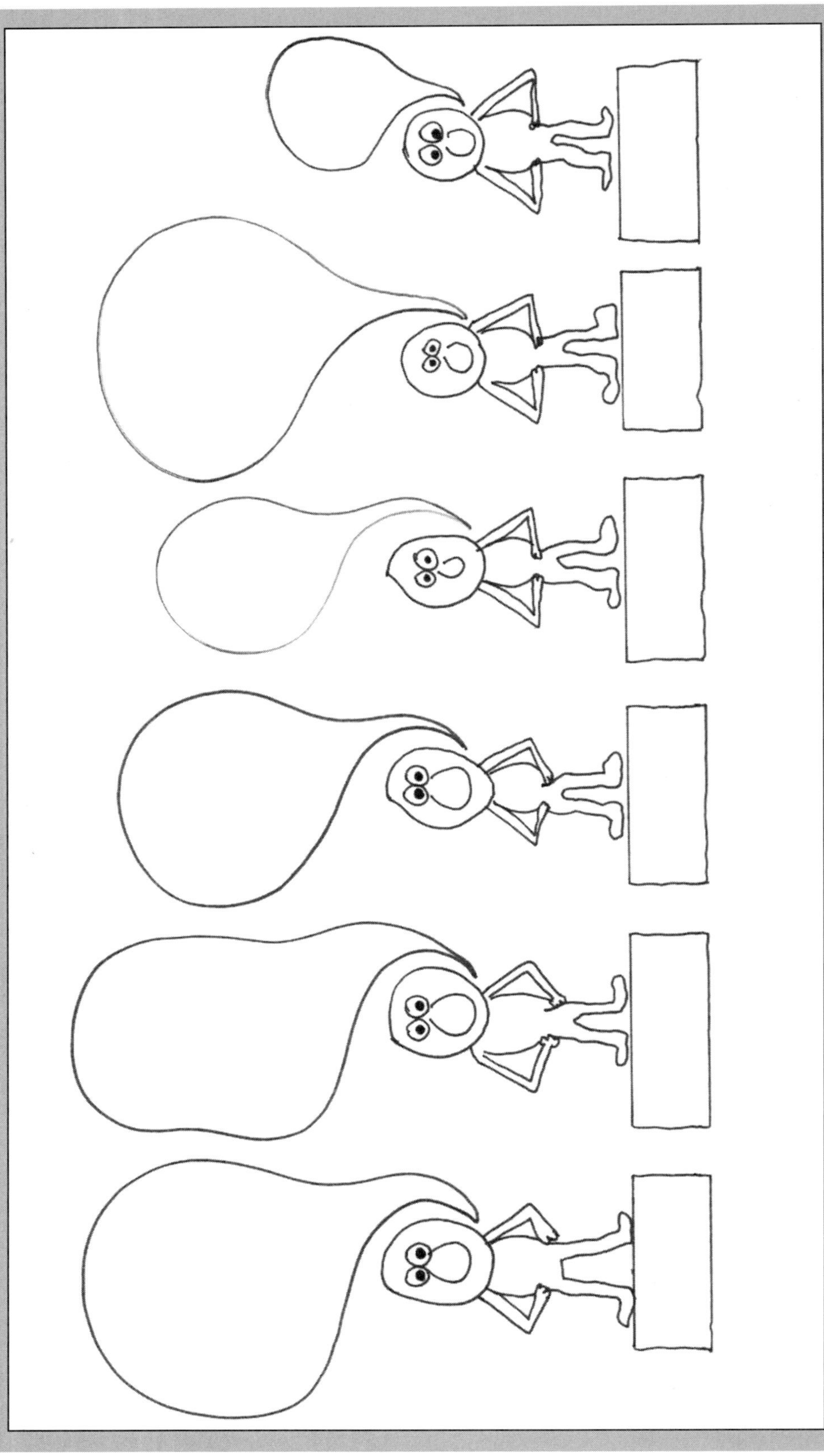

그림 34b '결코 미안하다고 말하지 않는' 사람들

☆ 분노는 갓 나온 쓰레기와 같다

> 분노는 바나나 껍질, 닭 뼈다귀, 누렇게 시든 양상추 등의 갓 나온 쓰레기와 같다. 곧바로 처리하지 않고 계속해서 쌓이면 몇 년 후에는 형체를 잃고 진창처럼 변한다. 그러면 우리는 더 이상 이런 저런 것 때문에 화가 난다고 말할 수 없게 된다. 거기에는 우리가 이름붙일 수 없는 더럽고 시커먼 것들만 남게 되기 때문이다. (Blume, 1990, p134)

이러한 쓰레기 더미 중에서 여러분의 삶에서 일어났던 가장 큰 사건, 즉 여러분이 이 세상을 험하다고 느끼게 만들고, 사람들을 불신하게 만들었던 사건을 써보세요.

문제는 청소부가 치워가지 않는 쓰레기처럼 증오가 악화되어 자신과 자신의 삶을 갉아먹고 또 자신을 비참하게 느끼게 한다는 것입니다. 여러분은 자신의 삶이 그렇다고 생각해본 적이 있나요?

그림 35 분노는 갓 나온 쓰레기와 같다

☆ 상상 속에서 증오하기

증오하는 아동에게 그만 증오하라고 말하는 것은 소용이 없다. 그렇게 하면 증오에 갇힌 아동은 그의 강렬한 감정 속에 홀로 남겨지며, 그것을 행동화하고 싶은 충동에 끌리게 된다. 이럴 때는 그가 얼마나 증오하는지에 대해 그리고 보복환상에 대해 말할 수 있는 치료적 공간을 제공하는 것이 더 효과적이다. 아동이 증오와 분노를 일으키는 상처에 대해 느끼고 생각하는 것은 그 자신의 감정을 이야기하고 나누는 것에서부터 시작된다. (또한 아동은 어떤 사람에게 끔찍스런 일이 생기기를 상상하는 것만으로는 감옥에 가지 않는다는 사실을 배울 필요가 있다.)

증오하는 감정을 말할 수 있고 파괴하고 망치고 해치고자 하는 강력한 소망으로 이끄는 그의 고통에 대해 공감적인 반응을 얻을 수 있을 때에만 아동은 진정으로 변화될 수 있다. 아동은 자신의 증오와 강렬한 긴장을 다른 사람이 알아주기를 바란다. 그것은 그의 상처를 나타내는 비명과도 같다. 우리는 중요하지 않은 사람이나 사물을 증오하지 않는다.

다음 문장 중에서 여러분에게 해당되는 것에 표시하세요.

다른 사람이 거칠게 대하거나 겁을 줄 때 나의 느낌은?

◎ 그들이 가장 아끼는 것들을 산산 조각나도록 짓밟고 싶다. ☐
◎ 그들에게 진짜로 상처를 줄 수 있는 방법을 찾고 싶다. ☐
◎ 내가 느낀 대로 느끼게 해주고 싶다. ☐
◎ 그들이 골탕을 먹도록 그들에 대해 거짓말을 하고 싶다. ☐
◎ 그들을 폭파시켜버리고 싶다. ☐
◎ 그들을 쓰레기통에 던져버리고 싶다. ☐
◎ 그들의 물건을 훔치고 싶다. ☐

이제 여러분에게 겁을 주거나 모질게 대한 사람에 대하여 다음 문장을 완성시켜 보세요.

나는... 하고 싶다.
나는... 하고 싶다.
나는... 하고 싶다.
나는... 하고 싶다.
나는... 하고 싶다.

여러분에게 모질게 굴었던 사람(최대 여섯 명까지)들에게 이 방법을 써보세요.

☆ 잘못 든 숲 속의 길

이 연습은 잔인함이나 범죄의 내리막길로 접어든 아동이나 청소년에게 적합한 것이다 어떤 면에서 이는 정서적으로 매우 무거운 훈련이므로 다섯 살 난 아이에게 사용해서는 안 된다. 이는 오랜 기간에 걸쳐 반사회적인 행동으로 나가고 있는, 보다 나이든 아동을 위한 것이다. 이런 아동은 자신이 '숲 속에서 길을 잘못 들었다'는 것을 알고 있으며 그로 인해 복잡한 감정을 가지고 있을 가능성이 매우 높다. 그는 감옥에 가거나 다른 방식으로 자신의 삶을 송두리째 망치거나 파괴할 위험을 안고 살아가고 있다는 것을 알고 있을 것이다. 그러므로 이 연습의 초점은 자신이 삶의 어느 지점에 있고 또 어떻게 거기에 가게 되었는지, 그리고 다시 시작할 수 있으려면 무엇이 필요한지에 대한 아동의 인식을 강화시키는 데에 있다.

먼저 청소년에게 자신을 나타내는 인형이나 물건을 찾으라고 요청한다. 자신을 '어린 시절의 뜰'에 놓아두게 하고 길을 잘못 들었던 일들, 즉 '특별한 길' 보다는 '파멸의 길'을 택했던 일들을 길을 따라 가며 이야기하거나 그리도록 요청한다. 아마 중요한 갈림길이 있었을 것이다. 그 갈림길에 자신을 놓아두게 하고 그 지점에 있는 것이 어떤 기분인지 느껴보게 한 다음, 삶을 망치지 않는 선택을 하도록 요청한다. 자신을 나타내는 인형을 '특별한 길' 쪽으로 옮기도록 요청한다. 무엇이 그를 그리로 가지 못하게 하는가? 이제 그에게 자신을 '파멸의 길'로 내려가게 하도록 요청하고, 그 길의 끝에는 무엇이 있을지 상상하게 한다. 감옥? 죽음? 혹은 다른 파국? '파멸의 길'에서 되돌아와 '특별한 길'로 가려면 무엇이 필요한지 그에게 물어본다. 그를 그리로 가지 못하게 막는 것은 무엇인가?

아동이나 청소년이 바른 길로 들어서기 위해 증오를 버리고 상처의 아픔과 비탄을 통과하기 위해서는 많은 용기를 필요로 한다. 그는 가슴 속의 고통을 방어하기보다는 그것을 느끼게 놓아두는 것이 진정으로 용기 있는 일이라는 것을 알 필요가 있다.

> 다음과 같은 말로 연습을 시작할 수 있다:
>
> 문제는 너처럼 삶을 어렵게 시작한 어린 사람은 길을 잘못 들 수가 있다는 거야. 이것은 어린 시절의 너무나 힘들었던 삶을 어른이 되어서도 감옥에 간다든지 하면서 반복할 수 있다는 뜻이란다. 초기에 너무나 힘든 삶을 살았던 많은 사람들이 도움을 받지 못하면 그렇게 삶을 마칠 수가 있단다.

이런 식으로 너의 삶을 망치는 것을 실제로 그만둘 수 있는 방법은 되돌아가서 언제 잘못된 길로 내려가기 시작했는지를 기억하는 것이야. 무엇이 그 길을 택하게 했지? 특별한 길에 이르렀던 적이 있니? 특별한 길은 네가 삶에서 정말로 너를 좋아하고, 이해하고 용기를 주고 또 네가 정말로 좋아하고 존경하는 누군가를 만났을 때에만 이를 수 있단다. 네가 되돌아가서 너와 너의 삶에 해를 주지 않는 길에 이르려면 사람들이 네게 무엇을 해주어야할까?

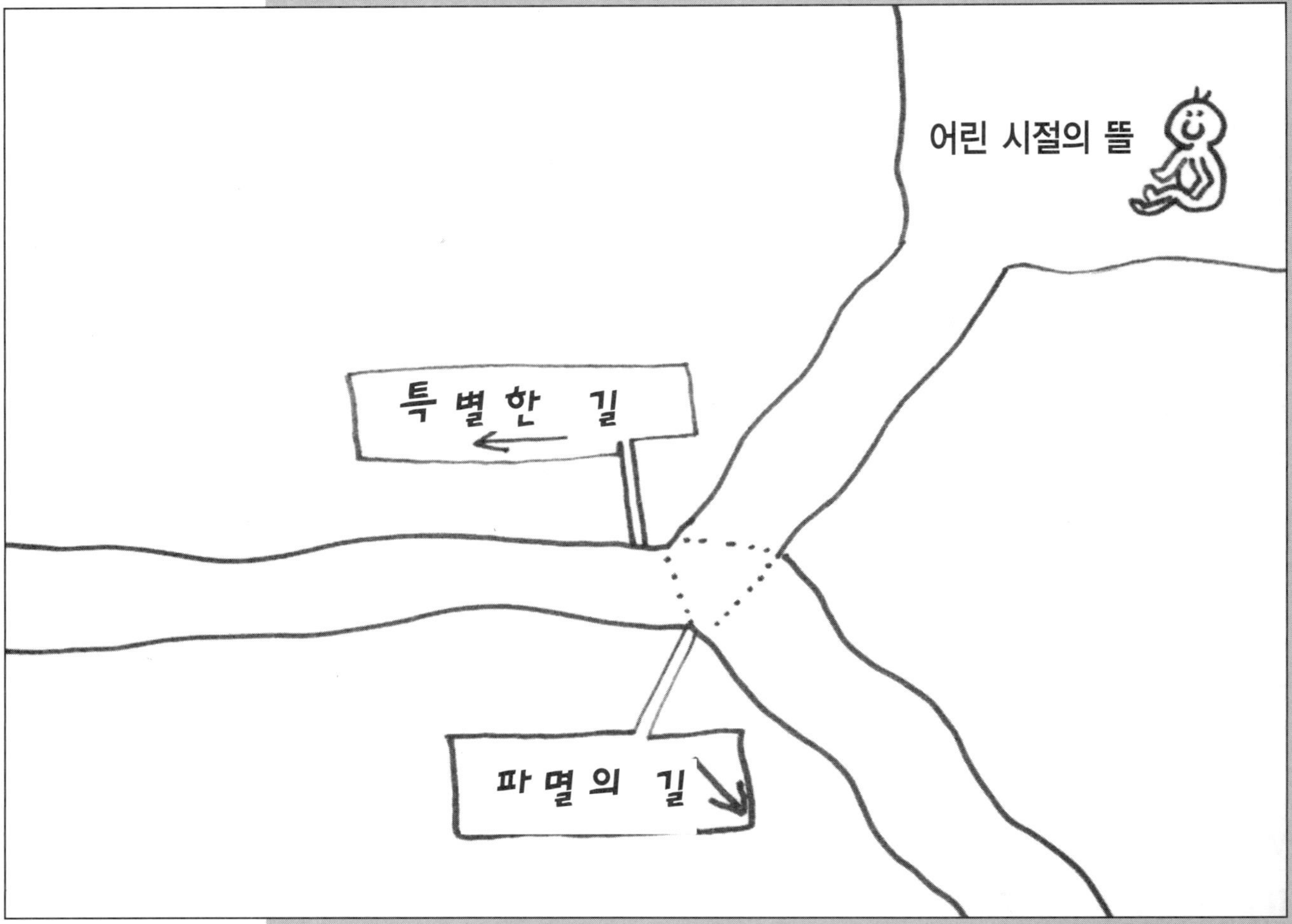

그림 36
잘못든 숲 속의 길

'숲 속에서 길을 잘못 든' 청소년에게 유용한 통계

연구에 의하면 어린 범죄자는 범죄를 저지르기 전에 정신건강의 문제들을 경험하는 경향이 있다. 10살에서 17살 사이 폭력적인 범죄자의 90% 이상이 심각한 아동기 외상과 박탈의 희생자로 드러났다. (정신건강 재단, 1999)

☆ 증오의 마음 아니면 행복한 마음?

이 연습은 아동이 얼마나 증오에 사로잡혀 있는가를 알려준다.

지금 증오의 감정이 여러분의 마음을 얼마나 차지하고 있는지 그림으로 보여주세요. 증오의 눈을 해당되는 개수만큼 색칠해서 증오가 여러분의 마음을 차지하고 있는 정도를 보여주세요. 아니면 빈 가슴에 그림을 그려 여러분의 증오를 보여주세요.

거기에 다른 감정들이 있나요? 그렇다면 가슴 안에 글로 쓰거나 그림으로 그려보세요. 사랑스러운 감정들을 위한 색깔을 골라보세요.

증오가 모든 공간을 차지해서 다른 감정들을 위한 공간이 없다면, 그건 누군가가 여러분을 몹시 가슴 아프게 해서 미운 감정을 느끼게 했기 때문이에요. 문제는 여러분의 마음이 증오로 가득할 때 거기에는 사랑의 감정을 위한 자리가 남아 있지 않다는 것입니다. 만일 여러분이 증오 뒤에 가려진 상처를 보게 된다면, 여러분의 가슴과 마음에 사랑의 감정을 위한 자리를 만들 수 있고 그러면 삶은 훨씬 편안하게 느껴질 거예요. 그러나 그렇게 하려면 여러분은 진심으로 믿을 수 있는 사람에게 무엇이 또는 누가 그렇게 상처를 주었는지 이야기해야 해요.

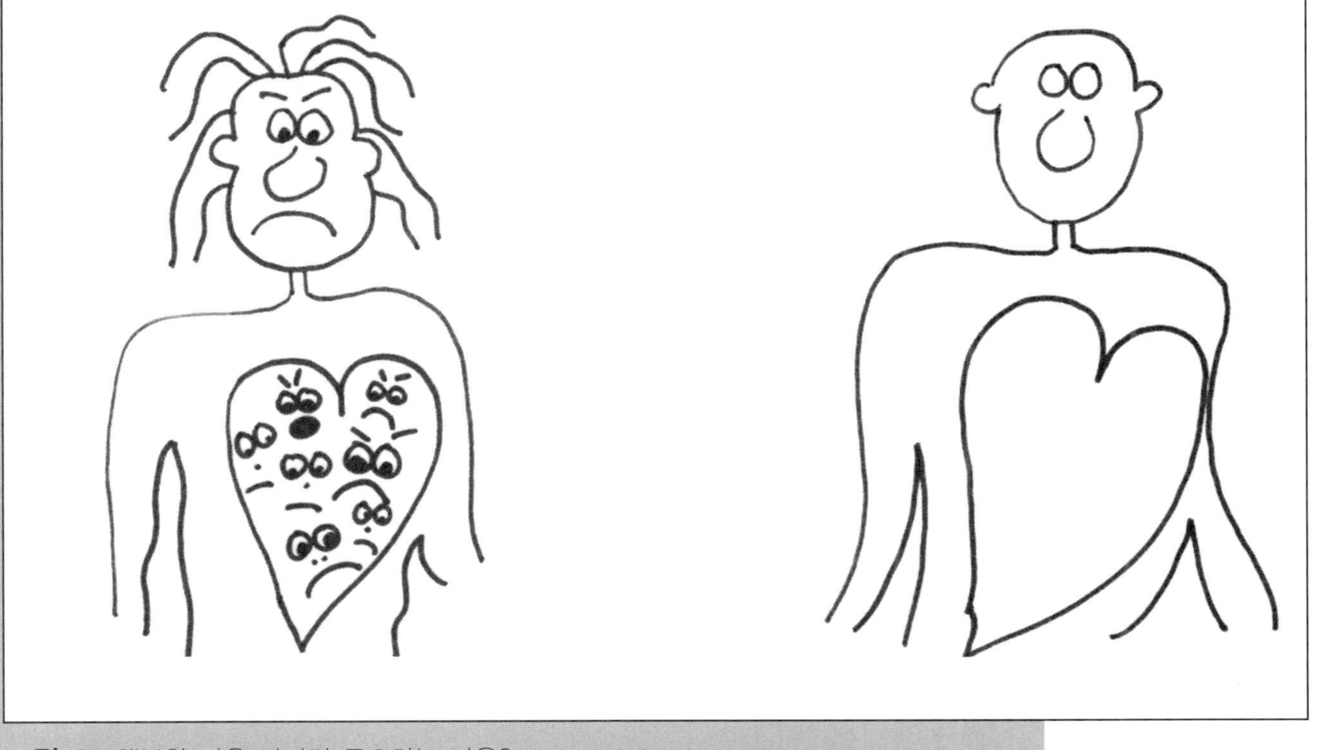

그림 37 행복한 마음 아니면 증오하는 마음?

증오나 분노에 갇힌 아동에게 상담이나 치료가 필요한 이유

> 다른 사람과 무언가를 의사소통하는 것이 왜 그토록 엄청난 차이를 만들어 내는가? (Fosha, 2000, p28)

증오나 분노로 인해 반사회적인 아동이 되는 것을 막기 위해서는 치료가 필요하다

증오에 갇힌 아동에게는 치료와 상담이 필수적이다. 도움이 없다면 어떤 아동은 이후의 삶에서 자기-학대나 범죄와 같은 심각한 역기능적인 관계에 사로잡힐 위험이 있다. 심리치료사인 발레리 시나슨은 다음과 같이 말한다.

> 우리는 그들이 유아일 때 돕기보다는 스무 살에 감옥에 넣는 것을 선호한다. (2002)

증오에 갇힌 아동과 청소년들이 치료를 받지 않으면, 그들 중 다수는 감옥에 가게 된다

교정개혁 위원회(Prison Reform Trust)에 의하면, 정신건강에 문제가 있는 수많은 청소년들이 결국 감옥에 가게 되는데, 이는 아동과 청소년에 대한 정신건강 사업이 부적절하기 때문이다.

☆ 아동 범죄자의 90%가 최소한 한 가지 이상의 정신건강의 문제를 가지고 있으며 재범 청소년의 절반 이상이 정신과적 장애를 가지고 있다.

☆ 교정국은 심각한 정신병리를 가진 어린 범죄자들을 감옥에서 보건시설로 이송해줄 것과, 많은 문제 청소년들이 처음부터 수감되는 것을 방지하기 위해서 평가를 개선해줄 것을 요청하고 있다. (교정국, 2001)

'모든 경험은 삶의 마지막 순간까지 그 개인의 주위를 맴돈다.'
(폴스터 &폴스터, 1973, p36)

증오에 갇힌 아동을 위한 치료는 그가 그토록 많은 감정들을 방어해야 했던 이유를 깨달을 수 있는 최초의 기회가 될 것이다

방어들을 이해할 수 있을 때 증오에 갇힌 아동은 다시 한 번 감정들을 느낄 수 있게 되고, 타인과 훨씬 더 풍부한 관계를 맺을 수 있게 된다.

증오에 갇힌 아동은 대개 치료에서 최초로 이해받는다는 느낌을 경험한다

증오에 갇힌 많은 아동은 다른 사람(극심한 마음의 상처나 참을 수 없는 감정이 맹렬한 방어의 원인이라는 것을 이해하지 못하는)에게서 분노에 찬 차가운 반응을 기대하게 된다. 이런 아동은 신뢰할 만한 누군가로부터 깊은 공감 반응을 경험할 때에만 비로소 방어들을 포기할 수 있다. 흔히 부모와 교사들은 이런 아동을 위해 공감과 이해를 전달하는 데 필요한 시간을 낼 형편이 되지 못한다. 혹은 그들 역시 자신들의 감정을 방어하고 있을 수 있다.

> 상냥하고 감성이 풍부한 사람이 바로 곁에 있어주는 것은 저항을 완화시킨다. 그때 아동은 자신들뿐만 아니라 세상으로부터 숨어있던 자기의 본질적인 부분들을 발견하고, 만나고, 그것들에 관해 말하고, 그것들을 함께 나누고 싶어 한다는 사실을 깨닫게 된다. (포샤, 2000, p30)

증오에 갇힌 아동은 아주 안전한 관계 안에 있지 않고서는 결코 방어를 포기하지 않는다

증오에 갇힌 아동은 안전하지 못한 관계를 너무 많이 경험했기 때문에 신뢰하는 것이 쉽지 않다. 이런 아동에게 치료는 **불안한 감정**을 충분히 느낄 수 있는 안전한 관계를 제공해줄 수 있다.

> 고통스러운 과거의 감정이 재현될 때 그 감정에 침잠할 수 있기 위해서는 충분히 안전하다고 느낄 필요가 있다. (페렌찌, 1980, p132)

증오에 갇힌 아동 혼자의 힘으로는 견딜 수 없는 감정에 대한 방어를 내려놓지 못한다. 달리 말하면, 여태껏 다룰 수 없었던 것을 갑자기 다룰 수 있게 되지 않는다. 앨리스 밀러는 이렇게 말한다.

> 인간은 도움 없이 억압의 … 뿌리에 도달할 수 없다. 그것은 마치 거울이 없이는 자기 등에 찍힌 자국을 볼 수 없는 것과 같다. 심리치료 기능 중의 하나는 거울을 제공해주는 것이다. (1987, p7)

어차피 다시 끔찍한 집으로 돌아가야 하는데 왜 굳이 치료를 하는가?

이 문제에 관해 연구한 사람들은 다음과 같이 말한다.

> 인격은 오랜 기간 애착대상과의 경험에 의해 형성되는 것이지만, 종종 짧은 기간의 집중적인 정서체험에 의해서도 형성된다. (포샤, 2000, p19)

> 안전하게 느껴지는 단 한 사람과의 관계 경험은 외상을 보호하고 있는 방어들을 완화시키고 성격의 탄력성을 증가시킨다. (포나기와 그 동료들, 1995, p278)

증오에 갇힌 아동에게 치료는 최초로 정서적 의사소통의 통로를 열어준다

치료를 받기 전에 증오에 갇힌 아동은 너무 고통스럽고 외롭고 생각할 수 없는 상태에 처해 있었지만, 치료를 받으면서 누군가와 함께 있는 상태가 된다. 그 결과 수치심은 걷히고 안도감이 드리운다.

치료는 힘이 아니라 관심에 기초한 관계를 집중적으로 경험할 수 있게 해준다

우리가 이미 본 것처럼, 증오에 갇힌 아동은 방어를 내려놓기 전에 열린 마음을 가진 어른들과 상호작용하는 시간을 집중적으로 가질 필요가 있다. 강압적이고 폭력적이며 잔인한 관계를 많이 경험한 아동은 상담이나 치료를 통해서만 친절과 공감 그리고 협동과 진정한 따스함이 담긴 새로운 유형의 관계를 발달시킬 수 있다. 상담이나 치료가 없다면, 증오에 갇힌 아동은 평생 동안 힘과 통제를 위주로 한, 아주 좁은 범위의 관계 방식만을 선택할 수도 있다. 그들은 사람들에게서 불신과 적의 또는 배신을 기대하기 때문에 어떤 좋은 관계도 망치거나 파괴할 수 있다. 일상적인 관계들은 대개 그들이 갖고 있는 먹고 먹히는 세상이라는 기본적인 믿음을 상쇄시킬만한 힘이 없다. 그러기 위해서는 상담이나 치료와 같은 집중적인 일대일 경험이 필요하다.

증오에 갇힌 아동은 매우 방어적이기 때문에 그들의 차가움을 따뜻함으로 바꾸기 위해서는 강력하고 효과적인 개입이 필요하다

치료는 정서적으로 아주 강력한 관계를 경험하도록 계획되어 있다. 치료 시간은 아무런 방해도 없이 오직 아동 자신과 그의 감정 그리고 치료자와의 관계만이 다루어지는 시간이다.

심리치료에 대한 위니캇의 말을 인용하면:

> 특별한 방법을 통해 우리는 실제로 환자의 과거를 바꿀 수가 있는데, 모성적인 환경이 충분히 좋지 않았던 환자는 충분히 좋은 촉진적 환경을 가진 사람으로 바뀔 수 있다. 그리고 이것은 그의 개인적인 성장을 가능케 해준다.
> (위니캇, 1986, p124)

치료는 아동이 슬픔을 느끼는 데 필요한 도움을 준다

> 그들은 과거의 고통을 직면해야만 한다. 그 고통은 새로 세운 요새에 의해서 사라지지 않는다. (블룸, 1990, p49)

증오에 갇힐 때 흔히 비탄과 상처에 대한 느낌도 상실된다. 그 느낌은 치료에서 되찾아야 한다. 비탄과 상처를 표현하는 것은 굳어진 마음을 녹임으로써 사랑과 따뜻함을 다시 느낄 수 있게 해준다. 이것 없이는 치유가 발생할 수 없다.

치료는 잔인한 행동을 놀이에서 실연할 공간을 제공한다 그것은 맹목적으로가 아니라 성찰과 함께 반복하는 것이다

> 분노는 그녀가 주의를 돌리기 위해 즐겨 사용하는 방식이었다. (휴즈, 1998, p107)

빌리, 7세
빌리는 치료사에게 '나는 토막 살인범 잭이 될 거예요. 선생님 이름을 거기에 써보세요. 내가 거기에 침을 뱉고 짓이길 테니까요'라고 말했다.

치료가 지닌 탁월한 이점은 분노와 복수에 찬 감정들이 마침내 맹목적으로가 아니라 극복 수단으로 실연된다는 것이다. 증오하는 아동은 흔히 치료에서 잔인한 행동을 실연한다. 그들은 누군가의 목을 베거나 변기에 처넣거나 축구공으로 사용한다.

자신의 놀이를 성찰하고 또 무엇이 그의 영혼에 그런 화상을 입혔는지를 이해하고 슬퍼할 수 있도록 도와주는 치료자가 없다면, 아동은 그러한 잔인한 행동들이 과거 사건의 재연이라는 것을 성찰하지 못한 채, 계속해서 그런 행동을 실연할 것이다.

> [치료의] 혜택을 받은 사람들이 일단 자신의 아동기의 '가학성'과 직면하면, 다른 사람에게 고통을 부과할 필요가 없어질 것이다. 그들이 자신의 공격성과 싸우지 않고 그것과 함께 살아갈 수만 있다면, 그들은 훨씬 덜 공격적이 될 것이다. (밀러, 1987, p267)

테사, 6세
분노와 증오를 강박적으로 불을 지르고 동물들을 죽이는 행동으로 표출시키곤 했던 테사는 치료를 통해 증오에서 슬픔으로 옮겨갈 수 있었다. 치료사가 크리스마스 휴가를 떠날 거라고 말했을 때, 삶에서 늘 '아무도 필요 없고,' '세상은 먹고 먹히는 곳이다'라는 태도를 갖고 있던 이 여섯 살짜리 아동은 풀죽은 표정으로 '상처 입은 새를 선생님의 세상 안에 받아주세요'라고 말했다. 이것은 치료자가 결코 잊을 수 없는 갈망의 순간이었고 취약성을 드러낸 용감한 순간이었다. 그렇게 말하고 난 이후 테사의 방어는 녹아내렸다. 이제 그녀의 가슴속에는 단지 증오보다 훨씬 더 많은 것을 위한 공간이 생겨났다.

심리치료를 받은 많은 아동은 대개 최초로 그들의 분노가 막혀있다는 깊은 슬픔과 비탄 혹은 실망의 감정을 진정으로 느낄 수 있게 되면서, 깊은 안도감을 표현한다. 그 결과 그들은 더 큰 고통을 느낄 수 있고 더 생생한 삶을 살 수 있게 된다.

증오에 갇힌 아동은 치료를 통해서만 방어를 내려놓을 수 있다

다음은 증오에 갇힌 아동이 완강하게 방어하는 감정들이다. 치료가 없다면 이러한 감정들은 일생동안 방어될 수 있다. 제한된 범위의 감정들을 갖고 산다는 것은 항상 제한된 범위의 삶을 산다는 것을 의미한다.

☆ 수치심/죄책감에 대한 방어

☆ 마음의 상처에 대한 방어

☆ 비극적인 실망에 대한 방어

☆ 자기-증오에 대한 방어

☆ 실망 혹은 절망에 대한 방어

☆ 공포에 대한 방어

부모-자녀 치료의 중요성

만일 부모가 적극적으로 자녀와의 관계를 개선하겠다는 의지와 자각을 가지고 있다면, 부모-자녀의 치료 작업은 좋은 예후를 갖는다. 어떤 부모는 이렇게 말했다.

> 나는 내 아이에게 계속해서 상처를 주지 않기 위해서 치료를 받기로 했죠. 나는 테리의 잔인한 행동이 나와 관련되어 있다는 것을 알고 있어요. 그건 내가 어린 소녀였을 때 좋은 엄마의 돌봄을 받지 못했기 때문인 것 같아요. 그래서 내가 중요한 실수를 저지른 것 같아요.

치료에서 테리의 엄마는 테리에게 미안하다고 말할 수 있었다. 또한 어떻게 테리가 자신을 미워하기 시작했는지를 알 수 있었다. 그녀는 '손찌검을 하지 말아주세요'라는 그의 탄원을 들었다. 차츰 세상은 냉혹한 곳이라는 테리의 인식은 세상은 도움과 친절과 관심 그리고 들어주는 사람이 있는 곳이라는 인식으로 바뀌었다. 그 결과 그의 잔인한 행동은 사라졌다.

부모가 적극적으로 치료에 참여할 수 있을 때, 온갖 회복의 상호작용이 일어날 수 있으며, 아동이 증오에서 벗어나 상처의 아픔을 표현하고 다시 사랑할 수 있게 한다.

깊이 상처입고 마음이 굳어진 아동은 주 1회 치료로는 충분치 않을 수 있다

심각한 애착장애를 가진 일부 아동의 경우, 치료는 단지 어른을 조종하고 통제하며 무언가를 얻어내는 또 하나의 기회로 오용될 수 있다. 이런 가능성은 치료사가 비교적 미숙하고 치료 회기 사이의 간격이 너무 클 때 더욱 커진다. 증오에 갇힌 아동은 단순히 치료에서 진전을 보이지 않을 수도 있다. 일주일 동안 여기 저기 불을 지르고 아이들을 때리다가 치료에 와서는 귀엽게 행동하는 것이 여기에 속한다. 그들은 치료사를 꾀어서 함께 축구를 하고 놀면서 한 주일 동안 일어난 일에 대해서는 말하지 않는다.

휴즈는 이렇게 말했다.

> 치료적 관계는 치료적 진전을 위한 수단이다. 부모와의 애착을 형성하는 데 실패한 아동은 주 한 두 시간으로는 그들의 뿌리 깊은 애착 결핍에 영향을 줄 수 있을 만큼 강력한 관계를 형성하기 어려울 수 있다.

그러므로 극도로 방어적인 일부 아동에게는 좀 더 빈번한 치료 회기와 경험이 많은 치료사 그리고 가능한 한 부모-자녀 치료가 필요하다.

증오에 갇힌 아동이 치료를 거부한다면

> 우리는 아동이 맹장염에 걸렸을 때 어디서 수술을 받을지 선택하라고 하지 않는다. 이미 병리적인 행동을 보이는 아동에 대한 치료도 마찬가지이다. 치료를 받지 않으면 그의 삶은 불행해진다. 이것은 심각한 문제이다.
> (휴즈, 개인적 대화, 2002)

증오에 갇힌 아동의 치료나 상담이 초기에 힘든 시간을 갖는 이유

증오에 갇힌 아동에게 심리치료는 또 다른 '힘겨루기'의 관계로 해석될 수 있기 때문에 매우 위협적인 것으로 보이거나 경험될 수 있다. 따라서 그들은 '누군가가 나를 또 통제하도록 내버려두지 않을 거야'라는 식으로 반응할 수 있다. 더욱이, 증오에 찬 공격 뒤에는 흔히 자신의 방어가 위협당할까봐 두려워하는 아이가 있을 수 있다. 그에게 가장 큰 위협은 애정 어리고 친절한 사람일 수 있다. 증오와 분노를 멀리하는 것은 쉽다. 그러나 그것은 결코 방어를 녹이지 못한다. 친절함만이 그렇게 할 수 있다. 그러나 그때 아동은 과거에 그랬던 것처럼 공격과 상처를 방어하지 못하는 취약한 상태로 남게 되는 것을 두려워할 수 있다. 그러므로 치료사는 아동의 방어들을 존중하고 왜 그가 그렇게 해야 하는지를 깨달을 수 있도록 도와주어야 한다.

증오에 갇힌 아동에게 신체적 위로가 주는 힘

> 방어와 불안은 환자가 그것들을 신체적 느낌으로 경험할 때 최소화되며, 그때 정서적 변화가 발생한다. (포샤, 2000, p20)

많은 어른들은 증오에 갇힌 아동을 껴안거나 안아주어도 아무 소용없다고 불평한다. 마치 그들은 전혀 느끼지 않는 것처럼 보인다. 이것은 사실이다. 강한 정서를 차단시키려고 신체에 단단한 갑옷을 두르고 있다면, 안아준다고 해도 따뜻함과 편안함을 느끼지 못할 것이다. 증오에 갇힌 아동은 충분히 안전하다고 느낄 때에만 신체접촉에서 유익을 얻을 수 있다. 이럴 경우, 그가 안전하다고 느끼면, 신체 접촉은 언어만으로는 도달할 수 없었던 지점으로 그를 인도할 수 있다. 때로는 증오에 갇힌 아동을 누그러뜨리는 유일한 방법은 안아주는 것이다. 부모-자녀 치료에서 치료자는 부모에게 자녀를 안아주도록 격려할 수 있다.

치료 환경에서 차분하게 아동을 안아주는 것은 다음과 같은 극적인 변화를 가져올 수 있다.

☆ 뇌 화학물질의 균형에 장기적인 변화를 가져온다.

> 그 여자아이를 안고 있으면서 나는 그녀가 … 서로 조율하는 경험에 매우 수용적일 것이라는 점을 확신했다. (휴즈, 1998, p95)

☆ 증오에 갇힌 아동에게 단단한 갑옷을 벗어버릴 수 있는(특히 횡격막의 긴장을 풀 수 있는) 안전감을 제공한다. (이러한 긴장은 비탄의 완전한 표현을 불가능하게 한다.)

☆ 차분한 안아주기가 없다면, 아동은 정서를 깊은 신체적 느낌으로 경험할 수 있을 만큼 충분히 안전하다고 느낄 수 없을 것이다.

그러나 여기에는 유의할 점이 있다. 안아주기 치료에는 여러 유형이 있다. 어떤 것은 아동의 분노를 드러내기 위해 고안되었지만 장기적으로는 분노를 증가시키고 지배와 복종에 대한 믿음을 강화할 수 있다. 어떤 안아주기 치료는 아동의 방어를 깨뜨릴 수 있을지 매우 의심스럽다. 그것은 종종 아동이 이미 알고 있는 폭력의 느낌을 가져다준다. 대조적으로, 휴즈의 접근은 방어를 용해시키고, 아동에게 그가 경험하지 못했던 친절과 돌봄과 관심을 경험하게 해주는 것으로 되어 있다. 즉, 아동이 충분히 안전감을 느끼게 해주는 것을 통해서 스스로 방어를 내려놓게 한다는 것이다.
(좀 더 상세한 내용은 휴즈의 저서(1998)를 참조하라.)

추천도서 한국심리치료 연구소

- **참자기**(제임스 F. 매스터슨, 2000)
- **그림놀이를 통한 어린이 심리치료**(도널드 위니캇, 1998)
- **놀이와 현실**(도널드 위니캇, 1997)
- **유아의 심리적 탄생**(마가렛 말러, 프렛 파인, 애니 버그만, 1997)
- **박탈과 비행**(도널드 위니캇, 2001)
- **성숙과정과 촉진적 환경**(도널드 위니캇, 2000)
- **울타리와 공간**(마델레인 데이비스, 데이빗 월브릿지, 2002)
- **살아있는 동반자**(앤 알바레즈, 2006)
- **교육, 허무주의, 생존**(데이빗 홀브룩, 2001)
- **신데렐라와 그 자매들**(앤 · 베리 울라노프, 1999)

참고문헌

Alvarez A, The Savage God: A Study of suicide, Penguin, Harmondsworth.

Armstrong-Perlman EM, 1995, 'Psychosis: The Sacrifice that Fails?', Ellwood J (ed), Psychosis: Understanding and Treatment, Jessica Kingsley, London.

Bar-Levav R, 1988, Thinking in the Shadow of Feelings, Simon & Schuster, New York.

Berne E, 1964, Games People Play, Grove Press, new York.

Bloch D, 1978, So The Witch Won't Eat Me: Fantasy and the Child's Fear of Infanticide, Grove Press, New York.

Blume ES, 1990, Secret Survivors: uncovering Incest and its After-effects in Women, John Wiley, Chichester/New York.

Bowlby J, 1978, Attachment and Loss: Volume 3 - Loss, Sadness and Depression, Harmondsworth, Penguin.

Bowlby J, 1988, A Secure Base: Clinical Applications of Attachment Theory, Routledge, London.

Bowlby J, 1991, 'Post-script', Parkes CM, Stevenson-Hinde J and Marris P (eds), Attachment Across the Life Cycle, Routledge, London.

British Crime Survey, 1992, quoted in A Review of Children's Service Development (1995-98) at Refuge, The King's Fund, Refuge, 1998.

British Medical Association, 1998, Domestic Violence: A Healthcare Issue?, BMA.

Browne KD & Herbert M, 1997, Preventing Family Violence, Wiley, Chichester.

Carroll L, 1970, The Annotated Alice, Gardner M (ed), Penguin, London.

Carroll L, 1994, Alice's Adventures in Wonderland, Penguin, London.

Casement P, 1990, Further Learning From the Patient: The Analytic Space and Process, Tavistock/ Routledge, London.
환자에게서 배우기, 한국심리치료연구소, 2003

Comte F, 1994, The Wordsworth Dictionary of Mythology, Goring A (trans), Wordsworth Editions, Ware. (First published in French in 1988.)

Damasio A, 1996, The feeling of What Happens, Vintage, London.

Davidson RJ, 2000, 'Affective style, psychopathology and resilience: Brain mechanism and plasticity', American Journal of Psychiatry, 55" 1196-1214.

Department of Education and Employment, 1998, Circular 10/98; Section 550A of The Education Act 1996: The Use of Force to Control or Restrain Pupils, DfEE, London.

De Zulueta F, 1993, From Pain to Violence: The Traumatic Roots of Destructiveness, Whurr, London.

Dinnage R, 1990, The Ruffian on the Stair: Reflections on Death, Viking, London.

Dostoevsky FM, 1991, Notes from the Underground, Kentish J (trans), Oxford University Press, Oxford. (First published 1864.)

Dostoevsky FM, 1996, The Idiot, Wordsworth Editions, London.

Eliot L, 1999, What's Going on in There? How the Brain and Mind Develop in the first five Years of Life, Bantam Books, New York.

Esslin M, 1982, Theatre of the Absurd, Pelican, Harmondsworth. (First published 1961.)
Euripides, 1994, The Phoenician Women, Methuen, London.
Fairbairn WRD, 1952a, 'Schizoid Factors in the Personality', Psychoanalytic Studies of the Personality, Tavistock/Routledge, London. (First published 1940.)
성격에 관한 정신분석학적 연구, 한국심리치료연구소, 2003
Fairbairn WRD, 1952b, 'The Repression and the Return of bad Objects (with special reference to the "War Neuroses")', Psychoanalytic Studies of the Personality, Tavistock/Routledge, London. (First published 1943.)
성격에 관한 정신분석학적 연구, 한국심리치료연구소, 2003
Fairbairn WRD, 1952c, 'A Synopsis of the Author's views Regarding the Structure of the Personality', Psychoanalytic Studies of the Personality, 1952, Tavistock/Routledge. London. (First published 1951.)
성격에 관한 정신분석학적 연구, 한국심리치료연구소, 2003
Fenichel O, 1990, The Psychoanalytic theory of Neurosis, routledge, London. (First published 1945).
Ferenczi S, 1955, 'Trauma and Striving for Health', Final Contributions to the Problems and Methods of Psycho-analysis, Basic books, New York. (First published in 1930).
Ferenczi S, 1980, 'Child Analysis in the Analysis of Adults', Balint M (ed), Final Contributions to the Problems and Methods of Psychoanalysis, 1980, Brunner/Mazel, New York. (First published 1931.)
Fleming A et al, 1997, 'The Effects of Electrical Stimulation on the Medial Preoptic Area', Annals of the New York Academy of Sciences, 807: 602-5.
Fongay et al, 1995, 'Attachment, the reflective self and borderline states', in Goldberg S, Muir R & Kerr J (eds), Attachment Theory: Social, Developmental and Clinical Perspectives, Analytica Press, Hillsdale.
Fosha D, 2000, The Transforming Power of Affect: A Model for Accelerated Change, Basic Books, New York.
Freud S, 1979, 'Inhibitions, symptoms and Anxiety', On Psychopathology, Inhibitions, Symptoms and Anxiety, Vol 10 of The Penguin Freud Library, Richards A & Strachey J (eds), Strachey J (trans), Penguin, Harmondsworth. (First published 1926.)
Freud S, 1991, 'Anxiety and Instinctual Life', New introductory Lectures on Psychoanalysis, Vol 2 of The Penguin Freud Library, Richards A&Strachey J (eds), Strachey J (trans), Penguin, Harmondsworth. (First published 1933).
Fromm E, 1973, The Anatomy of Human Destructiveness, Cape, London.
Gallagher T, 1996, Quote From BBC Radio 4 programme.
Glover E, 1960, The Roots of Crime, Imago, London.
Goldberg C, 1996, Speaking with the Devil. A Dialogue with Evil, Viking, London.
Goleman D, 1996, Emotional Intelligence, Bloomsbury, London.
Goodall J, 1990, Through a Window: Thirty Years with the Chimpanzees of Gombe, Weidenfeld & Nicolson, London.
Guntrip H, 1969, Schizoid Phenomena, Object Relations and the Self, Karnac, London.
Harlow HF & Mears C, 1979, Prinate Perspectives, John Wiley, New York/London.
Hart J, 1991, Damage, Columbine Fawcett, New York.

Herman N, 1988, My Kleinian Home: A Journey Through Four Psychotherapists, Free Association Books, London.

Hetu S & Elmsater M, 2002, 'The Effects of Massage in Schools', Massage in Schools Association, London (unpublished).

Hinshelwood RD, 1989, A Dictionary of Kleinian Thought, Free Association Books, London.

The Home Office, 1994, 'Offences Currently Recorded as Homicide by Age of Victim', Criminal Statistics England and Wales 1994, HMSO, London.

Horney K, 1992, Our Inner Conflicts: A Constructive Theory of Neurosis, Norton, London/New York. (First published 1945.)

Hughes D, 1998, Building the bonds of Attachment: Awakening Love in Deeply Troubled Children, Jason Aronson, New Jersey.

Hughes D, 2002, 'Out of Control Children', lecture, The Centre for Child Mental Health, London.

James S, 1990, The Day Jake Vacuumed, Pan, London.

Jenner S, 1999, The Parent-Child Game, Bloomsbury, London.

Johnson SM, 1994, Character Styles, Norton, New York.

Kafka F, 1981, 'A Case of Fratricide', Stories 1904-1924, Underwood JA, (trans), Futura, London.

Keenan B, 1992, An Evil Cradling, Vintage, London.

Kohut H & Wolf ES, 1978, 'The Disorders of the Self and Their Treatment', International Journal of Psycho-Analysis 59, pp413-24.

Kohut H, 1977, The Restoration of the Self, International Universities Press, New York.
자기의 회복, 한국심리치료연구소, 2006

Kohut H, 1984 How Does Analysis Cure?, University of Chicago, London/Chicago.
자기의 치료, 한국심리치료연구소, 2007

Kohut H, 1985, Self-Psychology and the Humanities, Norton, New York/London.

Kotulak R, 1997, Inside The Brain: Revolutionary Discoveries of How The Mind Works, Andrews McMeel Publishing, Kansas City, KS.

Kruesi MJ et al, 1992, 'A Two-Year Prospective Follow-Up Study of Children and Adolescents with Disruptive Behaviour disorders', Arch Gen Psychiatry 49: 429-35.

Laing RD, 1990, The Divided Self, Penguin, Harmondsworth. (First published 1959.)

Lear E, 2001, The Complete Nonsense of Edward Lear, Faber, London.

Linnoila M & Virkkunen M, 1992, 'Aggression, suicidality and serotonin', Journal of Clinical Psychiatry, 53 (Suppl 1): 46-51.

Little M, 1990, Psychotic Anxieties and Containment: A Personal Record of an Analysis with Winnicott, Jason Aronson, Northvale, NJ.

Lowen A, 1967, The Betrayal of the Body, Collier/MacMillan, New york.

Magee B, 1977, Facing Death, Kimber, London.

Main MB & George C, 1983, 'Responses of Abused and Disadvantaged Toddlers to Distress in Agemates: A Study in the Day Care Setting', Developmental Psychology 21, pp407-12.

Main M, & Solomon J, 1990, 'Procedures for identifying infants as disorganiseddisoriented during the

Ainsworth Strange Situation', Greenberg M, Cicchetti D & Cummings Em(eds), Attachment in the preschool years: Theory, research and intervention, University of Chicago Press, Chicago.
Masters B, 1995, Killing for Company, Random House, London.
McDougall J, 1989, Theatres of the Body: A Psychoanalytical Approach to Psychosomatic Illness, Free Association Books, London.
The Mental Health Foundation, 1999, The Fundamental Facts: All The Latest Facts And Figures on Mental Illness.
Miller A, 1987, For Your Own Good, Virago, London.
Miller A, 1987, The Drama of Being a Child: And The Search for the True Self, Ward R (trans). Virago, London.
MORI, 2001, Representative Survey commissioned by the Association of Teachers and Lecturers, MORI.
MORI, 2001, MORI Youth Survey 2001, Summary of findings, Youth Justice Board, January-March 2001.
NCH, 1994, The Hidden Victims: Children and domestic Violence.
NCH, 2002, Factfile 2002-03, NCH, London.
Orbach S, 1994, What's Really Going On Here? Virago, London.
Padel R, 1995, Whom Gods Destroy: Elements of greek and Tragic Madness, Princeton University Press, Princeton, NJ.
Panksepp J, 1998, Affective Neuroscience, Oxford University Press, Oxford.
Perry B, 1995, Children, Youth & Violence: Searching for Solutions, Guildford Press, New York.
Pert C, 1997, Molecules of Emotion, Simon & Schuster, London.
Philips A, 1996, Terrors and Experts, Faber & Faber, London.
Philips A, 1999, Saying No, Faber & Faber, London.
Polster E & Polster M, 1973, Gestalt Therapy Integrated, Brunner/Mazel, New York.
Prison Reform Trust, 2000, Troubled Inside, Prison Reform Trust.
Raine A, Brennan PA, Farrington DP, & Mednick SA (eds), 1997, Biosocial Bases of Violence, Plenum, New York.
Randolph E. 1994, Children Who Shock and Surprise: A Guide to Attachment Disorders, RFR Publications, Cotati, CA.
Robertson J & Robertson J, 1969, 'John: 17 Months: Nine Days in a Residential Nursery', 16mm film/video: The Robertson Centre. Accompanied by a printed Guide To the Film Series, British Medical Association/Concord Film Council.
Rolls ET, 1999, The Brain and Emotion, Oxford University Press, Oxford.
Rowshan A, 1997, Telling Tales: How to Use Stories to Help Children Deal With the Challenges of Life, Oneworld, Oxford.
Santayana G, 1905, The Life Of Reason: Or, The Phases of Human Progress, Scribner's, New York.
Schoenewolf G, 1991, The Art of Hating, Jason Aronson, Morthvale, NJ.
Schore A, 2001, 'Early Relational Trauma on Right-Brain Development', Infant Mental Health Journal 22(1-2): 211.

Scott SL, 2001, www,crimelibrary.com/classics.3/bulger

Segal J, 1985, Phantasy in Everyday Life: A Psychoanalytical Approach to Understanding Ourselves, Penguin, Harmondsworth.

Sereny G, 1998, Cries Unheard, Macmillan, London.

Siegel DJ, 1999, The Developing Mind, Guildfor, New York.

Sinason V, 2002, Paper on Violence to Children, given at Conference 'Violence in Parents and Children' September 2002, The Centre for Child Mental Health, London.

Sullivan HS, 1953, The Interpersonal Theory of Psychiatry, Minerva, New York/London.

Taylor GJ, Bagby RM & Parker JDA, 1997, Disorder of Affect Regulation, Cambridge University Press, Cambridge.

Terr L, 1994, Unchained Memories: True Stories of traumatic Memories, Lost and Found, basic books, New York.

Thrail E, 1994, Retrospect: The Story of an Analysis, Quartet, London.

The Times, 1996, 'England fans Riot After Defeat' (by staff reporters), 27 June, London.

The Times, 2003, 12 March, London.

Troy M & Sroufe LA, 1987, 'Victimisation Among Preschoolers: Role of Attachment Relationship History', Journal of American Academy of Child and Adolescent Psychiatry 26, pp166-72.

Van de Kolk B, 1989, 'The Compulsion to Repeat the trauma: Re=enactment, Re-victimisation and Masochism', Psychiatric Clinics of North America 12, pp389-411.

Virgil, 1934, 'The Georgics & Virgil' in Virgil's Works, Modern Library Pusbications, New York.

Wilde O, 1995, The Ballad of Reading Goal, Phoenix Press, London.

Winnicott DW, 1986, 'Delinquency as a Sign of Hope', Home is Where We Start From, Penguin/Norton, London/New York. (First published 1967.)

Woodman M, 1985, The Pregnant Virgin: A Process of Psychological Transformation, Inner City Books, Toronto, CA.